Das Bayern 2
Kalenderblatt

Das Bayern 2

Kalenderblatt

Erstaunliches und Skurriles
für jeden Tag

BR BAYERN 2

MÜNCHEN VERLAG

Vorwort

365 ausgewählte Kuriositäten

Es ist ein Funkelstein in der Schmuckschatulle des Bayerischen Rundfunks: »Das Kalenderblatt« – nur dreieinhalb Minuten lang, aber immer aufs Neue überraschend. Seit über 30 Jahren erzählt es spannende und skurrile Geschichten aus der Geschichte. Es geht im „Kalenderblatt" nicht um die großen Daten und Schauplätze, um runde Geburts- und Todestage und kalendarisches Wissen, wie man es überall nachlesen kann, sondern um scheinbar nebensächliche Geschichten, schräge Daten und im besten Sinn merkwürdige Randaspekte: etwa die Patentanmeldung des Zahnstochers, die Eröffnung des »Tunix«-Kongresses am 27. Januar 1978 oder die Geschichte, wie der Pinguin-Pool im Londoner Zoo zum Kulturerbe wurde. Und natürlich sind das alles wahre Begebenheiten, auch wenn man das manchmal kaum glauben mag.

Gesendet wird »Das Kalenderblatt« täglich auf Bayern 2, und es ist einer der erfolgreichsten Podcasts des BR. Woran das liegt? Susi Weichselbaumer und Frank Halbach, die auch die Auswahl für dieses Buch getroffen haben, suchen die Themen und betreuen die Autorinnen und Autoren. Diese recherchieren – oft lange und mit viel Aufwand – und setzen die Geschichten dann mit spitzer Feder und so leichter Hand um, dass man die Mühe hinterher gar nicht mehr merkt. In der Aufnahme arbeiten wir mit großartigen Sprechern und Schauspielerinnen: Gustl Weishappel, Horst Raspe und Andreas Wimberger waren früher dabei, Ilse Neubauer, Christa Posch, Johannes Hitzelberger, Hans-Jürgen Stockerl und Caroline

Ebner prägen heute »Das Kalenderblatt«. Last, not least steuert Tobias Kubald seine originellen, comicartigen Illustrationen für die Geschichten bei. Ich kann mich noch gut erinnern, wie er vor etwa fünf Jahren als junger Assistent etwas verlegen bei mir im Zimmer stand. Mit einer Zeichenmappe. Er habe in seiner Freizeit mal was probiert, ob ich es mir ansehen würde ... Ich habe mich auf Anhieb in seine Zeichnungen verliebt und finde, sie tragen viel dazu bei, dass »Das Kalenderblatt« auch optisch unverwechselbar ist.

365 Tage, viele Anekdoten und Bilder finden Sie im vorliegenden Buch. Es wäre schön, wenn Sie immer wieder drin blättern und dann gerne auch die eine oder andere Geschichte als Podcast bei uns nachhören.

Übrigens ist auch die Geschichte von der Erfindung des »Kalenderblatts« reichlich skurril: Bei einer Programmreform des Bayerischen Rundfunks blieben ein paar Minuten Sendezeit auf Bayern 2 übrig, die sinnvoll gefüllt werden sollten. Man diskutierte lang und breit, dann kam jemand aus der Chefetage auf die Idee, täglich ein Heiligenporträt zu senden. Die zuständige Redaktion konnte sich ausrechnen, dass dieser Ansatz nicht allzu lange tragen würde, ließ noch mal die Köpfe rauchen und hatte dann – Gott sei Dank – einen Gegenvorschlag: »Das Kalenderblatt«. Seit über 30 Jahren gehen uns dafür die Themen nicht aus, und ich hoffe, Sie haben mit diesem Buch auch so viel Spaß daran wie wir.

Ihre Susanne Poelchau

Redaktionsleitung Grundbildung, Geschichte und Gesellschaft

Januar

Januar

01 1. Januar 1962
Die Beatles sind unmodern

Die Beatles machen ihre allerersten Probeaufnahmen, bei der Plattenfirma Decca. Unter Vertrag werden sie nicht genommen. »Gitarrengruppen« seien nicht mehr modern, meint Decca – eine der größten Fehlentscheidungen der Musikgeschichte.

02 2. Januar 2004
NASA-Sonde Stardust bringt Kometenstaub zur Erde

Mit 22.000 Stundenkilometern flog die Sonde am Kometen »Wild 2« vorbei und sammelte Staub aus dessen Schweif. Gemessen an den Kosten übersteigt der Staub-Wert nun den der teuersten Edelsteine der Welt.

03 3. Januar 1983
Lisa, der erste Bürocomputer mit einer Maus, wird vorgestellt

Wer heute auf dem Display wischt, schiebt, mit den Fingern größer und kleiner zieht, wird sie belächeln. Noch vor wenigen Jahren wurde sie aber als Novum bestaunt: die erste Maus bei einem Computer für den Schreibtisch!

04 4. Januar 1926
Geldfälscher Prinz Ludwig Albrecht von Windischgrätz verhaftet

Budapest in den 20ern. So groß angelegt der ungarische Versuch einer Wirtschaftssabotage in Frankreich auch war: Die Blüten sind so schlecht, dass die Aktion gründlich scheitert. Zuletzt wandern die Herren Saboteure sämtlich ins Kittchen.

05 5. Januar 1806
Bayern feiert König Maximilian I. Joseph

Manchmal würde man sich schon freuen wollen darüber, dass man es endlich geschafft hat. Wäre da nur nicht das Wie. Max Joseph freut sich über die Königskrone. Aber muss die mittels Napoleon …?!?!

Autorin: Birgit Magiera

»Wie krieg ich die Krone vom Kissen auf den Kopf!?« Diese Frage muss den bayerischen Herrscher vor gut 200 Jahren einige schlaflose Nächte gekostet haben. Und die Antwort: »Man nehme sie vorsichtig mit beiden Händen und setze sie sich auf« – war keine Lösung für Max den Vierten Joseph, Herzog von Bayern, Pfalzgraf bei Rhein und Kurfürst des Heiligen Römischen Reiches. Denn es ging um nichts Geringeres als Bayerns Aufstieg zum Königreich. Endlich! Der Weg dorthin war weit: Jahrhundertelang dümpelte man als mittelgroßes Herzogtum vor sich hin. Gut, man hatte die Kurfürstenwürde ergattert. Und zweimal durfte die Wittelsbacher Familie sogar den deutschen Kaiser stellen, beide Male allerdings eher glücklos.

Dass ausgerechnet Napoleon, dieser korsische Emporkömmling, den Traum vom Königreich Bayern erfüllen würde, war für Max Joseph dann eine hochpeinliche Angelegenheit. Weshalb man die Formalitäten schnell und schmerzlos über die Bühne brachte: Am Neujahrstag des Jahres 1806 versammelt sich in einem der Prachtzimmer der Residenz um 10 Uhr vormittags eine kleine Gruppe Männer: drei Minister, vier hochrangige Hofbeamte, der Kronprinz und seine königliche Majestät, Maximilian I. Joseph von Bayern. Der frisch gebackene König hält eine kurze Rede und nimmt anschließend Huldigungen entgegen. Der Landesherold wird beauftragt, das Volk überall im Land davon zu unterrichten, dass sie fürderhin Untertanen eines Königs seien. Die beiden Männer, die den Deal eingefädelt haben: Napoleon, Kaiser der Franzosen, und Graf Montgelas, wichtigster bayerischer Minister, sind nicht anwesend – obwohl Napoleon am Tag zuvor in München angekommen ist.

Max Joseph konnte das nur recht sein. Niemand soll sehen, was sowieso jeder weiß: dass nämlich die frisch erworbene Königswürde eine von Napoleons Gnaden ist. Feiern wollte man sie trotzdem: Die Obrigkeit ordnete Festivitäten an, überall im Land. Und so gab's bereits am 5. Januar 1806, dem allerersten Sonntag im neuen Jahr, Messen und Feiern zu Ehren des Königs von Bayern – hochsollerleben!!

All dem war ein ewiges Hin und Her vorausgegangen. Bayerns Super-Minister Graf von Montgelas pokerte hoch, aber mit Erfolg: schönen Gebietserweiterungen und der Königskrone. Die dann erst noch in Paris bestellt und gefertigt werden musste. Und überhaupt: Das Wetter sei zu schlecht, Krönung auf unbestimmt verschoben, ließ Max Joseph in diesen Januartagen verkünden. Und irgendwie ergab sich der richtige Zeitpunkt dann nie mehr. So sitzt Bayerns erster König als Bronzedenkmal vor der Münchner Oper barhäuptig auf dem Thron. Den Blick Richtung Westen, nach Frankreich gerichtet. Die Krone liegt nur ein paar Meter weiter in der Schatzkammer der Residenz, auf dem Samtkissen.

06 6. Januar 1907
Maria Montessori eröffnet ihre erste Schule in Rom

»Hilf mir, es selbst zu tun« ist der Leitsatz von Maria Montessori. Die Reformpädagogin will sich um Kinder kümmern, die andere schon aufgegeben haben. In einer eigenen Schule sollen diese Kinder ihre eigenen Lehrer sein.

07 7. Januar 1780
Weimarer Komödienhaus eröffnet

Laienbühnen sind ja schön und gut, aber ein bisserl fad vielleicht dann doch. Dachte sich zumindest Herzog Carl Albrecht und engagierte sich den jungen Johann Wolfgang von Goethe, um Weimars Bühnenbretter aufzupolieren. Manchem Zuschauer war dieser Jungspund mehr als suspekt.

08 8. Januar 1973
»Sesamstraße« in Deutschland ausgestrahlt

Das amerikanische Original richtete sich an benachteiligte Slumkinder, denen der Einstieg in die Schule erleichtert werden sollte. Hierzulande war man bezüglich des Formats deswegen zuerst sehr skeptisch. Doch Ernie, Bert und das Krümelmonster konnten überzeugen.

09 9. Januar 1972
Milliardär und Luftfahrtpionier Howard Hughes outet Autobiografie als Fälschung

Das eigene Leben selber niederzuschreiben, ist eine Sache. Es von einem anderen geschrieben zu bekommen und das auch noch klammheimlich ... Da zeigte Howard Hughes keinen Humor.

Autor: Xaver Frühbeis

Im Frühjahr 1971 stattet ein Mann dem Buchverlag McGraw-Hill in New York einen Besuch ab. Der Mann ist Schriftsteller und behauptet, von keinem Geringeren als Howard Hughes mit seiner Autobiografie beauftragt worden zu sein. Der weltberühmte exzentrische Millionär lebt schon seit Jahren völlig zurückgezogen, seit Jahren hat er keine Interviews mehr gegeben oder sich fotografieren lassen, und nun kommt dieser Clifford Irving daher und legt eigenhändige, handschriftliche Briefe von Howard Hughes vor, die besagen, dass Hughes tatsächlich vor hat zu reden, Interviews zu geben, seine Memoiren zu veröffentlichen. Falls daran Interesse besteht, sagt Irving, dann würde er gern einen kleinen Vorschuss haben. Hunderttausend Dollar für ihn, und achthunderttausend für Hughes. Was Clifford Irving da vorschlägt, ist ein Angebot, das man nicht ausschlagen kann. Die Memoiren von Howard Hughes: Das ist eine Weltsensation. Und als die Schriftexperten zu dem Urteil kommen, die Briefe von Hughes seien echt, da zögert man nicht mehr und nimmt Irving unter Vertrag. Die Vorschüsse bekommt er auch. Den seinen – und den von Hughes.

Beides bringt Irving erst mal zur Bank. Die Summe, die angeblich Hughes gehören soll, legt seine Frau mit gefälschtem Pass in der Schweiz an. Auf den Namen »Helga Hughes«. Dann machen sie sich ans Werk. Irving arbeitet mit einem Freund namens Suskind zusammen. Suskind ist der Rechercheur, Irving schreibt. Suskind besorgt alles, was jemals über Howard Hughes veröffentlicht worden ist. Was sie da zusammentragen, mischen sie mit eigenen Erfindungen. Und das so geschickt, dass niemand etwas merkt. Selbst als der Verlag Irving – sicherheitshalber – an einen Lügendetektor anschließt, winkt die Maschine ab. Alles in Ordnung.

Im Frühjahr 1972 soll das Buch erscheinen. Ein paar Wochen vor dem Termin kommt der Knaller. Howard Hughes meldet sich. Am 9. Januar 1972 tritt er in einer Live-Sendung im amerikanischen Fernsehen auf. Sieben Journalisten sitzen um einen Tisch, vor ihnen ein Telefon mit Lautsprecher, Hughes selbst ist nicht zu sehen, man hört nur seine Stimme. Und der Millionär Howard Hughes sagt: Er kenne diesen Irving nicht, er habe mit Irving niemals gesprochen, und vom Memoirenschreiben wolle er schon gleich gar nichts wissen.

Die Bombe ist geplatzt. Irving verteidigt sich. Das sei gar nicht Hughes gewesen, im Fernsehen, da habe jemand seine Stimme nachgemacht. Aber das glaubt ihm jetzt niemand mehr. Und als man in der Schweiz das Konto mit den 800.000 Dollar Vorschuss für Hughes findet, ist die Sache klar. Clifford Irving und Richard Suskind wurden wegen Betrugs zu zweieinhalb Jahren bzw. sechs Monaten Gefängnis verurteilt. Seinen Vorschuss – samt dem von Hughes – hat Clifford Irving an den Verlag zurückgegeben. Danach hat er im Gefängnis ein Buch geschrieben. Titel: »Die Howard Hughes Affäre – wie es wirklich war«. Die Rechte an dem Buch, heißt es, hätten ihm eine halbe Million Dollar eingebracht.

---

10 10. Januar 1992
Tausende Quietscheentchen gehen über Bord

Eine Armada Quietscheentchen landet wegen eines Schiffsunglücks im Nordpazifik. Und wenn sie nicht gestrandet sind, schwimmen sie noch heute.

Autorin: Prisca Straub

Eigentlich waren sie für sanft plätscherndes Badewasser bestimmt – stattdessen bricht tosendes Unwetter über sie herein: Es ist der 10. Januar 1992. Eine Frachterladung Quietschetierchen aus Plastik auf der Überfahrt von Hongkong in die USA gerät in halsbrecherisches Schlingern. Drei Container reißen sich aus der Befestigung und rutschen über Bord. Die meterhohe Gischt reißt die Verriegelung auf – und eine fröhlich-bunte Schwimmtier-Flotte ergießt sich in den Nordpazifik: gelbe Enten, blaue Schildkröten, grüne Frösche und rote Mini-Biber – knapp 29.000 Tiere in Seenot, 7.200 pro Sorte.

Die kuriose Gummitier-Armada »made in China« ist alles andere als hochseesicher: »made for Tub and Pool«, also Badewannen- und Pool-tauglich, so die Gebrauchsanweisung. Eiskalte, meterhohe Wellen? Fehlanzeige! Sonne, Salz und Seevögel? Eigentlich ausgeschlossen! Doch überraschenderweise wird sich bald herausstellen: Es handelt sich um überdurchschnittlich ausdauernde Exemplare!

Nach ihrem Schiffbruch geraten die Plantsch-Tiere zunächst in den mächtigen, subpolaren Meereswirbel – einen kreisförmigen Oberflächenstrom: Gegen den Uhrzeigersinn geht es vorbei an der Küste Alaskas – in Richtung Japan – und wieder zurück nach Amerika. Drei Jahre brauchen die Verunglückten für eine Umdrehung – und hin und wieder wird ein Exemplar an Land gespült – Australien, Indonesien, Chile. Andere verlassen den Pazifik im Norden über die Beringstraße, wo sie im Packeis stranden. Ein paar wenige schaffen es tatsächlich bis nach Grönland und von dort in den Nordatlantik. Elf Jahre nach der Havarie landet eine kleine Vorhut im Nordwesten Schottlands. Als es 2007 schließlich heißt: »Kurs auf britische Strände!«, ist die Presse längst mit von der Partie. Doch die erwartete Invasion der Badeutensilien bleibt aus.

Inzwischen haben sich sogar Meereskundler auf ihre Fährte gesetzt: Mit den Reisedaten der Gummitiere füttern sie ihre Computer. Was für ein Glücksfall! Die Ozeanforscher erstellen Simulationsprogramme. Erkunden Strömungsgeschwindigkeiten und kartieren Schmelzwasserbewegungen. Erstaunlich, was man aus dem beschwerlichen Weg der Quietscher quer über die Ozeane alles ableiten kann. Und natürlich brauchen die Forscher dazu weltweit Hilfe: Freiwillige Hobbyfahnder teilen rund um den Globus mit, wann immer eine Gummiente gesichtet wird.

Was die Experten allerdings noch immer nicht beantworten können: Wo hat der Großteil der bunten Flotte Unterschlupf gefunden? Denn nach wie vor ist nur ein Bruchteil angeschwemmt worden. Hat das unverhoffte Outdoor-Leben den Tieren so zugesetzt, dass nur noch Reste vorhanden sind? Nicht sehr wahrscheinlich. Denn inzwischen weiß man: Die Quietscheentchen bleichen zwar im Salzwasser aus, und die roten Biber bekommen einen Gelbstich. Doch das macht sie keinesfalls zu Nichtschwimmern. Wo sind sie also?

Vermutlich fahren Abertausende von ihnen nach wie vor im Nordpazifik Karussell. Seemeile für Seemeile. Und Plastik ist langlebig. Weitere 100 Jahre könnten die Tiere locker noch schaffen, heißt es. Mindestens.

11 11. Januar 1918

Edward A. Murphy geboren, »Gesetzgeber«

Wenn was schiefgehen kann, dann geht's auch schief. Das ist knapp gefasst der Inhalt von Murphys Gesetz, benannt nach dem US-amerikanischen Ingenieur Edward A. Murphy. Dem ging auch manches nicht gerade. *Autor: Herbert Becker*

Wer ist schon Edward Aloysius Murphy? Schön, er wurde am 11. Januar 1918 geboren – aber das ist kein Datum, das man sich merken muss. Denn nach dem Mann ist zwar ein Gesetz benannt – Murphys Gesetz, besser bekannt als Murphy's Law –, der Urheber dieses Gesetzes jedoch ist er nicht. Dieses Gesetz hat keinen Urheber, der einen Namen und ein Geburtsdatum besäße. Es ist naturgegeben, ewig und unumstößlich. Es ist jenes Gesetz, dem zufolge man sich im Supermarkt grundsätzlich an der Schlange anstellt, die sich am langsamsten vorwärtsbewegt, und dem zufolge Butterbrote immer mit der Butterseite nach unten fallen.

Es ist nicht ganz einfach, die Richtigkeit dieses Gesetzes zu beweisen. Wissenschaftler haben es in einem aufwändigen Test versucht; sie haben tagelang Butterbrote in die Luft geworfen, geschaut, auf welcher Seite sie landen, und hinterher erklärt, sie fielen ebenso oft auf die eine wie auf die andere Seite. Damit glaubten sie, Murphys Gesetz widerlegt zu haben. Welcher Fachrichtung diese Wissenschaftler angehörten, ist unbekannt – Murphologen waren sie auf keinen Fall. Denn gemäß Murphys Gesetz funktionieren Experimente, mit denen man etwas nachweisen will, niemals. Dass der Versuch nicht funktioniert hat, ist somit der Beweis dafür, dass Murphy's Law stimmt. Murphologen hätten das von vornherein gewusst, diese anderen Wissenschaftler haben es nur bestätigt.

Zugegeben, das geht stark ins Philosophische, aber um die tiefe Wahrheit, die Murphys Gesetz innewohnt, zu erkennen, muss man weder Philosoph sein noch Murphologe. Es genügt, das Alltägliche zu beobachten. Es ist doch jedem von uns schon passiert, dass er einen dringenden Anruf erledigen wollte und nicht konnte, weil beim Gesprächspartner besetzt war. Aber war jemals – jemals – besetzt, wenn wir eine falsche Nummer gewählt haben? Nein! Nie!

Wie Edward A. Murphy dazu gekommen ist, Namensgeber des Gesetzes zu werden, ist nicht ganz klar. Es gibt mehrere, voneinander abweichende Berichte. Angeblich war er 1948 als Ingenieur an Versuchen beteiligt, die die US-Luftwaffe durchführte; es sollte ermittelt werden, welche körperlichen Schäden der enorme Luftwiderstand hervorrufen kann, dem Piloten ausgesetzt sind, die bei Schallgeschwindigkeit ihr Flugzeug verlassen müssen. Murphys Assistent schloss bei einem der Tests die Messinstrumente falsch an, womit die Ergebnisse unbrauchbar waren. Murphy, der eigentlich für die Überprüfung der Instrumente zuständig gewesen wäre, schob seinem Gehilfen die alleinige Schuld in die Schuhe. »Wenn der Kerl was falsch machen kann, dann macht er's«, schimpfte er.

Diese Bemerkung dampften die Kollegen, die sich über die schnelle Schuldzuweisung mokierten, zu dem Satz ein: »Wenn was schiefgehen kann, dann geht's auch schief« – zu jenem Kernsatz von Murphy's Law also, aus dem sich viele weitere Sätze ableiten: Eine kaputte Maschine funktioniert einwandfrei, wenn der Kundendienst kommt. Von den Schlüsseln an einem Bund passt immer der letzte, den man probiert. Ein Kabel beliebiger Länge ist grundsätzlich zehn Zentimeter zu kurz. Schecks gehen in der Post verloren, Rechnungen nie.

Wie gesagt, den Geburtstag von Edward Murphy muss man sich nicht merken. Es reicht, die Regeln des nach ihm benannten ehernen Gesetzes im Hinterkopf zu haben. Und es schadet nicht, anzunehmen, dass diese Regeln noch sehr optimistisch formuliert sind.

---

12 — 12. Januar 1999

Europas erste Wasserstofftankstelle

Man kann viel in einen Tank packen: den Tiger, Rapsöl, Benzin, Diesel oder Wasserstoff. Nur dass Wasserstoff schon mal aus dem Tank verdunstet. Und das ist nicht das einzige Problem … Trotzdem will Deutschland ein flächendeckendes Netz von Wasserstofftankstellen aufbauen.

---

13 — 13. Januar 1957

»Pluto-Platter« – die späteren Frisbee-Scheiben …

Walter Frederick Morrison hatte es nicht leicht im Leben, bis er den Vorläufer der »Frisbee-Scheibe« erfand, damals »Pluto-Platter« genannt. Dann kam er allerdings auf eine weniger gute Idee: Das Spielzeug könnte man auch als Waffe einsetzen.

14 — 14. Januar 1771

»Hiasl« Matthias Klostermayr festgenommen

Dem Adel und der hohen Geistlichkeit schoss er die Hirsche und Wildschweine vor der Nase weg und verschenkte einen Teil der Beute an die Armen. Matthias Klostermayr aus Kissing – der »Boarische Hiasl« – wird zum bayerischen Retter der Enterbten. Bis ihn eine Frau verrät.

---

15 — 15. Januar 1896

Paris bekommt Autovermietung

Mit Spaß am Gas geben rast der junge Graf Albert de Dion als Rennpionier über die Pisten. Diese Freude am Fahren will er später teilen und gründet die erste Autovermietung der Welt.

16 16. Januar 1938
Benny Goodman gibt Konzert in der Carnegie Hall

Benny Goodmans Konzert war weder das erste Jazzkonzert noch der erste Auftritt schwarzer Künstler in der Carnegie Hall. Doch die explosive Kraft der Band machte das Ereignis zu einem Meilenstein der Musikgeschichte. Jazz in den heiligen Hallen! Goodmans Trompeter Harry James sagte, er fühle sich »wie eine Hure in der Kirche«.

17 17. Januar 1813
Der Brite Humphry Davy entdeckt den Lichtbogen

Sohn eines Holzschnitzers und Autodidakt auf dem Gebiet der Chemie: Humphry Davy schaffte es als Erster, einen »Lichtbogen« zu erzeugen, ein stromleitendes und leuchtendes Plasma aus Gas.

18 18. Januar 1969
ZDF-Hitparade geht an den Start

Deutsche Schlager, in der Hitparade, samstagabends, 32 Jahre lang … Wer da auftrat, der hatte es geschafft, wer nicht, eher nicht …

19

19. Januar 1955

Goggomobil läuft vom Band

Autos ließen sich früher leichter lieben. Der Käfer hatte ein nettes Brezelfenster. In der Isetta saß man verträumt Seite an Seite. Und den »Goggo« mochte man schon wegen des goldigen Namens. *Autorin: Carola Zinner*

Am Anfang war der Preis. 3.000 Mark, so viel kostete damals ein Motorrad mit Beiwagen, samt passender Leder-Schutzkleidung für den Fahrer. Wer so was hatte, war eigentlich fein raus; man kam schnell zur Arbeit und konnte am Wochenende Ausflüge machen: der Vater am Lenker, der Große hinten auf dem Sozius, die Mutter mit den beiden Kleinen im Beiwagen. Doch wehe, es kam ein Gewitter. Da half irgendwann auch keine Lederkombi mehr. Es blieb nur noch, unter Brücken und Vordächern zu warten, bis der Guss vorbei war – oder den restlichen Weg völlig durchnässt zurückzulegen.

Es regnete unverhältnismäßig häufig im Sommer 1954. Schlecht für die Motorradfahrer, aber – gut für Hans Glas. Der hatte kurz zuvor in seinem Familienbetrieb für Landmaschinen und Motorroller in Dingolfing eine Art überdachtes Motorrad mit Seitenwagen entwickeln lassen, in dem man bei Regen trocken blieb. Das Ganze, hatte der Unternehmer seinen Konstrukteuren vorab eingeschärft, dürfe im Verkauf nicht mehr kosten als eben jene 3.000 Mark, die der Motorradfahrer für seine Ausrüstung aufbringen musste. Was dabei herauskam, präsentierte Glas auf der Internationalen Fahrrad- und Motorrad-Ausstellung in Köln. Das Goggomobil war die Weiterführung des beliebten Goggo-Motorrollers, den die Glas-Werke drei Jahre zuvor auf den Markt gebracht hatten und der nach dem jüngsten Glas-Enkel Andreas, Spitzname »Goggi«, benannt worden war.

Nun also gab es neben den verschiedenen Modellen des zweirädrigen »Goggo« auch noch den »Vierradroller«: einen Zweitakter mit 14 PS, den man mit Motorradführerschein fahren durfte und der mit seinen eins dreißig nicht höher war als ein bemanntes Motorrad zu jener Zeit. Der aber ein festes Dach hatte, geschlossene Seitenteile, und einen Scheibenwischer – (ein zweiter wäre schon Luxus gewesen, und darauf wurde beim Goggo – die 3.000 Mark! – konsequent verzichtet).

Am 19. Januar 1955 lief das erste Serienfahrzeug des »Goggomobil« in Dingolfing vom Band; ein Jahr später exportierte die Firma ihr Erfolgsmodell bereits in 36 Länder. Der Glas'sche Winzling war nicht das einzige Kleinauto jener Zeit, aber keines war so durchdacht, so preiswert, so praktisch. »Er wohnt in München, sie in Kiel!«, kalauerte die Werbung. »Die Lösung, klar: Goggomobil.«

Der »Floh mit Auspuff«, Spitzengeschwindigkeit 85 Stundenkilometer, wurde zum Inbegriff der 50er-Jahre, ein Symbol für Bescheidenheit, humorvolles Improvisationstalent und Durchhaltevermögen. Schon bald gab es ein Goggo-Coupé, den Goggo-Lieferwagen und einen Pick-up-Transporter.

»Wir fuhren mit unseren drei Kindern selbst über den Großglockner«, schrieb eine Besitzerin. »Ein einziges Mal, an den Radstädter Tauern, musste ich aussteigen, damit unser Goggole es auch schaffte. Nie gab es Probleme. Nur der Bowdenzug riss öfter mal. Einmal zog mein Mann daraufhin das Seil heraus und bediente es bei der Weiterfahrt mit der Hand.«

Doch auch diese Familie hat sich irgendwann trotz aller Liebe von ihrem Goggo getrennt, um umzusteigen in ein »richtiges Auto«. Ende der 1950er-Jahre ging die Zeit der Kleinstwagen zu Ende. Die Glas GmbH versuchte dem Trend zu folgen, baute Vierzylinder, ein perfekt designtes Cabrio und einen mindestens ebenso schönen Luxuswagen – Spitzname Glaserati. Doch unterwegs ging der kleinen Firma die Puste aus. 1966 fusionierte sie mit BMW; 1969 ging das letzte Glas-Modell in Dingolfing vom Band. – Es war natürlich ein Goggomobil.

20 20. Januar 1767 Étienne de Silhouette gestorben

Er selbst hatte ein ganz ansehnliches Profil. Aber mit Schattenrissen hatte Étienne de Silhouette eigentlich nur am Rande zu tun. Eigentlich war er Steuereintreiber. Weil er hauptsächlich bei den Reichen beschlagnahmte, was zu holen war, hängten die etwa, wenn er kam, statt Ölporträts simple Schattenrisse ins Wohnzimmer. Die sie prompt nach Silhouette benannten.

21 21. Januar 1781 Friedrich der Große verbietet Kaffee-Rösten

Abtasten und Abriechen der Damen war erlaubt. Die königlichen Kaffee-Schnüffler kannten keine Gnade, wenn sie nach Kaffee-Sünderinnen fahndeten, denn Friedrich der Große hatte ein Kaffee-Röstverbot erlassen.

22 22. Januar 1633 Borromini wirft Arbeit am Petersdom hin

»Das bricht ja zusammen!«, muss sich Francesco Borromini gedacht haben, als er die Entwürfe seines Chefs für das Grab des Heiligen Petrus sieht. Also korrigiert er die statischen Schnitzer, bis es ihm am 22. Januar 1633 endgültig reicht.

23 23. Januar 1960
Jacques Piccard taucht auf den Grund des Marianengrabens

Höher und weiter wollen viele. Abenteuer in der Tiefe suchen schon weniger. Kein Wunder: Ungemütlich und stockfinster ist es. Wenn man es überhaupt überlebt – wie Jacques Piccard.

24 24. Januar 1848
James W. Marshall findet Nugget und löst kalifornischen Goldrausch aus

Ein kleines Goldnugget, vielleicht fünf Dollar wert, machte den Anfang. Danach begann der galoppierende Wahnsinn. Keiner wollte mehr auf der Farm oder als Cowboy arbeiten, jeder suchte das schnelle Glück beim Schütteln und Sieben von Fluss-Sand.

---

25 25. Januar 1880
Geburtsstunde des Grubenhunds

Arthur Schütz hat ihn entdeckt, den Grubenhund, sozusagen auf die Welt gebracht. Er wusste: Der Grubenhund ist eine Ente –? *Autor: Hellmuth Nordwig*

Journalisten wird ja oft ein profundes Halbwissen nachgesagt. Eigentlich klar. Wer am Morgen einen Kommentar über Trumps aberwitzige Ideen schreibt und sich mittags an den Bericht über die Goldene Palme von Venedig macht – oder war es Cannes? –, der bekommt garantiert am Abend noch eine aktuelle Meldung auf den Tisch: über das Gen, das die menschliche Sexualität steuert. Die muss natürlich auch schnell ins Blatt, da kann man nicht jedem Detail nachgehen.

Schon gar nicht, wenn dann noch die Erde bebt. So wie im November 1911 in Österreich. Kommt dort immer wieder vor, die Alpen wollen schließlich wachsen. Passiert ist weiter nichts, doch die »Neue Freie Presse« zitiert aufgeregte Augenzeugen aus Wien und vielen anderen Teilen der k. u. k. Monarchie: Lampen seien ins Schwingen geraten und Uhren stehen geblieben.

Auch ein Doktor Ingenieur Erich Ritter von Winkler meldet sich zu Wort, Assistent der Zentralversuchsanstalt der Ostrau-Karwiner Kohlenbergwerke. Dort habe sich der Zentrifugalregulator ausgekuppelt, die Spannung im Transformator sei wegen der Erdstöße auf 4,7 Atmosphären zurückgegangen. Und dies habe wiederum zwei Schaufeln der Parson-Turbine so stark deformiert, dass er sie sofort gegen Stellringe ausgetauscht habe, um Schlimmeres zu verhindern.

Es muss drunter und drüber gegangen sein im Kompressorenraum des Bergwerks. Völlig unerklärlich sei aber, schreibt Ritter von Winkler weiter, »dass mein im Laboratorium schlafender Grubenhund schon eine halbe Stunde vor Beginn des Bebens auffallende Zeichen größter Unruhe gab«. Mit dem Abdruck des Berichts hatte ein gewisser Arthur Schütz eine Wette um tausend Zigaretten gewonnen: Würde die »Neue Freie Presse« merken, dass es sich um bunt zusammengewürfelte Versatzstücke aus der Sprache der Technik handelt? Die beherrschte Schütz, der am 25. Januar 1880 zur Welt gekommen war.

Schließlich war er selbst Ingenieur und gab als Fachmann für Antriebstechnik die »Riementechnischen Mitteilungen« heraus. Die Redakteure fielen herein. Auch weil keiner von ihnen den bergmännischen Ausdruck für eine Lore kannte, nämlich Grubenhund.

Den kultivierte Arthur Schütz in den folgenden Jahren zu einer eigenen literarischen Form, der glaubhaft fachmännischen Leserzuschrift. Anders als seine Verwandte, die Zeitungsente, war der Grubenhund stets wohldurchdachter »Protest gegen die angemaßte Autorität der Druckerschwärze«, wie Schütz notierte. Mal klagte er über Betonwürmer oder die Störung durch laut miauende Laufkatzen, mal betrauerte er den an einem Ovarialkarzinom verstorbenen Rittmeister Neumann. Der »Reichenberger Zeitung« drehte er das Rubens'sche Abendmahl von Leonardo da Vinci an und dem »Völkischen Beobachter« ein als Kinderlied getarntes Gedicht des Juden Heinrich Heine. Er war schon ein Hund, der Schütz.

Die Grubenhunde haben ihn erfreulicherweise überlebt. Sie tauchen als neu entdeckte Tierarten in Fachzeitschriften auf, als detailreich bebilderte Artikel bei Wikipedia und nach wie vor in gutgläubigen Zeitungen. Ein paar von ihnen haben auch jenes Sexual-Gen des Menschen dankbar aufgegriffen. Erfunden hat es ein Student und per Pressemitteilung verbreitet. Nur wenigen Redaktionen war die Kontaktadresse aufgefallen: das Münchner Arthur-Schütz-Institut.

---

26 26. Januar 1554 Straubinger Draufgänger Ulrich Schmidl kommt heim

Bayern ist schön, aber manchmal zieht es einen doch in die Welt. Wie den Straubinger Ulrich Schmidl, der im 16. Jahrhundert mal eben Buenos Aires und Asunción mitgründet, dann aber doch wieder heimreist. *Autorin: Birgit Magiera*

Im Rathaus von Straubing hängt eine Gedenktafel, gestiftet von der argentinischen Regierung. Diese Tafel ist laut Inschrift gewidmet »a su primer historiador Ulrico Schmidl«, also dem ersten Geschichtsschreiber von Argentinien: Ulrich Schmidl, – genannt Utz. Der kam aus Straubing und war Sohn des Bürgermeisters, Sprössling einer einflussreichen Patrizierfamilie. Wie kam der nach Argentinien?

Die Lebenszeit von Utz Schmidl: das sind die Jahrzehnte nach der Entdeckung Amerikas. Der Habsburger Kaiser Karl der V. herrscht über ein Reich, in dem die Sonne nie untergeht. Und Spanien und Portugal segeln um die Wette über den Atlantik und an den teils noch unentdeckten amerikanischen Küsten entlang, auf der Suche nach Gold und Silber und einer Passage nach Indien.

Der junge Schmidl aus Straubing hat als Büchsenschütze auf einem der Schiffe angeheuert. Zusammen mit 1.600 anderen Landsknechten segelt er Richtung Brasilien, unter dem Kommando des Spaniers Pedro de Mendoza. Er ist dabei, als Buenos Aires gegründet wird, segelt mehrere Flüsse weit hinauf ins Innere des Kontinents, gehört auch zu den Gründern von Asunción, der heutigen Hauptstadt von Paraguay. Erst 20 Jahre später kommt Utz Schmidl zurück in seine niederbayerische Heimat: am 26. Januar 1554.

Nach seinem Tod werden seine Aufzeichnungen veröffentlicht, unter dem Titel »Die wahrhafte Historie einer wunderbaren Schifffahrt«.

Darin beschreibt er weniger Wunderbares als vielmehr Verbrechen und Grausamkeiten gegen die Indianerstämme, und auch die lebensbedrohliche Hungersnot nach der Ankunft am Río de la Plata. Nicht nur Schlangen und Ungeziefer landen im Kochtopf. Aus Verzweiflung essen viele sogar ihre Schuhe auf.

Schmidl berichtet, wie mehrere Soldaten heimlich, weil streng verboten, ein Pferd schlachten, erwischt werden und am Galgen landen. Wie sich daraufhin einige Kameraden nachts an den Leichen zu schaffen machen, um ihrerseits irgendetwas zwischen die Zähne zu bekommen und nicht hungers zu sterben. Und es bleibt laut Schmidl nicht der einzige Fall von Kannibalismus unter den Eroberern.

Diese Passagen aus dem Reisebericht waren aus Sicht von Staat und Kirche im 16. Jahrhundert höchst problematisch. Denn gerade der Verweis auf die Menschenfresserei der Indianer galt als Rechtfertigung, ja als Verpflichtung, diese zu fangen, zu versklaven oder zu töten – im Namen einer höheren christlichen Moral. Der jedoch jede Glaubwürdigkeit entzogen ist, wenn auch ein Christ zum Zweck des Energieausgleichs den anderen verzehrt.

Deshalb erwähnten auch kaum andere Geschichtsschreiber dieser Zeit solch ungeheure Vorgänge. Die meisten Chronisten waren schließlich als Priester, Mönche, Missionare nach Südamerika gereist und als solche den Interessen der Kirche verpflichtet. Das macht den Reisebericht des Soldaten Utz Schmidl kulturgeschichtlich umso wertvoller. Seine reiche Beute aus den Raubzügen der Conquista ging übrigens auf der Heimfahrt verloren. Und als bekennender Protestant wurde er später aus dem katholischen Straubing verbannt. Aber im dortigen Rathaus hängt seine Gedenktafel, und in Buenos Aires, im Parque Lezama, steht eine Büste von Ulrico Schmidl, dem niederbayerischen Konquistador, Mitgründer zweier Hauptstädte, dem ersten Geschichtsschreiber Argentiniens.

27. Januar 1978
Der »Tunix«-Kongress beginnt

Am 27. Januar 1978 begann an der TU in West-Berlin der legendäre »Tunix«-Kongress. Ganz anders, als der Name verheißt, schoben die Spontis dort keine ruhige Kugel, sondern brachten auch einiges auf den Weg, z.B. eine vielversprechende Öko-Partei ...

---

28. Januar 1878
Erste öffentliche Telefonzelle aufgestellt

Man musste es mal klein und passend haben. Und dann musste man schnell reden, denn die Münzen fielen durch wie nichts. Trotzdem begann damals in Connecticut der Siegeszug der Telefonzelle. Erst das Handy sollte ihr den Rang ablaufen.

---

29. Januar 1766
John Spilsbury erfindet Puzzle-Spiel

Manches steht ja in dem Ruf, nur was für Kinder zu sein. Dabei möchte man ehrlich rufen: Nein, Erwachsene ebenso! Schließlich kann man als Erwachsener genauso noch Spaß haben – zum Beispiel beim Puzzeln! *Autorin: Anja Mösing*

Wohnungen können echt miese Verräter sein. Da muss gar nicht erst die Zinnteller-Parade kommen, oben, auf dem Eichenholz-Regal. Da reicht schon irgendwas ganz Einfaches an der Wand. Vielsagend!

Jetzt nur mal so als Beispiel: das Wand-Puzzle. Klein ist das nie. 120 Teile, freudestrahlend von Vierjährigen gelegt? Fehlanzeige! Das sind Trophäen! Das sind die Zwölfender in der Jagdstube, nur ohne Fell.

Für so ein Wand-Puzzle sind Tränen geflossen! Das hat einer aus Tausenden von Teilen zusammengefummelt! Akribisch aufgeklebt und hinter Glas gebracht, in einen Rahmen. Für immer.

Wenn man in eine Wohnung mit Puzzle an der Wand kommt, weiß man gleich, hier wohnt einer, mit dem man reden kann. Einer, der die ganze Palette kennt. Gefühle? In dieser Wohnung kann man drüber reden. Und vor allem: So ein Puzzle-Mensch, der kann zuhören, der kann auch mal ruhig sein. Kontemplation! Ohne die bekommt doch keiner so ein Riesenteil fertig.

Hier wohnt so einer wie der Typ damals, in den 1980ern, in diesem französischen Kinofilm – »Diva« hieß der –, ein Typ in dem Film hatte eine echt große Wohnung! Loft oder was. Mit einer Welle in einem ganz breiten Glaskasten. Total langsam schwappte die da in dem Glaskasten hin und her. Und davor hockte der Typ, der Wohnungsbesitzer, am Boden. In aller Seelenruhe hat der da sein riesenblaues Puzzle gelegt. So was von ruhig war der. Der Wahnsinn.

Bis dahin konnte man höchstens seinem besten Freund erzählen, wenn man mal ein

Puzzle gelegt hatte. Schweigepflicht Ehrensache. War Kinderkram. Und plötzlich hatten Puzzles Style! Die als Erwachsener zu legen, war auf einmal cool. Am besten mit einem ganz schwierigen Motiv drauf, Sanddüne in Nahaufnahme, oder irgendwas mit Wahnsinn auf Ansage. Dabei war das Ding eigentlich mal ganz anders gedacht.

Früher waren die Teile zum Lernen gedacht. Der Erfinder hatte einfach eine Schul-Landkarte auf Sperrholz geklebt. Und dann die Karte immer schön an den Grafschafts-Grenzen entlang auseinandergesägt. Mit einer Laubsäge. 1766 war das, am 29. Januar. Und der Mann war Engländer: John Spilsbury hieß er, hatte in London als Kupferstecher vorher Landkarten gemacht. Zur Abwechslung mal Rumgrübeln, welches Teil wohin gehört, bis die Karte komplett war, hat den Schülern und Lehrern dann echt gut gefallen. War mal was anderes. Und dem Spilsbury hat's gut Geld gebracht. War ziemlich teuer, so ein Londoner Puzzle, also nur was für die Reichen. Die haben das Puzzlelegen dann zusammen richtig zelebriert, im »Salon«. Dabei hatten die Teile damals noch keine so runden Zähnchen, die genau in Buchten reinpassen müssen und so.

Die kamen erst vor gut 100 Jahren. Und nach dem Zweiten Weltkrieg, als sie superscharfe Stanzen erfunden hatten, ging's richtig los. Mit der Stanze konnte man verrückte Formen für die Puzzleteile erfinden, die sind seitdem aus Pappe. Und billig. Also hey, einer, der die heute noch an der Wand hat, ist vielleicht ein bisschen retro, aber wer einen Menschen mit Geduld und Leidenschaft sucht, der hat ihn in so einer Wohnung gefunden.

---

30 | 30. Januar 1929
»La Goulue« stirbt

Die »unersättliche« Cancan-Tänzerin auf Henri Toulouse-Lautrecs bekanntem Plakat – mit dem gleich beide weltberühmt wurden. Doch später verkauft sie vor dem Moulin Rouge Zündhölzer und wird nicht einmal mehr erkannt.

---

31 | 31. Januar 1961
Schimpanse Ham startet ins All

Der Countdown läuft, 31. Januar 1961: Cape Canaveral. In der Rakete sitzt ein kleiner Schimpanse, allein, aber im maßgeschneiderten Raumanzug. Ham wird der erste Affe im All sein. Und einen guten Job machen. *Autorin: Susi Weichselbaumer*

Kaum ein Affe macht konkurrenzlos Karriere. King Kong lässt sich als erstes Monster rein fürs Kino erfinden, entspringt also nicht einer Literaturvorlage. Nur um etwas später von Godzilla überholt zu werden, dem Riesendinosaurierdrachen, der ganz Tokio platt walzt plus in Filmlexika bis heute den Titel »König der Monster« trägt. Cheeta aus »Tarzan« ergeht es nicht besser. Das Schimpansenmädchen möchte frech und fröhlich punkten. Das Publikum bevorzugt lieb und verspielt. Wie Flipper. Oder niedlich und klug. Wie Lassie.

Hams Erfolgsprojekt startet anders. Für den Schimpansen soll es nicht der schnelle Ruhm werden, sondern die nachhaltige Ehre. Geboren im zentralafrikanischen Regenwald, erschießen Wilderer seine Mutter. Auf einem Tiermarkt in Kamerun kaufen ihn Amerikaner. Gemeinsam mit 39 weiteren Schimpansen zieht Nr. 65, wie ihn die neuen Besitzer zunächst nennen, in die USA – auf die Holloman Air Force Base. Vom Holloman Aerospace Medical Centre dort leitet sich sein Name ab: Ham. Und hier beginnt seine Ausbildung bei der NASA. Licht- und Tonreize werden trainiert. Große Hitze gilt es auszuhalten und extreme Beschleunigung. Klaustrophobie. Unbeweglichkeit. Komplette Einsamkeit.

Der kleine Kerl aus Kamerun ist jetzt vier Jahre alt und absolviert seine Aufgaben bravouröser als die 39 Mitbewerber. Ham bekommt den Job. Allerdings handelt es sich um ein riskantes Unternehmen. Er soll der erste Schimpanse im Weltall werden. Der unbemannte Start einer Mercury-Redstone, der MR1, war im Sommer 1960 gescheitert.

Die Rakete musste nach 59 Sekunden gesprengt werden. Der nächste Versuch ist erfolgreicher.

Am 31. Januar 1961 findet mit der MR2 die »Generalprobe samt Affe« statt.

Schimpansen sind dem Menschen biologisch sehr ähnlich, auch ihre Reaktionszeit gleicht sich in etwa. Ergo geben Schimpansen die idealen Testkandidaten ab, um die perfekten Bedingungen für die bemannte Raumfahrt auszuloten, findet die NASA.

Ham ist am Morgen des 31. Januar topfit. Schlag 7:30 Uhr Ortszeit wird er in Cape Canaveral an Bord der MR2 gebracht, festgeschnallt und mit Sensoren ausgestattet. 11:55 Uhr erfolgt die Zündung. Ham hebt rasant ab und muss dabei ein 17-Faches seines Körpergewichts aushalten. Ein Ventil fällt aus, der Kabinendruck sinkt, doch der Schimpanse ist sauerstofftechnisch sicher im maßgeschneiderten Raumanzug. In 253 Kilometer Höhe vollführt Ham versiert die einstudierten Reaktionstests, tummelt sich sechs Minuten in der Schwerelosigkeit. Mittags um 12:12 Uhr landet er wieder. Rund 700 Kilometer von Cape Canaveral entfernt. Zur Belohnung gibt es einen Apfel und eine Banane.

Souveräne Leistung. Der Weg für den ersten Mann auf dem Mond ist damit geebnet. Ham wird in den Ruhestand versetzt – im Zoo von Washington – und darf sich bewundern lassen als erster Schimpanse völlig losgelöst von der Erde. Aber ach ja, kaum ein Affe macht konkurrenzlos Karriere. Den prominenteren Platz im Geschichtsbuch sprich den längeren Eintrag in der Rubrik »Tiere im Weltraum« muss Ham später Laika überlassen. Die Hündin war bereits vier Jahre vor ihm ins All gestartet mit dem sowjetischen Sputnik 2. Und hatte nicht überlebt – tragische Enden kommen beim Publikum wahrscheinlich einfach besser an als wohlverdiente Pensionen.

Februar

01 1. Februar 2004
Nipplegate – Skandalauftritt beim amerikanischen Superbowl

Es war ja keine Absicht, doch ein Risiko mit Nebenwirkungen. Kann der Hinweis der Packungsbeilage wirklich sein: Nackte Brüste können bei Kindern zu Erbrechen führen? Also, bitte, Unanständigkeitsstandards einhalten!

Autorin: Prisca Straub

Der Skandal dauert nur den Bruchteil einer Sekunde: Ein nackter Busen blitzt auf. Sängerin Janet Jackson schaut entsetzt auf ihr Leder-Bustier herunter – und Duett-Partner Justin Timberlake glotzt begossen ins Publikum. Ist da gerade was schiefgelaufen?

Es ist Halbzeitpause im amerikanischen Superbowl. Football-Finale. Eine nichtsahnende Nation hat sich vor den Fernsehgeräten versammelt. Janet Jackson und Justin Timberlake lassen auf der Bühne lasziv die Hüften kreisen. Den letzten Song der Show singen sie gemeinsam. Und dann – passgenau zur finalen Liedzeile von »Rock Your Body«, als es heißt: »Gleich stehst du nackt vor mir!« – dieser – ja, was war es? – wohlkalkulierte Griff: Justin packt zu. Traumwandlerisch zielsicher. Und aus Janets nietenbesetztem Mieder hüpft die rechte Brust – hübsch dekoriert mit einem glitzernden Silberstern auf der Spitze. Einen winzigen Augenblick später ist schon alles vorbei. Möchte man meinen. Doch weit gefehlt!

Die telegene Brustentblößung am 1. Februar 2004 zur Primetime und vor laufenden Kameras löst einen gewaltigen Skandal aus. Es hagelt Beschwerdebriefe. Hunderttausendfach. Die amerikanische Medienaufsichtsbehörde droht dem Sender CBS mit einem Bußgeld von über einer halben Million Dollar. Von »unsittlicher Entblößung« ist die Rede und von arglosen Kindern, die sich beim Anblick von Janets Busen spontan erbrochen hätten. Amerika hat sein »Nipplegate«.

Eine völlig aus den Fugen geratene Nation zwingt die Schuldigen, öffentlich Abbitte zu leisten. Aufreißer Timberlake spielt den Fall zu einer sprichwörtlich gewordenen »wardrobe malfunction« herunter – einem »Garderoben-Fehler«. Janet – im hochgeschlossenen blauen Kostüm – beteuert: »völlig unbeabsichtigt« – »nur ein Versehen!« Im Handumdrehen wird sie von mehreren öffentlichen Auftritten ausgeladen und erhält eine Zivilklage. Timberlake zahlt nur mit seinem biederen Boygroup-Image.

Blankes Kalkül oder nur ein dummes Missgeschick? In jedem Fall hat der Blitz-Blick auf Janets blanken Busen die Branche verändert: Sogenannte »Unanständigkeits-Standards« werden drastisch verschärft. Geldstrafen für »unsittliche Fernsehinhalte« um ein Vielfaches erhöht. Bei quotenstarken Direktübertragungen gehen die Sender jetzt auf Nummer sicher – und strahlen mit einer diskreten Verzögerung von fünf Sekunden aus.

Gleichzeitig lässt Nippelgate die Server heiß laufen. »Janet Jackson« avanciert zum meistgesuchten Begriff im Internet. Und – Zufall oder nicht – nur etwas mehr als einen Monat später veröffentlicht die Sängerin im März 2004 ihr achtes Album – raketengleich schießt es auf Platz zwei der amerikanischen Albumcharts.

Übrigens: Was die Anstandswärter nicht wissen konnten – und was den Eltern der mit Übelkeit reagierenden Sprösslinge nacktes Entsetzen beschert haben dürfte: Nipplegate sorgt noch für einen weiteren Hype – zur sprunghaften Nachfrage nach weiblichem Intimschmuck! Ein sternförmiges Glitzer-Ornament auf der Brust avanciert zum super angesagten Aushängeschild! Ausrede überflüssig!

---

02 2. Februar 2016

Alljährlich grüßt das Murmeltier

Eher unzuverlässige Wettervorhersage, seit 1886. Dafür aber ein Star – unter den Waldmurmeltieren. Und wer kann schon von sich sagen, dass wegen ihm auf den Weltfrieden getrunken wird?

Autorin: Prisca Straub

Pünktlich um sechs dudelt der Radiowecker: dieselbe Musik wie am Vortag, dieselbe unerträglich gute Laune des Moderators. Bill Murray packt ein entsetzlicher Verdacht: Er springt aus dem Bett, wirft einen Blick aus dem Fenster – und nein! – es ist schon wieder Murmeltier-Tag, schon wieder der 2. Februar. Was für ein Martyrium!

Der Wetterreporter sitzt in einer Zeitschleife fest. Er hockt in einem US-amerikanischen Provinzkaff und muss jeden Tag aufs Neue über den Murmeltier-Tag, den Groundhog Day, berichten. Ein Spektakel, das der Journalist aus tiefstem Herzen verabscheut, doch das sein Fernsehsender keinesfalls verpassen will. Und Jahr für Jahr geht es um dieselbe elementare Frage: Ist das Murmeltier endlich aufgewacht? Und hat der Nager beim ersten Ausflug aus seinem Bau einen Schatten geworfen? Nein? Wenn das Wetter also bedeckt und trübe ist – dann steht der Frühling angeblich schon vor der Tür! So will es das Tier-Orakel.

Dieses Spektakel erlebt Bill Murray immer wieder. Seit Tagen. Morgen für Morgen dieselbe Herausforderung. So zumindest erzählt es die US-amerikanische Filmkomödie »Und täglich grüßt das Murmeltier«. Doch der tierische Prophet hat durchaus ein reales Vorbild: Phil, das berühmteste

Waldmurmeltier des Landes, wohnhaft in Punxsutawney, einem ansonsten unbedeutenden Nest in Pennsylvania. Zu seinem großen Auftritt am Groundhog Day pilgern Jahr für Jahr Zehntausende Besucher – und harren geduldig aus, wenn der pelzige Hellseher die im Morgengrauen Versammelten kapriziös auf sich warten lässt. Denn Phil hat keine Eile. Wird der Nager schließlich widerwillig ans Licht gezerrt, bejubelt das Publikum das wild mit seinen Hinterbeinchen strampelnde Fellpaket – und der Murmeltier-Sachverständigenrat überbringt die heiß ersehnte Botschaft: Der Frühling ist im Anmarsch.

Phil irrt nie, so heißt es. Knallharte Wetteranalysen haben allerdings ergeben: Die Trefferquote des Murmeltiers liegt nur unwesentlich über der sich durch Zufall ergebenen Wahrscheinlichkeit. Die Menschen pilgern trotzdem nach Punxsutawney: 1993 – nach dem Überraschungserfolg von »Und täglich grüßt das Murmeltier« – stieg die Zahl der Phil-Enthusiasten sprunghaft auf das Vierfache an. Zuerst frieren sie euphorisch bei Minustemperaturen im Freien, dann trinken sie in der Bar gemeinsam »auf den Weltfrieden«. Ja, auf den Weltfrieden, am Murmeltier-Tag! Der lag nämlich Bill Murrays hinreißender Kollegin Andie MacDowell besonders am Herzen. Und wird zum Prüfstein für den raubeinigen Reporter in der Zeitschleife. Es wird heute also gefeiert, als gäbe es kein Morgen in Punxsutawney. Denn manchmal gibt es ja wirklich keins.

Für den ungehobelten Wettermann Bill führt der tägliche Murmeltier-Wahnsinn am Ende des Films sogar zum Happy End. Der Griesgram entdeckt die Liebe – zu Andie. Jetzt kann er endlich dem Teufelskreis entfliehen und an einem 3. Februar erwachen – mit ihr. Ganz nach dem Motto: Der Liebe gehört die Zukunft, morgen ist auch noch ein Tag – und scheiß aufs Wetter! Danke, Phil!

---

03 3. Februar 1815 Beginn der kommerziellen Käseverwertung in der Schweiz

Etwa 450 verschiedene Käsesorten werden in der Schweiz hergestellt und bereichern den Speiseplan. Zu verdanken ist das irgendwie Rudolf Emanuel Effinger, Gründer der ersten historisch belegten, genossenschaftlichen Käserei der Schweiz.

---

04 4. Februar 1976 Bankräuber Lugmeier springt aus dem Fenster

Ludwig Lugmeier galt als cleverster Ganove im ganzen Land. Nachdem er geschnappt wurde, sprang er am 4. Februar 1976 während seines Prozesses einfach aus dem Fenster – und entkam.

05 5. Februar 1969
Motorrad-Rennen in der Kunstakademie

Weil die Studentenrevolte nicht so recht Fahrt aufnehmen will, treten einige Kommilitonen aufs Gas. Um den Muff unter den Talaren hinauszubefördern, veranstalten sie in der Münchner Kunstakademie ein Motorrad-Rennen. *Autorin: Regina Fanderl*

»Hundsbuam miserablige!« – so in der Art wird wohl der Hausmeister geschimpft haben, als plötzlich mit infernalischem Krach Motorräder durch die langen Gänge der Kunsthochschule an der Akademiestraße in München bretterten. Die Studenten hatten den 5. Februar 1969 als den »Tag des Zweirads« ausgerufen. In der Absicht, das Establishment einzuschüchtern, die Akademie zu entweihen und gegen die braune Vergangenheit so manch altgedienter Professoren zu protestieren.

Neben wenigen schweren Maschinen waren hauptsächlich Mopeds und Fahrräder beteiligt. So dick hatten es die revoltierenden Studenten Ende der 60er dann doch noch nicht. Einer hatte sein Fahrrad mit einem Hilfsmotor von Sachs getunt (also damals hieß das »aufgerüstet«) und zugunsten einer effektiveren Akustik den Auspuff abgeschraubt. Vergessen die etwas getrübte Stimmung im Vorfeld, weil aus den Verhandlungen mit der Firma Continental nichts geworden war. Der Reifen-Hersteller hatte ein Sponsoring der Aktion abgelehnt, aber immerhin Start- und Zieltransparente geschickt. Und einen Straßenatlas! Man war der Meinung, die Akademie sei nur der Ausgangspunkt für ein Rennen – irgendwohin!

Während des Spektakels standen zwei Hundertschaften der Polizei vor der Tür. Dass sie draußen blieben, war dem damals amtierenden Akademiepräsidenten Schorsch Brenninger zu verdanken. Der Bildhauer aus Niederbayern machte von seinem Hausrecht Gebrauch und ließ keinen herein, weil er eine Eskalation vermeiden wollte.

Einem Foto nach zu schließen, ging es sehr lustig zu bei dem Happening in den abgasgeschwängerten, aber noch immer ehrwürdigen Hallen, in denen Kaulbach oder Schwanthaler lehrten und Kandinsky, Klee oder Corinth lernten. Es war der Wendepunkt des Studentenaufstands im künstlerisch-akademischen Bereich.

Am 20. Februar veranlasste Kultusminister Ludwig Huber die erste Schließung der Künstler-Hochschule. 123 Kommilitoninnen und Kommilitonen wurden für eine Nacht ins Polizeipräsidium an der Ettstraße gebracht. Am 4. Juni bemalten die Künstler in Ausbildung eifrig und großflächig die vielen weißen Wände des Verwaltungstrakts. Mit Comics und Graffitis, aber auch mit richtigen Fresken, meist politischer oder erotischer Natur. Die Abgeordneten des Bayerischen Landtags, die den Tatort gewissenhaft in Augenschein genommen hatten, erklärten, dass sie nie vorher so etwas Obszönes, Perverses und Gotteslästerliches gesehen hätten. Die Akademie wurde ein zweites Mal geschlossen. Als sie zum Wintersemester 1969/70 wieder öffnete, waren die alten Zöpfe weitgehend ab. Die Studentenvertretung ASTA bekam mehr Geld und die Studenten mehr Rechte.

Übrigens: Sieger des Zweirad-Rennens war Bruno Karbacher, ein schneidiger Bursch mit einem feschen Kaiser-Franz-Joseph-Bart. Er lebt heute als Holzbildhauer daheim im Berchtesgadener Land und erinnert sich daran, dass nach der Gaudi in der Akademie eine Faschingsgaudi in der Max-Emanuel-Brauerei angesagt war. Denn wie sagte schon Oscar Wilde? Ziel der Kunst ist, einfach eine Stimmung zu erzeugen.

---

06 6. Februar 1971
Alan Shepard spielt Golf auf dem Mond

Natürlich flog der Ball sehr weit, am 6. Februar 1971, als ihn Alan Shepard mit seinem Golfschläger richtig erwischt hatte. Er flog ja auch auf dem Mond. Eine Premiere. Aber ist Golfen deshalb eine Extremsportart?

07 7. Februar 1871
Patentierung zahnärztlicher Tretbohrmaschine

Lange war die Brechstange das Mittel der Wahl bei Zahnschmerzen ... schneller und weniger schmerzhaft als Bohren. Aber dann kam James Beall Morrisons Tretbohrmaschine, inspiriert vom Mechanismus der Singer-Nähmaschine. Eine neue Ära der Zahnbehandlung beginnt.

---

08 8. Februar 1969
Über dem mexikanischen Bundesstaat Chihuahua zerplatzt der Allende-Meteorit

Täglich regnet es Meteoriten: Die meisten landen in unbewohnter Gegend oder verglühen einfach. Klein war auch der Meteorit von Allende, aber dennoch oho, keiner wurde je besser untersucht. Er gehört zu den ältesten Objekten im Sonnensystem.

09 9. Februar 1855
Fußspuren des Teufels ängstigen die Menschen von Devon

Das Rätsel von Devonshire: Mysteriöse Spuren im Schnee, 160 Kilometer quer durchs Land! Die Fährte des Teufels? Schwindel? Oder doch etwa nur ein aus einer Menagerie entlaufenes Känguru ... ?

---

10 10. Februar 1862
Tom Thumb und Lavinia Warren heiraten

Als am 10. Februar 1862 der kleinwüchsige Charles Stratton alias General Tom Thumb und die ebenfalls nur 80 Zentimeter große Lavinia Warren heirateten, säumten Tausende schaulustiger New Yorker die Straßen.

---

11 11. Februar 1899
Der Maler Francis Barraud stellt das Nipper-Gemälde fertig

Hunde schauen nicht in Schalltrichter? Von wegen! Vor allem, wenn ihres Master's voice daraus ertönt. Und so wurde der kleine Hund Nipper zu einer der weltweit bekanntesten Werbeikonen.

Autor: Xaver Frühbeis

Er ist der berühmteste Hund der Schallplattenindustrie. Ein weißer Terrier-Mischling vor einem alten Grammophon, den Kopf neugierig schief gelegt, guckt er in den Schalltrichter und lauscht der Stimme seines Herrn. Ein Bild, das Geschichte geschrieben hat. Hund und Grammophon drehten sich auf den Etiketten von Schellacks und Vinylplatten, in Zeitungsanzeigen und auf den Schachteln von Grammophonnadeln haben sie Werbung gemacht, es gab – und gibt sie noch immer – in Plastik zum Sammeln und Spielen, als überdimensionale Statuen begrüßen sie die Besucher von Gebäuden der Musikwelt, selbst Straßen sind nach dem kleinen Kerl benannt. Sein Name ist: »Nipper«. Und dieser »Nipper« ist nicht etwa die clevere Erfindung einer coolen Werbeagentur, sondern: Er hat tatsächlich gelebt. Und zwar in London. Sein Herrchen war der englische Maler Francis Barraud.

Barraud hatte bei sich zu Hause einen Edison-Wachswalzenspieler. Mit dem konnte man nicht bloß Musik ins Heim bringen, sondern auch Sprache selbst aufnehmen und gleich danach wieder abspielen. Der kleine Nipper soll immer ganz verdutzt gewesen sein, wenn aus dem Schalltrichter plötzlich die Stimme seines Herrn zu hören war.

Im September 1895 stirbt Nipper. Drei Jahre später beginnt Barraud, zum Andenken an seinen Freund ein Gemälde zu malen: »Nipper schaut in den Trichter eines Walzenspielers«. Am 11. Februar 1899 ist das Bild fertig. Barraud geht damit hausieren. Aber niemand will es haben, keiner will es ausstellen. Selbst der Chef der Walzenspieler-Firma ist nicht interessiert.

»Hunde schauen nicht in unsere Schalltrichter«, sagt er. Die Konkurrenz jedoch ist anderer Meinung. William Owen von der »Gramophone Company« sagt, er würde das Bild kaufen. Allerdings müsste der kleine Hund dann nicht vor einem Edison-Walzenspieler sitzen, sondern vor einem von ihren Grammophon-Plattenspielern. Owens Firma nämlich macht keine zylinderförmigen Wachswalzen mehr, sondern das Allerneueste: flache Schallplatten aus schwarzem Schellack. Flugs malt Barraud das Bild um, und die »Gramophone Company« kauft es für 50 Pfund Sterling. Noch mal 50 Pfund bekommt Barraud für den Titel, den er sich für das Bild ausgedacht hat: »His Master's Voice – Die Stimme seines Herrn«.

Und damit beginnt der Siegeszug des Hundelabels. Weltweit suchen die Kunden in den Läden nach Schellackplatten mit dem putzigen Tier auf dem Etikett. Und weil der Wiedererkennungswert so groß ist, ändert die »Gramophone Company« einige Jahre später tatsächlich den Namen ihres Plattenlabels. Aus »Gramophone Records« wird »His Master's Voice«, kurz: »HMV«. Über Firmenaufkäufe und -fusionen wandert Nipper weiter, zu berühmten Plattenfirmen wie RCA, EMI oder der Deutschen Grammophon. Die alle mit ihm werben, Statuen von ihm aufstellen und Bilder in ihre Firmensitze hängen. Bis heute ist der kleine Hund vor dem Grammophon eines der weltweit bekanntesten Markenzeichen. Und Nippers Herrchen soll Jahrzehnte lang damit beschäftigt gewesen sein, immer mehr unterschiedliche Versionen von seinem einzigen berühmten Bild zu malen. Das Original übrigens, für das er seinerzeit 50 Pfund bekommen hat, das gibt es auch noch. Es hängt im Hauptgebäude der Plattenfirma EMI in London.

---

12 **12. Februar 1908**

In New York startet das Große Rennen rund um die Welt nach Paris

Tollkühne Kisten und ihre fluchenden Männer ... das deutsche Team wird beim ersten Autorennen der Welt disqualifiziert, weil sie heimlich den Zug nehmen, als ihr 30-PS-Bolide 150 Kilometer vor Seattle die Grätsche machte.

13 13. Februar 1959
Die erste Barbie-Puppe wird in den USA verkauft

Eine der bekanntesten und meistverkauften Puppen der Welt, ein Spielzeugklassiker: Barbie – blond, schön und erfolgreich ... *Autorin: Susi Weichselbaumer*

Manchmal ist das Leben so, dass es neu erfunden werden muss. Dann spielt man die Möglichkeiten durch. Je später das Leben, desto weniger Optionen mögen es scheinen. Aber mal grundsätzlich dahingesponnen und dahergeredet ... Man kann ganz schön viel Verschiedenes aus sich machen. Gezeigt hat uns das Barbie. Die Barbie-Puppe, was will man da werden – wenden jetzt die einen ein –, Modehäschen oder Fachkraft in Rougeverteilung? Die Optik zählt nicht allein.

Gut, am Anfang schon. Weil Ruth Handler die Ankleidepuppen, mit denen ihre kleine Tochter Barbara spielt, derart unattraktiv findet, schlägt sie ihrem Mann vor: Wir gründen einen Puppenmanufaktur. Elliot Handler ist dagegen. Der familienbetriebliche Handel mit Bilderrahmen und Modeschmuck läuft. Was will man mehr? Ruth Handler will: frauliche Vorbilder, mit denen ihr Kind in die Welt der Erwachsenen eintauchen kann. Nicht diese ewigen Babypuppen!

Vater Elliot lenkt ein. Auf einer Europareise einigen sich die Eheleute darauf, dass ihre neue Puppe aussehen soll wie die Comicfigur BILD-Lilly: BILD-Lilly erscheint in der »BILD-Zeitung« – und ist wahrlich fraulich. Die Puppe der Handlers, nach Tochter Barbara wird sie Barbie heißen, bekommt eine schmale Taille, üppige Oberweite, einen schmollenden Mund, blonde oder brünette Haare zum kecken Pferdeschwanz gebunden, der Pony gelockt. Am 13. Februar 1959 kommt Barbie in den USA auf den Markt. Die erste Puppe zum erwachsene Frau spielen.

Damenhaft sind die Outfits, die Barbie erhält. Als moderne wie mondäne Ankleidepuppe orientiert sie sich an den Trends aus Paris, London und New York. Ab Ende der 1960er-Jahre ist Barbie offen für weniger Glamouröses, mal genauso was Sportliches oder Freizeitmäßiges. Ihr Puppengesicht beginnt zu lächeln. Kein Wunder, ihr Sozialleben ist perfekt wie ihr jetzt durchgängig blondes Aussehen. Schon bald auf Dauerfreund abonniert an ihrer Seite: Ken. Schön, muskulös, strahlend.

Benannt übrigens nach dem Sohn der Handlers, die inzwischen das Barbie-Imperium Mattel leiten. Barbies kleine Schwester Skipper wird in die Familie integriert, ihre Cousine Francie, dann die etwa sechsjährigen Zwillinge Tutti und Todd. Barbie findet Freundinnen – mit anderen Haarfarben, Frisuren, alternativem Make-up. Aber der Clou: Alle können ihre Kleider untereinander tauschen.

Den kleinen Kundinnen – und Kunden – fehlt jedoch bald der Reiz am nur An- und Ausziehen und mit Ken schön Rumstehen. Also legt sich Barbie Beschäftigung zu. Rollerskaten, Tennis, Reiten und Tauchen. Über die Dekaden versucht sie sich als Tierärztin, Rockstar, Aerobic-Trainerin, wird Pilotin, Rapperin, Computertechnikerin, geht zum Militär, steigt auf eine Harley-Davidson. Mit blonder Kurzhaarfrisur und schillernd blauem Kostüm tritt sie 1992 zum ersten Mal als Kandidatin im US-Präsidentschaftswahlkampf an. Und dann immer wieder. Furchtbar stylish ist sie bis heute, und die Beziehung mit Dauerfreund Ken idyllisch, wenn auch etwas festgefahren. Aber es geht ja darum, dass man jenseits jeder Optik grundsätzlich – privat wie beruflich – ganz schön viel Verschiedenes aus sich machen kann.

---

14 14. Februar 1949
Patentierung des Klebe-BHs

Nahtlos gebräunt, ohne weiße Streifen, dank Klebe-BH. So die Idee von Charles L. Langs. Nebenwirkung: rote Kreise um die Brüste ... *Autorin: Julia Zöller*

Die einen beherrschen den Umgang mit Klebstoffen, die anderen nicht. Die einen tupfen kristalline Klebemuster auf Oberflächen, mit sanftem, doch entschiedenem Druck fügen sie sauber Teil auf Teil, der Rest sind Molekülketten.

Die anderen sind die mit der 3 in Werken. Bei den anderen verbinden sich Moleküle nicht an Tonpapier und Holzlatte, sondern ausschließlich an Fingern, wo sie einen gräulichen Film bilden. Klebeversager haben im Bad rubbelige Handwaschpaste aus dem Baumarkt.

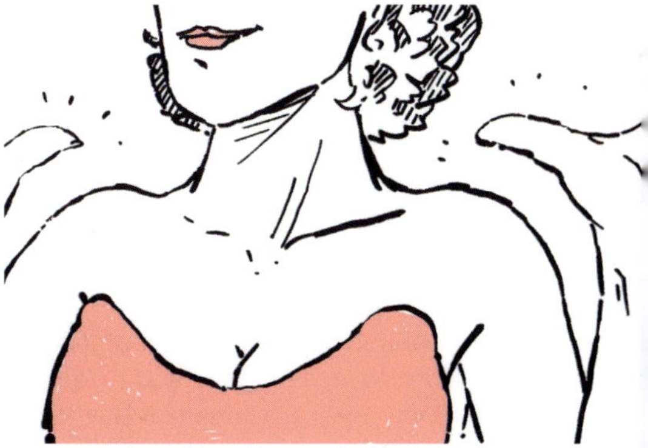

Biologisch ist dieses Begabungsgefälle nur mit den Neandertalern zu erklären. Die einen stammen womöglich doch von ihnen ab – und die anderen eben nicht. Im Gegensatz zum Homo Uhu kochten sich die geschickten Neandertaler ihren Kleber selbst – aus glühender Birkenrinde, die luftdicht verpackt zu Teer und dann zu Pech verkokelte. Mit dem Birkenpech hielten die Steinspitzen am Jagdpfeil. Womöglich hatten sie auch noch saubere Finger.

Während die Neandertaler-Nachfolger unter den Klebenden also zügig die Zweikomponenten-Masse anrühren und so die Vintage-Vase retten, graben die anderen die Zähne in den Deckel des Sekundenklebers, würgen die Tube ... und enden wieder bei der Handwaschpaste.

Zu welcher Fraktion der Amerikaner Charles L. Langs gehört, ist Interpretationssache. Langs war in den 40er-Jahren zumindest ein leidenschaftlicher Kleber, obwohl er eigentlich in Detroit sein Geld in der Autoindustrie verdiente. Charles L. Langs klebte an seiner Frau.

Grund war das Bräuneproblem von Mrs. Langs. Dauernd nestelte sie beim Sonnenbaden an den Trägern ihres Badeanzugs herum – verärgert über die weißen Streifen auf der gebräunten Haut.

Ihr Mann, machte es wie die Neandertaler und experimentierte. Am 14. Februar 1949 ließ er seine Erfindung, die Poses (pronounced »pose-ease«) patentieren.

Die Poses waren possierliche, spitz zulaufende Hütchen mit zarten Rüschen statt Krempe. Weiß, schwarz oder auch gemustert: ... und natürlich paarweise. Charles L. Langs hatte den Badeanzug seiner Frau obenrum radikal auf das Wesentliche reduziert. Ein Pose-Hütchen für rechts, und eines für links. Dazu: Klebstoff.

Teintbewusste Amerikanerinnen sollten vor dem Sonnenbad die Poses mit Spezialkleber bestreichen, überstülpen, trocknen lassen. Und dann: fast nahtlos bräunen, dabei Tennis spielen oder vom 10-Meter-Brett springen, warb der Erfinder. Zwei Models haben sich mit den kessen Poses fotografieren lassen, weitere Trägerinnen sind nicht überliefert. Nicht einmal Frau Langs.

Angeblich machte der Kleber Probleme. Das mit der schmerzfreien Ablösung war wohl nix, und Frauen haben doch lieber weiße Trägerstreifen am Rücken als rote Kreise um die Brüste.

Trotzdem waren die Poses ein klebetechnischer Meilenstein. Den Kleber zum Wieder-Ablösen hatte nämlich die amerikanische Firma 3 M extra entwickelt. Viele Jahre später hat 3 M den zahllosen Klebeversagern auf Erden ein großes Geschenk gemacht: mit dem kleinen gelben Post-it. Mit denen kann wirklich jeder umgehen – trotz Kleber.

---

15 — 15. Februar 1898
Schlachtschiff »USS Maine« explodiert

Spanien und die USA ließen auf Kuba die Muskeln spielen. Wer würde sich auf der Insel durchsetzen können? Da explodierte am 15. Februar 1898 das US-Schlachtschiff »Maine« im Hafen von Havanna.

---

16 — 16. Februar 2007
Walross Tanja stirbt

Der Publikumsliebling aus dem Zoo von Hannover hatte ein langes Leben: Sie wurde über 30, ein stattliches Alter für eine Walrossdame.

17 — 17. Februar 1936
Phantom – erster Superheld eines Daily Strips

Der allererste der Comic-Superhelden: durchtrainiert, in Dunkelviolett mit schwarzer Maske, zwei Selbstladepistolen und prägnanten Siegelringen. Eine Folge bestand nur aus vier Bildern, aber nach nur neun Mal »Fortsetzung folgt« bekam der Held den ersten Kuss von der grandios geretteten Dame.

18 18. Februar 1885
»Huckleberry Finn« erscheint in den USA

Tom Sawyers Freund Huck ... Nein, kein Vorbild für die amerikanische Jugend. Allein schon diese Gossensprache, pfui – mit der Mark Twain den »Grundstein der amerikanischen Literatur« legte.

---

19 19. Februar 2007
Der Lotter-Putsch scheitert in München

1919: Ein Putsch folgt auf den nächsten, im gerade frisch ausgerufenen »Freistaat Bayern«. Ministerpräsident Kurt Eisner soll gestürzt werden, am 19. Februar versucht es ein Matrose namens Konrad Lotter.

---

20 20. Februar 1820
Mörderische Büchergier: Der bibliomane Pfarrer Tinius wird verurteilt

Ein Mord. Der Täter: ein Pastor. Das Motiv: unstillbare Büchergier. Oder ist das Urteil über Johann Georg Tinius ein Fehlurteil? *Autor: Simon Demmelhuber*

Leipzig, 8. Februar 1813. Um acht Uhr morgens verlässt das Dienstmädchen Johanna Schmidt die Wohnung der Witwe Christiane Kunhardt am Neumarkt. Als sie nach einer Viertelstunde zurückkommt, findet sie ihre 76-jährige Brotherrin blutüberströmt auf. Die Schwerverletzte berichtet, ein Fremder habe ihr einen Brief ausgehändigt, plötzlich zugeschlagen und nach ihrer Halskette gegriffen. Kurz darauf verliert sie das Bewusstsein, zwei Tage später ist sie tot.

Dass ein Unbekannter zur Tatzeit und wohl schon etliche Tage vorher im Haus umherschlich, bestätigen etliche Bewohner. Auch Johanna Schmidt hat ihn gesehen. Sie kennt sogar den Aufenthaltsort und den Namen des Phantoms. Aber ihre Vermutung trügt, der Verdächtigte kann sich entlasten. Dafür gerät ein anderer ins Visier: Die Zeugin bezichtigt nun den 47-jährigen Pastor Johann Georg Tinius, einen unbescholtenen Biedermann mit bestem Leumund. Und diesmal lässt Johanna nicht locker: Der war's! Ganz sicher!

Obwohl ihn nur das Dienstmädchen eindeutig identifiziert, wird Tinius verhaftet. Er leugnet zuerst, das Haus auch nur zu kennen, räumt jedoch nach und nach ein, zwei Tage vor dem Überfall am Tatort gewesen zu sein. Für die Tatzeit selbst präsentiert er ein Alibi, das die berufenen Zeugen weder beglaubigen noch bestreiten. Als die Gefängniswärter obendrein Kassiber abfangen, in denen Tinius den Empfängern entlastende Aussagen diktiert, ist seine Glaubwürdigkeit gefährlich zerrüttet. Schließlich besiegelt die Durchsuchung des

Pfarrhauses das Verhängnis. Im Obergeschoss machen die Ermittler einen überraschenden Fund: Bücher, überall Bücher! An die 30.000 Bände füllen fünf Zimmer und einen überquellenden Schuppen nebenan.

Jetzt ist die Sache klar: Für den Kauf dieses gewaltigen Bücherhorts, für die Befriedigung dieser dämonischen Büchersucht genügte ein Pastorengenhalt nie und nimmer. Dazu musste die Bestie im Priesterrock also rauben und morden! Dass der Pastor das Verbrechen bestreitet, spielt keine Rolle. Er hat sein Etikett weg, er ist der bibliomane Totschläger, das »Monster mit der Raub- und Mordlust einer Hyäne«, die ideale Leinwand für alle, denen nach Schwarzmalen und Schreckpinseln ist. »Schaut her«, schreit das Rechthaben, »das passiert, wenn Proleten über ihren Stand hinauswollen, das kommt davon, wenn der Staat die Zügel schleifen lässt und romantische Hirngespinste die Köpfe verwirren.«

Der Prozess zieht sich sechs Jahre hin. Es gibt keinen Beweis, kein Geständnis, nur dürre Indizien. Trotzdem wird Johann Georg Tinius am 20. Februar 1820 zu 18 Jahren Zuchthaus wegen Raubmords verurteilt. Er sitzt die Strafe ab, ist nach seiner Entlassung ein Fall für die Armenpflege, beschwört seine Unschuld. Zuletzt sinkt der Pastor ins Grab, und wir bleiben auf dem Zweifel sitzen: Wurde Tinius das Opfer eines erbärmlichen Fehlurteils? War er doch ein Mörder, ein Heuchler und verstockter Lügner? Oder ist das wahre Ungeheuer am Ende eine selbstgefällige Justiz, der alles verdächtig ist, nur die eigene Blindheit nicht? Und so hat einmal mehr Bert Brecht das letzte Wort: Wir seh'n betroffen den Vorhang zu und alle Fragen offen.

---

21 21. Februar 2000
Internationaler Tag der Muttersprache

Der Tag der Muttersprache nimmt Bezug auf den 21. Februar 1952. Damals fand in Ostpakistan eine Demonstration gegen den Regierungsbeschluss der Regierung statt, die Sprache Urdu zur Amtssprache zu erheben. *Autorin: Julia Zöller*

Wenn Sie demnächst mal wieder am Flughafen Düsseldorf einchecken, schauen Sie sich nach Michal Perlinski um, Typ Student mit Brille, Polohemd und Seitenscheitel. Michal arbeitet dort im Duty-free-Shop und hat es schon bis in die Flughafenzeitschrift und ins Fernsehen geschafft, weil er rund 30 Sprachen spricht; neben Standards wie Spanisch, Englisch und Niederländisch auch Russisch, Dänisch oder Slowakisch. Regelmäßig besorgt sich Michal neue Wörterbücher, liest zweimal die Vokabeln und legt los.

Alle anderen staunen, stopseln, pauken und verzweifeln. Jahre dauert es, bis neue Sätze auch nur halb so vertraut sind wie die Muttersprache. Die bleibt die Sprache der Träume – und die für die großen Gefühle.

Fast niemand ist eben ein sprechendes Wörterbuch, und weil Menschen ihre Sprache nicht wechseln können wie Unterhosen, scheitern auch Versuche, Völkern neue Sprachen zu verordnen – auch wenn es politisch gewollt ist.

Urdu zum Beispiel sprechen in Pakistan nur wenige Mütter mit ihrem Kind – genau-

er: 8 Prozent. Dabei ist Urdu die offizielle Landessprache. Pakistanische Babys lernen Punjabi, das sind die indischen Einflüsse. Oder Sindhi, Saraiki, vielleicht noch Pashtu, bei den Paschtunen. Englisch ja sowieso. Urdu? Ja, als Vehikel, damit sich alle untereinander irgendwie verständigen können. Das mit dem Urdu haben sich Politiker ausgedacht. 1947, als Pakistan gerade neu aus dem Kolonialreich Britisch-Indien geschnitzt wurde, eine komplizierte Geburt: Ein Land – zwei Landesteile. Ostpakistan auf der einen Seite Indiens, und 1.500 Kilometer weiter noch einmal Westpakistan. Babylonisches Sprachgewirr, Religionen, Kulturen: Aber Urdu, befand Staatsgründer Muhammad Ali Jinnah, die Hochsprache, sollte alle einen. Nur noch Urdu! befand Jinnah, starb kurz darauf und vererbte seinen Nachfolgern ein Sprachproblem. Denn die Motivation der frisch gebackenen Pakistaner, nun Urdu zu lernen, hielt sich untertrieben gesagt in Grenzen.

Im Osten Pakistans gingen Studenten und Intellektuelle auf die Straße, demonstrierten gegen das fremde Urdu und für ihre

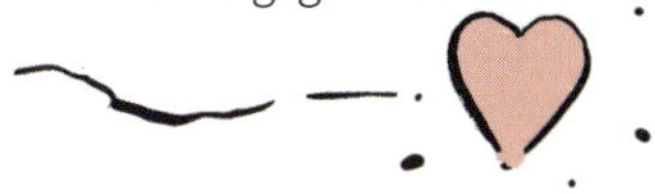

Muttersprache Bengali. Ohne Erfolg. Nur Urdu! Als die junge Leute für den 21. Februar 1952 in Dhaka wieder zu Demonstrationen aufrufen, verhängt die Regierung ein Ausgangsverbot. An diesem sonnigen Tag kreisen Polizisten die weiß gekleideten Studenten ein. In dem Durcheinander wird scharf geschossen, mehrere Männer sterben im Kampf um eine Sprache oder – wie sie dort sagen – als Märtyrer. Ostpakistan ist heute Bangladesch; die Sprache: Bengali. Der 21. Februar ist in Bangladesch ein Feiertag, und seit dem Jahr 2000 sogar weltweit der »Tag der Muttersprache«, ausgerufen von den Vereinten Nationen.

Michal – das Sprachgenie vom Duty-free am Flughafen Düsseldorf – lernt immer weiter. In seinem Blog erklärt er schnell mal auf Englisch, warum Türkisch gar nicht so kompliziert ist, wie man meint. Ein polyglotter Mensch – und trotzdem lebt er dort, wo er seine Muttersprachen sprechen kann: Polnisch – und Deutsch.

---

22 22. Februar 1879

Frank W. Woolworth macht sich selbstständig

Kann ein Kaufmann steinreich werden, obwohl er nur Ladenhüter im Sortiment hat? Frank Winfield Woolworth fand heraus, wie das geht. Am 22. Februar 1879 machte er sich mit 300 geliehenen Dollar selbstständig – der Beginn von »Woolworth« ...

23 23. Februar 1951
Der Film »Quo vadis?« wird uraufgeführt

Aufwendige Bauten, ein brennendes Rom, blutige Zirkuskämpfe – der Monumentalfilm »Quo vadis?« ist trotz aller Schauwerte vor allem durch die darstellerische Leistung von Peter Ustinov als Nero in Erinnerung geblieben. *Autor: Frank Halbach*

»Domine, quo vadis?« – »Herr, wohin gehst du?«, fragt der Apostel Petrus im Johannesevangelium. Drumherum dichtete der Pole Henryk Sienkiewicz einen Roman, den er »Quo vadis?« nannte. Nun gut, wahrscheinlich fragten die Filmproduzenten eher den Zuschauer »Quo vadis?« – Wohin gehst du, lieber Kinobesucher, beziehungsweise für welchen Film würdest du das Lichtspielhaus besuchen? Und da erschien Sienkiewiczs Stoff, der eine Liebesgeschichte zur Zeit des frühen Christentums im alten Rom unter Kaiser Nero erzählte, sehr erfolgsversprechend. Sandalenfilme waren en vogue. Und dieser irre Nero, der Rom anzündet ... »Oooh lodern Feuer, oooh göttliche Macht ...« Dazu verfolgte Christen, die auch angezündet oder alternativ im Zirkus von den Löwen zerrissen werden, das kommt bestimmt gut an. »Quo vadis?« – der Film: phänomenal, maximal, monumental, genial ...

Genial? – Nun ja ... »Aus dem Drama der Christenverfolgung wurde eine Kolossal-Show. Die darstellerischen Leistungen gehen im Löwengebrüll und Fanfarengeschmetter unter«, urteilt die Filmkritik nach der Uraufführung am 23. Februar 1951 und fragt sich: »Quo vadis, Hollywood?« Schauspieler wie Robert Taylor oder Deborah Kerr würden entweder der Primitivität des Films entsprechen, seien völlig falsch eingesetzt oder würden sinnlos verschlissen. Also eher banal, brutal, katastrophal, egal ...

Und doch genial. Denn »Quo vadis?« bedeutet allemal den Beginn einer Karriere, und zwar international: Peter Ustinov spielt Nero radikal, total optimal ... »Oooh lodern Feuer, oooh göttliche Macht ...«

Wer »Quo vadis?« gesehen und dann wieder vergessen hat, an Peter Ustinovs Nero kann sich jeder erinnern. Sein schauspielerisches Arsenal ist für den Film zentral, womöglich zugleich fatal für die Wahrnehmung der anderen Darsteller – zumal einige Rollen später bekannter Größen minimal sind: Sophia Loren als Statistin, sie verkörpert eine jubelnde Römerin beim Triumphzug, Elizabeth Taylor ohne Text als Christin in der Arena, und Bud Spencer schweigt stramm als Mitglied der Prätorianergarde von Kaiser Nero. Sie bleiben so wenig in Erinnerung wie die anderen 35.000 Statisten, 250 Pferde, 85 Tauben, 63 Löwen, sieben Stiere und zwei Geparden. Brachial viel Material, das den Menschen die Macht des Hollywoodschen Imperiums vor Augen führte.

Dabei lief die Besetzung der Rolle des Nero durch das Studio keineswegs ideal. Peter Ustinov beeindruckte die Filmbosse zwar mit ersten Probeaufnahmen, aber dann wurden sie unsicher. War Peter nicht zu jung für die Rolle des zündelnden, mordenden und singenden Tyrannen? Und Peter Ustinov wartete, fragte sich »Quo vadis, Karriere?«, verlor schließlich die Geduld und telegrafierte dem Produzenten:

»Wenn ihr noch länger wartet, dann bin ich zu alt. Nero starb nämlich mit 31!«

24

24. Februar 1987

Supernova in Magellanscher Wolke entdeckt

Am 24. Februar 1987 registrierten Astronomen eine rätselhafte Supernova in der Magellanschen Wolke. Zu sehen war sie mit bloßem Auge in einer Entfernung von 170.000 Lichtjahren.

25

25. Februar 1898

Uraufführung von Frank Wedekinds »Erdgeist«

Insgesamt 21 Jahre arbeitete Frank Wedekind an seiner »Lulu«-Tragödie. Im ersten Teil »Erdgeist« bringt Lulu durch ihre entwaffnende Natürlichkeit die bürgerliche Scheinmoral ins Wanken.

26

26. Februar 1109

Baumbewohnerin Edigna von Puch stirbt

Edigna lebte der Legende nach in einer hohlen Linde. Manche sagen, der Baum sei 1.200 Jahre alt. In Edigna vermischen sich die Vorstellungen von einer heidnischen Baumgöttin, einer Dryade und einer katholischen Heiligen.

27

27. Februar 1693

Erste Frauenzeitschrift der Welt erscheint in London

Weil Frauen eben anderes interessiert, braucht es speziell für Frauen Interessantes – dachte sich der findige Verleger John Dunton und brachte gegen die Bedenken vieler Verlegerkollegen die erste Frauenzeitschrift der Welt heraus: »The Ladies Mercury«!

28

28. Februar 1766

Franz von Anhalt-Dessau besteigt den Vesuv

Der Blick über den Kraterrand des kochenden Vesuvs am 28. Februar 1766 ließ Franz von Anhalt-Dessau nicht mehr los. Zurück zu Hause ließ er sich einen künstlichen Vulkan im heutigen »Wörlitzer Park« errichten, der tatsächlich heute noch existiert.

29

29. Februar 1868

König Ludwig I. gestorben

König Ludwig I. machte München zur Kunsthauptstadt, war ein großer Stegreif-Dichter und ein nicht ganz so erfolgreicher Playboy. Am 29. Februar 1868 ist er gestorben.

Autorin: Brigitte Kohn

Im Februar 1868 wird Bayerns abgedankter König krank und kann nicht mehr genesen. Endlos dehnt sich die Todesnacht, immer wieder schreckt der Sterbende hoch: »Ein

Uhr, und ich bin noch nicht tot!« Stunden später, am Morgen des 29. Februar 1868, ist es vorbei – Ludwig I., der Großvater des Märchenkönigs Ludwigs II., liegt begraben in der Münchner Abtei St. Bonifaz, sein Sarkophag steht auf dem Sarg seiner Gattin Therese: jener Therese, der zuliebe anlässlich der Hochzeit im Oktober 1810 das erste Münchner Oktoberfest stattfand, auf der nach ihr benannten Theresienwiese.

Doch bierselig und feierfreudig war Ludwigs Alltag keineswegs. Er war ein bienenfleißiger Monarch mit einem Arbeitstag von 14 Stunden, ein Arbeitssüchtiger, der Berge von Akten verschlang und auch seine Minister schuften ließ, bis sie zusammenbrachen. Schließlich galt es, im Zeitalter der bürgerlichen Revolutionen die Monarchie zu verteidigen und dem jungen bayerischen Königreich Glanz und Größe zu verleihen. Ludwigs Bauten, der Münchner Königsplatz mit Glyptothek und Propyläen, die Ludwigstraße und die Residenz, brachten den Glanz der Antike und das Flair des Südens nach München und machten es zur Weltstadt.

Schönheitssüchtig war dieser König in jeder Beziehung. Auch den Frauen konnte er nie widerstehen. Beflügelt von den Küssen seiner Musen, brachte er in seltenen Mußestunden Verse wie diese zu Papier:

Bloß die Liebe kann die Liebe lohnen,
nur dem Herzen schenket sich das Herz,
ohne sie sind eine Last die Kronen,
ach, es heilt kein Thron des Herzens Schmerz.

Gattin Therese gewöhnte sich an seine Affären, das bayerische Volk gönnte sie ihm auch. Nur bei der zwielichtigen und hochfahrenden Lola Montez, der letzten seiner Mätressen, wurde es eng. Dabei hatte der alternde Monarch sie ganz besonders ins Herz geschlossen. Dem besorgten Erzbischof von München und Freising entgegnete er: »Bleib du bei deiner Stola, ich bleib bei meiner Lola!«, und überschüttete die junge Schönheit weiter unbeirrbar mit heißblütigen Versen:

Heiteren Sinnes, froh und helle,
lebend in der Anmut hin,
schlank und zart wie die Gazelle
ist die Andalusierin!

Niemand konnte dem bis zur Besinnungslosigkeit Entflammten begreiflich machen, dass Lola Montez weder Lola Montez hieß noch Andalusierin war, sondern eine aus Irland stammende mittelmäßige Tänzerin – mit abenteuerlichem Lebenslauf, in der Liebe wild auf ihren Vorteil aus. Sie verbrauchte Unsummen von Geld, beförderte ihre Günstlinge in hohe Ämter und ohrfeigte auf offener Straße Leute, die ihr im Weg herumstanden.

Als Ludwig sie dann auch noch adelte und eine Gräfin von Landsfeld aus ihr machte, war das Maß voll im Revolutionsjahr 1848. Es kam zu offenen Tumulten, und Ludwig musste abdanken. Auch Lola räumte das Feld und ging nach New York. Sie vermarktete die Geschichte mit Ludwig als Schauspielerin am Broadway und hielt historische Vorträge des Inhalts, dass die großen Wendungen der Weltgeschichte allein von Frauen herbeigeführt werden.

Ludwig lebte noch 20 Jahre, reiste viel und überwachte die Vollendung seiner Bauwerke. Ganz München trauerte, als die Glocken der Münchner Frauenkirche seinen Tod verkündeten.

März

01 1. März 1808
Königreich Bayern übernimmt Postdienst

Wenn der Postmann zweimal klingelt ... Das waren noch Zeiten! Heute plingt maximal eine E-Mail oder piepst eine SMS herein. Aber vielleicht funktionieren Kurznachrichten mit Herzchen-Icons am Ende genauso gut wie Liebeslettern auf Büttenpapier damals, als Bayern den Postdienst übernahm ... *Autorin: Isabella Arcucci*

Sein Klang weckte einst die Hoffnung auf eine Nachricht von der fernen Geliebten oder auch einfach das brennende Gefühl des Fernwehs! Die Rede ist nicht vom klagenden Jaulen der Violine und auch nicht vom ätherischen Gezirpe der Harfe. Das Instrument, das Dichter wie Joseph von Eichendorff zu poetischen Höhenflügen inspirierte, war von ganz anderer Art:

Es schienen so golden die Sterne,
Am Fenster ich einsam stand
Und hörte aus weiter Ferne
Ein Posthorn im stillen Land.

Jawohl, das Posthorn. Sein unverdrossenes Tuten wurde zum Aufbruchssignal für junge Poeten und andere Taugenichtse. Wie Eichendorff in seinem Gedicht »Sehnsucht« weiter schwärmte:

Ach, wer da mitreisen könnte
In der prächtigen Sommernacht!

Das Posthorn, Instrument der weltfremden Träumer? Ursprünglich bestand es ja, ganz prosaisch, aus Schlachtabfällen. Denn im Mittelalter gab es in Europa noch kein Postsystem für jedermann. Daher stellten viele Handwerkszünfte ihre reisenden Gesellen als Boten zur Verfügung, die schriftliche Nachrichten transportierten. Besonders erfolgreich waren hier die Metzger. Aus den Hörnern geschlachteter Tiere fertigten sie sich Blasinstrumente – die ersten »Posthörner«. Wenn diese im Ort ertönten, war klar: Ein Metzgergeselle war angekommen – und mit ihm vielleicht auch eine Nachricht.

Ab Ende des 15. Jahrhunderts jedoch begann die italienische Adelsfamilie Torre e Tasso den Posttransfer für den Kaiserhof des Heiligen Römischen Reiches Deutscher Nation zu organisieren. Die sogenannte »Reichspost« entstand, das erste überregionale Postunternehmen des Kaiserreichs. Eine Sensation. Nur fünf Tage dauerte der Transport eines Briefes von Brüssel nach Innsbruck. Dafür sorgte ein dichtes Netz aus Poststellen, an denen Boten nach dem Staffelstab-Prinzip sich gegenseitig ablösten. Bald expedierte die Familie Torre e Tasso nicht nur amtliche Dokumente, sondern auch die Post normaler Bürger. Aus der italienischen Adelsfamilie wurde dank ihres Postunternehmens eine mächtige Dynastie, die sich fortan Thurn und Taxis nannte, auf Geheiß des Kaisers in Regensburg residierte und: die per kaiserlichem Dekret als einzige das Privileg besaß, ins Posthorn zu tuten. Eine Monopolstellung, die jedoch oft unterwandert wurde.

Mit der Zeit transportierten die Postkutschen nicht nur Geschäftskorrespondenzen, oder gar sehnlichst erwartete

Liebesbriefe, sondern auch Reisende. Um der holprigen Fahrt in dem engen Wagen ein besonderes Vergnügen abzugewinnen, musste man aber schon ähnlich schwärmerisch veranlagt sein wie der Dichter Eichendorff. Als der über den Klang des Posthorns dichtete, war die glorreiche Zeit der Thurn-und-Taxis-Reichspost längst vorbei. Mit dem Zusammenbruch des Heiligen Römischen Reiches Deutscher Nation Anfang des 19. Jahrhunderts endete auch das Monopol der Thurn und Taxis auf die Beförderung der deutschen Post. Viele deutsche Staaten nahmen das Postgeschäft nun selbst in die Hand. So auch das Königreich Bayern, das am 1. März 1808 den Postdienst für seine Region vom Haus Thurn und Taxis übernahm. Eine Ära ging zu Ende. Nicht nur die der Reichspost ... Inzwischen werden ungeduldig erwartete Nachrichten dem Empfänger nur noch durch ein simples Piepen, Brummen oder Summen seines Smartphones angekündigt. Das sehnsuchtsvolle Tuten des Posthorns ist lang verklungen.

---

02 2. März 1949
Erster Nonstop-Flug um die Welt

Eine lange Flugreise ist nicht unbedingt ein Vergnügen. Erst ist man aus lauter Angst, die Maschine zu verpassen, viel zu früh auf dem Flughafen. Dann, beim Einsteigen, nerven die anderen Passagiere, weil sie alle viel zu viel Handgepäck dabeihaben, und ist man schließlich in der Luft, gibt's Spaghetti Bolognese aus der Mikrowelle!

Autor: Herbert Becker

Es ist doch der Wahnsinn: in einer Höhe von zehntausend Metern! – bei einer Geschwindigkeit von neunhundert Stundenkilometern! – Spaghetti zu essen! – und noch Rotwein dazu zu trinken! Wenn man unseren Großvätern gesagt hätte, dass das möglich ist ... also, die hätten sich ans Hirn getippt!!!

Die Entwicklung der Luftfahrt ist so unglaublich schnell gegangen. Es war ja erst Anfang des letzten Jahrhunderts, dass Menschen begannen, mit wackeligen Kisten bessere Luftsprünge zu vollführen. Aber bereits 1910 erreichte ein Flieger die Geschwindigkeit von 100 Stundenkilometern. 1920 waren es schon mehr als 300 Ka-Em-Ha, noch im selben Jahrzehnt wurde die Fünfhunderter-Mar-ke überschritten, und 1947 durchbrach ein amerikanisches Flugzeug die Schallmauer. Heute liegt der Rekord bei sage und schreibe 3.500 Stundenkilometern. Drei-tausend-fünf-hundert!

Mit Spaghetti ist da natürlich nix mehr.

Nein, und dann die ganzen anderen Rekorde: das längste Flugzeug, das schwerste

Flugzeug, das Flugzeug, das am höchsten stieg. Die erste Nonstop-Überquerung des Atlantiks, die erste Nonstop-Alleinüberquerung des Atlantiks, die erste Nonstop-Alleinüberquerung des Atlantiks durch eine Frau. Schließlich der erste Nonstop-Flug rund um die Erde ... aber hier wird es wirklich ein bisschen albern. Da flog doch 1949 ein umgebauter Langstreckenbomber vom Typ Boeing B-50 mit einer Besatzung von vierzehn Mann 37.000 Kilometer weit – nur, weil die US-Luftwaffe demonstrieren wollte, dass sie, wenn nötig, an jedem Punkt der Welt Atombomben abwerfen konnte. Vier Mal musste die Maschine, die »Lucky Lady II«, in der Luft betankt werden, bevor sie am 2. März wieder auf der texanischen Airforce Base landete, von der sie knapp 94 Stunden vorher gestartet war.

Der Chefingenieur hieß übrigens David Parmalee; sollte das ein italienischer Name sein, ließe dies gewisse Rückschlüsse auf die Bordverpflegung zu ...

Ah, ja, nein, Entschuldigung. Irgendwann kommt einem wirklich das Interesse an diesem ganzen Höher-, Schneller-, Weiter-Zirkus abhanden, und man denkt halt mehr an die nahe liegenden Dinge. Und mal ehrlich: Sooo schlecht sind jetzt die Spaghetti im Flugzeug auch wieder nicht.

03 3. März 1905 Syphilis-Erreger entdeckt

Schon der entsetzliche Verlauf der Syphilis war schlimm. Verunsichernd war aber auch, dass niemand vor ihr sicher schien. Um 1500 tauchte die Seuche in Europa auf, doch erst 1905 gelang es zwei Berliner Forschern, den Erreger der Krankheit zu entdecken.

04 4. März 1922 »Nosferatu« in Berlin uraufgeführt

Nosferatu war ein Sauger von grauenerregender Größe, ein Meister des Vampirgeschäfts. Als Regisseur Friedrich Wilhelm Murnau ihn in Berlin auf das Publikum loslässt, ist es ein einziges Grauen. Filmfans mögen das.

05 5. März 1904 Musterschutz für blonden Steiff-Bären

Er ist pflegeleicht, bescheiden und ruhig. Seine Brummstimme lässt er nur ertönen, wenn dies ausdrücklich von ihm verlangt wird. Er braucht nicht viel, aber wenn er gebraucht wird, ist er immer zur Stelle. Ein echter Freund – fürs ganze Leben – der Teddybär.

Autorin: Prisca Straub

Geboren ist das beliebte Kuscheltier zu Beginn des vergangenen Jahrhunderts – in der Woll- und Filzmanufaktur von Margarete Steiff. Damals hieß er noch nicht Teddy, sondern »Bär 55 PB« – »P« für Plüsch, »B« für beweglich – im Stehen war er 55 Zentimeter groß. Der Bär war nicht das erste Tier, das die Fabrik im schwäbischen Giengen verließ – sondern ein kleiner Elefant, ursprünglich gar nicht zum Spielen gedacht, sondern als Nadelkissen konzipiert. Doch niemand mochte das niedliche Filz-Tier mit spitzen Nadeln traktieren. Die Kinder schlossen es ins Herz – und damit begann alles.

55 PB war ein grimmiger, brauner Bursche. Ein großer, schwerer und harter Braunbär – mit spitzer Schnauze, langen Vorderbeinen, beweglichem Kopf und einem deutlich ausgeprägten Bären-Buckel – so viel lässt sich zumindest auf alten Schwarz-Weiß-Aufnahmen erkennen. Denn: 55 PB ging mit seinen Artgenossen nach New York, und bis heute ist kein einziger wiederaufgetaucht. Sinnstiftend war die Überfahrt jedoch allemal: In Anlehnung an den damaligen Präsidenten Theodore Roosevelt erhielt der Bär seinen definitiven Namen – »Teddy-Bär«. Ob der amerikanische Präsident den Sympathieträger aus dem Hause Steiff wohl jemals persönlich in Händen gehalten hat? Die Legende zumindest will es so. Sicher ist nur: Der allererste Teddy-Bär ist komplett ausgestorben.

Erhalten geblieben ist hingegen sein Nachfolger: der Glieder-Bär »35 PB«. Er ähnelt seinem älteren Bruder in vielen wesentlichen Elementen – Plüsch, beweglich, 35 Zentimeter hoch – der Bär wurde ab jetzt im Sitzen gemessen. Allerdings: Für ihn wurden die Befestigungstechniken verändert: Die Drähte in Armen und Beinen, die sein Vorgänger mit einiger Sicherheit noch hatte, sind verschwunden. Die Verbindung der beweglichen Glieder läuft über eine ausgetüftelte Kordel-Führung im Inneren. Deutlichster Unterschied: die Farbe: Bär 35 PB ist aus glänzendem, hellblondem Plüsch. (Die Nase ist aus Siegellack, die jeweils fünf Krallen mit schwarzem Garn aufgestickt. Weniger dunkel, weniger plump.) 35 PB ist der erste richtige Kuschelbär zum Liebhaben – und wurde am 5. März 1904 zum Musterschutz angemeldet. Mit ihm kam für die Firma Steiff der ganz große Erfolg.

Doch auch ein Teddy muss mit der Mode gehen, ob er nun will oder nicht. Die zahlreichen Nachfolgemodelle von 35 PB entfernen sich Schritt für Schritt von ihrem Vorbild aus der Natur: Arme und Beine werden kürzer, die Ohren rutschen immer weiter hinauf zur Oberseite des Kopfes – der charakteristische Bären-Buckel wird kleiner und verschwindet schließlich ganz. Ab 1904 knipst Steiff jedem Plüschtier einen Knopf ins Ohr. Vier Jahre später gibt es den ersten Bären mit Brummstimme.

Und dann – als Präsident Roosevelt 1909 das Amt seinem Nachfolger übergibt, baut die Firma Steiff eine öffentlichkeitswirksame Plüsch-Szene auf: Der scheidende Präsident Roosevelt – natürlich repräsentiert von einem Teddy-Bären – begrüßt seinen Nachfolger William H. Taft. In Anlehnung an dessen Spitznamen, Billy Possum, hat Steiff extra zu diesem Anlass ein Opossum entworfen! Doch die Beutelratte mit dem spitzen Schnäuzchen kann an den Erfolg von Teddy nicht im Entferntesten anschließen. Sie wird ein Misserfolg. Dem neuen Präsidenten wird es ähnlich ergehen.

06 6. März 1976
Anton Innauer bekommt als erster Skispringer fünfmal Bestnote

Das kantige Kinn stoppelig, die Wangen zerfurcht – ein Ötzi in Funktionskleidung schafft, was keiner je geschafft hatte: Alle Preisrichter werten den Sprung als perfekt.

---

07 7. März 1884
Eugène Poubelles Verordnung über Abfalleimer

Mülltrennung. Das ist nun nichts, was man mit dem großen Kulturvolk der Franzosen in Verbindung bringen würde. Das Volk, das das Savoir-vivre, die Foie gras, die Nouvelle Vague, ja einfach das ganze Je-ne-sais-quoi erfunden hat. Mülltrennung – das stammt ja nun bestimmt von den gewissenhaften Deutschen, genauso wie le waldsterben und la weltanschauung. Aber da sieht man mal wieder, wie nationale Stereotype uns oft in die Irre führen. Non, die ersten Mülltrenner waren in der Tat die Franzosen. Und das kam so ...

Autorin: Julia Devlin

Lumpen, Glasscherben, Fischköpfe, Pferdeäpfel, Kartoffelschalen ... Versetzen wir uns in das Paris des späten 19. Jahrhunderts. Ah, Paris. Die Stadt der Liebe, der Schönheit, la ville lumière. Breite kopfsteingepflasterte Avenuen, flankiert von exakt gestutzten Platanenalleen. Auf den Boulevards flanieren elegante Damen und distinguierte Herren mit Zylinder. Aber, mon dieu, was liegt denn da am Straßenrand? Doch nicht etwa – Müll? Bien sûr: Lumpen, Glasscherben, Asche, Fischköpfe, Hühnerknochen, Pferdeäpfel, Kartoffelschalen, darüber womöglich noch den Nachttopf geleert. Dégoûtant, denkt der Mensch, der gerade mit seinen polierten Lederschuhen über einen solchen stinkenden Haufen stolpert, délicieuse hingegen denkt die Ratte. Sie freut sich, an jeder Straßenecke ein Festessen vorzufinden, und gründet zuversichtlich große Familien. Auch am romantischen Ufer der Seine hu-schen die Nager umher, denn die Kloake führt so manchen Leckerbissen mit sich. La belle époque für Ungeziefer, sozusagen.

Mit dem Ungeziefer verbreiten sich Krankheiten. Immer wieder aufflackernde Epidemien kosten Hunderte von Menschenleben. Nun kann man schlecht »vive la France« rufen und dabei tatenlos zusehen, wie die Mitmenschen von vermeidbaren Krankheiten dahingerafft werden. Ein Widerspruch, der auch Eugène-René Poubelle aufstößt. Der studierte Jurist ist

Präfekt des Département Seine. Er erlässt am 7. März 1884 ein Dekret, um das Müll-Problem in den Griff zu bekommen: Jeder Hausbesitzer muss für seine Mieter Müllbehälter bereitstellen, die regelmäßig von Entsorgungsfirmen geleert werden.

Revolutionär ist sein System früher Abfalltrennung: Es gibt drei Tonnen, eine für kompostierbare Abfälle, eine für Papier und Lumpen und eine dritte für Porzellanscherben und – Austernschalen. Ah, la grande nation!

Dass ausgerechnet ein Jurist seinen Namen der Mülltonne leiht, soll jetzt kein, nun, abfälliges Bild auf die Zunft werfen. Schon wenige Jahre nach dem Müll-Gesetz hatte sich nämlich der Begriff »Poubelle« für »Mülltonne« im Sprachgebrauch durchgesetzt. Es klingt nun einmal griffiger als die von Poubelle selbst kreierte, etwas sperrige Bezeichnung »mit Weißblech ausgekleidetes Auffangbehältnis aus Holz«.

Beliebt hat Monsieur Poubelle sich nicht damit gemacht, als er die bürgerlichen Freiheiten der Parisiens so gnadenlos beschnitt. Das merkt man auch daran, dass erst Jahre nach seinem Tod 1907 eine Straße in Paris nach ihm benannt wurde. Eine kurze Straße mit gerade mal einer Hausnummer – und ganz wenigen Mülltonnen.

---

08 8. März 1935
Der treue Hund Hachikô tot aufgefunden

In Japan gilt der Hund Hachikô als Inbegriff von Treue. Tag für Tag wartete er am Bahnhof darauf, dass er sein verstorbenes Herrchen wie gewohnt abholen könnte. Anfangs spotteten die Leute und ärgerten ihn, aber nach zehn Jahren war er der Held der Nation.

---

09 9. März 1945
Uraufführung von »Kinder des Olymp«

Mehr als einmal waren die Dreharbeiten fast gescheitert: wegen der Gestapospitzel, die am Set nach Widerständlern und Juden fahndeten, wegen der kriegsbedingten Materialknappheit und wegen des Hungers. Die für Bankettszenen notwendigen Nahrungsmittel waren oft schon aufgegessen, bevor die Kameras liefen. Trotz aller Schikanen der Nazi-Zensur aber entstand ein Meisterwerk des poetischen Realismus des französischen Films – technisch, psychologisch und inhaltlich. *Autorin: Brigitte Kohn*

Als der Film »Kinder des Olymp« am 9. März 1945 in Paris uraufgeführt wurde, ging für den Regisseur Marcel Carné ein Traum in Erfüllung. Die Besatzung Frankreichs durch die Deutschen im Zweiten Weltkrieg war zu Ende, und endlich konnte er sein Meisterwerk des poetischen Realismus der europäischen Öffentlichkeit präsentieren, als Triumph des französischen Geistes über den Nazi-Terror.

In Zeiten der Besatzung konnte natürlich nur ein politisch unverfängliches Drehbuch die Zensur passieren. Dennoch: Das große Thema des Films ist die Freiheit, in

der Liebe und in der Kunst. Die Handlung spielt auf dem Pariser Boulevard du Temple, den es schon im 19. Jahrhundert wirklich gegeben hat. Hier reihte sich ein Theater an das andere, hier drängte sich das Volk im Olymp. So nannte man die billigen oberen Theaterränge für die armen Leute, deren Beifall oder Ablehnung über Aufstieg und Fall ganzer Ensembles entscheiden konnte.

Der Boulevard du Temple wurde auch Boulevard du Crime genannt, wegen der vielen Verbrechen auf der Bühne und im wirklichen Leben. Das Dasein der Künstler war geprägt von schlechtem Verdienst, erbarmungsloser Konkurrenz, behördlichen Schikanen und Spitzeleien. Die Hauptdarsteller des Films stellen Künstler dar, die es wirklich gegeben hat, Künstler mit ganz unterschiedlichen Charakteren, melancholische Träumer, Verbrecher, ehrgeizige Karrieristen.

Allen ist gemeinsam, dass sie in der Kindheit Gewalt erlitten haben. Ihr Rollenspiel auf der Bühne und im Leben überschneidet sich permanent und ist durchzogen von einer Spur der Verstörung. Vier Männer begehren die schöne und freiheitsliebende Garance auf ganz unterschiedliche Weise. Garance weiß, wen sie liebt, das ist der melancholische Pantomime Baptiste. Aber der will Verbindlichkeit und Schutz, und sie will Freiheit und Lust, sie verfehlen sich. Dieser Film, der von der Vieldeutigkeit und Tragik des Lebens, der Liebe und der Kunst erzählt, wurde in der Nachkriegszeit begeistert gefeiert, auch von den jungen Deutschen, die mit der mörderisch eindeutigen Nazi-Ideologie aufgewachsen waren.

Aber bei der Uraufführung in Paris fehlte jemand, und zwar ausgerechnet die Hauptdarstellerin Arletty, die im Film die Garance spielt. Arletty hatte schon während der Dreharbeiten eine Liebesbeziehung mit einem deutschen Besatzungsoffizier unterhalten und saß nun wegen Kollaboration mit dem Feind in einem Internierungslager. In Zeiten der äußersten Entfremdung und Feindschaft hatte man für die Vieldeutigkeit der Liebe keine Antenne. Später kamen sich Deutsche und Franzosen langsam wieder näher – und dazu haben auch die »Kinder des Olymp« einiges beigetragen.

10

10. März 241 v. Chr.

Römer gewinnen Ersten Punischen Krieg

Der Lateiner ist der Vertrauenswürdigste nicht! Diesen Eindruck bestätigt die Schule. Da lässt der Lehrer reihum je einen Satz übersetzen – aus dem »Gallischen Krieg« oder der »Liebeskunst« des Ovid –, liest sich im Original eh alles ähnlich. Was aber nichts ausmacht, denn man kann ja abzählen, mit welchem Satz man drankommen wird. Also heimliche Vorrecherche unter der Bank per Wörterbuch und Handy. – Sagt der Lehrer plötzlich zum aktuellen Opfer: »Dein Satz war recht kurz. Geh, nimmst den nächsten noch dazu.«

Autorin: Susi Weichselbaumer

Bleibt wohl als einziger – mauer – Trost die Tatsache: Bereits gewaltigere Gegner sind von den Lateinern überrumpelt worden!

Zum Beispiel Karthago – eigentlich ein Kaliber als größte See- wie Handelsmacht im Norden Afrikas. Und darüber hinaus, denn im 3. Jahrhundert vor Christus kontrolliert Karthago nicht nur die komplette westafrikanische Küste, sondern auch Teile Südspaniens, Sardiniens, Korsikas und Siziliens. Bisschen viel, denken sich die Römer. Die verewigen gerade den Triumph bei Pyrrhus auf Steintafeln, Reliefs und Säulen. Einen Sieg, der ihnen die Herrschaft über ganz Italien gebracht hat. Aber schließlich heißt es: Den Mutigen gehört die Welt! Und die Römer halten sich eindeutig für mutiger als die Punier! So nennen sie die Einwohner Karthagos, da die von den Phöniziern abstammen, lateinisch »poeni«.

Weil es außerdem heißt: »Was du heute kannst besorgen ...«, gehen die Römer direkt daran, diese Punier um gewisse Gebiete zu erleichtern. Was sich schwieriger ausnimmt als erwartet. Grundsätzlich möchten die Römer nicht als gnadenlose Kriegstreiber gelten. Entsprechend suchen sie einen plausiblen Grund, um sich gegen Karthago verteidigen zu müssen. Propaganda-Idee Nummer eins lautet: Wir behaupten, der Gegner will uns erobern!

Ein etwas seltsamer Vorwurf, denn Karthago hat seit Jahrzehnten kein Gebiet mehr annektiert. Propaganda-Idee Nummer zwei ist ähnlich abwegig, kann aber durch eine Argumentation »von hinten durch die Brust ins Auge« zumindest verwirren. Da heißt es, das Römische Reich würde irgendeiner Handvoll ehemaliger italienischer Söldner helfen, die jetzt auf Sizilien lebten, wo sie eine Stadt übernommen hätten, damit aber in Konflikt geraten seien mit ebenfalls auf der Insel wohnenden Griechen, weswegen die ehemaligen Italiener die Punier zur Verstärkung geholt hätten, derer aber mittlerweile überdrüssig seien und stattdessen Rom als Schutzmacht unbedingt bedürften. Soweit die

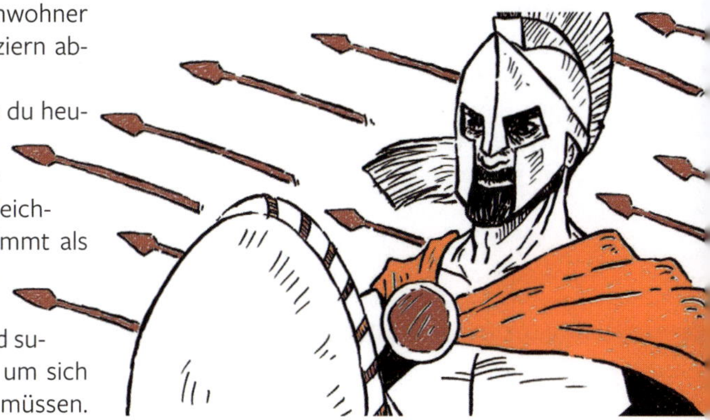

Kurzfassung. Und somit kann es 264 v. Chr. endlich losgehen mit dem Ersten Punischen Krieg.

Seitens Karthagos sieht man das nicht so kompliziert. Zur See schlägt man die Römer konsequent zurück. 20 Jahre lang raufen sich die Kontrahenten allein um Sizilien, Korsika, Sardinien und ein paar süditalienische Küstenstreifen. Am Ende sind beide Parteien pleite. Jedoch die Römer haben noch ein Ass im Ärmel! Von Privatleuten leiht sich der Staat Geld, um eine letzte große Flotte aufzustellen. Die ist jener aus Karthago technisch wie zahlenmäßig überlegen. Damit »Treffer und versenkt« für Rom. Am 10. März 241 v. Chr. bittet Karthago um einen Friedensvertrag.
Dass mit einem Friedensvertrag aber nicht Schluss ist, weiß man aus der Schule. Ein Lateiner ist der Vertrauenswürdigste nicht. Deshalb wird weiter übersetzt: Der Hergang des Zweiten Punischen Krieges – das ist der mit Hannibal. Und der Verlauf des Dritten – das ist da, wo dauernd Cato zitiert wird, der im Übrigen der Meinung ist, dass Karthago …

11

11. März 1845

Fahnenmastkrieg zwischen Maori und Briten bricht aus

Weil Zunge rausstrecken, böse schauen und Geschlechtsteile entblößen nichts brachte, sägt Hone Heke, seines Zeichens Maori-Stamm-Häuptling, den Briten auf Neuseeland vier (4!) Mal den Fahnenmast um. Die Besatzer sind entnervt.

12

12. März 1987

Kein Reinheitsgebot für Importbier

Beim Bier hört in Bayern der Spaß auf. Was dem Franzosen sein Rotwein und dem Japaner sein Tee, das ist dem Bayern sein Bier. Das hätte der europäische Gerichtshof eigentlich wissen müssen, an diesem 12. März 1987. An dem Tag entschieden die Richter, dass für Importbier das Reinheitsgebot nicht mehr gilt. Ausländische Brauereien durften also ab sofort und ungehindert bayerische Bierkrüge und Kehlen mit ihrem gepanschten Irgendwas besudeln. Die Empörung war groß, aber auch das Vertrauen in den bayerischen Konsumenten. Der würde so ein Getränk, das den Namen Bier gar nicht verdient, nicht kaufen, geschweige denn trinken. Ned mit uns!

Autorin: Birgit Magiera

Vielleicht waren die Gefühlswallungen auch deshalb so überschäumend, weil man hierzulande viel Erfahrung hat mit schlechtem Bier: Vor rund 500 Jahren erließ Herzog Wilhelm IV. von Bayern in Ingolstadt das berühmte Reinheitsgebot. Das war auch bitter nötig. Denn bis dahin gärte in bayerischen Braukesseln ein recht übler Sud vor sich hin. Harmlos waren aromatische Kräuter wie Thymian, Koriander und Lorbeer zur Geschmacksverbesserung. Aber auch Ruß und Kreide wurden ins Bier

gemischt, oder Ochsengalle und Eichenrinde in den Kessel gekippt. Einige dieser Zutaten sollten das Bier noch retten, wenn der Sud umzukippen drohte, also Gefahr lief, zu misslingen. Und wenn das Bier zu dünn geriet, absichtlich oder aus Versehen, erzeugten viele Braumeister den Schwindel im Kopf mit ganz speziellen Rauschverstärkern: So landeten Tollkirsche, Seidelbast oder Bilsenkraut im Bier – hochgiftige halluzinogene Pflanzen, die so manchem Trinker Lähmungen, Wahnvorstellungen und sogar den Tod bescherten.

Und auch der Aberglaube braute mit: Weil man noch nicht im Detail Bescheid wusste über das Wirken der Hefe und die Feinheiten der alkoholischen Gärung, reimte man sich allerlei zusammen, wie das Brauen gelingen müsse. Der Fromme nahm da gern den Rosenkranz zu Hilfe, andere verließen sich lieber auf den Scharfrichter: Gegen gutes Geld lieferte der den Finger eines Gehenkten. Das kleine Leichenteil im Braukessel sollte nicht nur für einen ganz besonderen Geschmack sorgen. Mit dem Gliedmaß so eines Unglücklichen könne man gut und gerne das Doppelte bis Dreifache aus dem Fass zapfen, hieß es unter geschäftstüchtigen Brauern. Am besten wirken sollten dabei die Finger von unschuldig Gehenkten.

Grauenhaft, was da früher in den Kesseln herumschwamm. Und so schädlich für die Volksgesundheit, dass die Obrigkeit hart durchgriff: mithilfe des Reinheitsgebotes. Nur mehr Hopfen, Gerste und Wasser sollten von da ab zum Bierbrauen verwendet werden.

Und keine 500 Jahre später liefert der europäische Gerichtshof den bayerischen Biertrinker wieder der Panscherei aus. So jedenfalls sahen die Kritiker 1987 dieses Urteil zugunsten von Importbier. Dabei darf bezweifelt werden, dass das Reinheitsgebot von Anfang an gewirkt hat. Die bayerische Herrscherfamilie hat der Qualität des heimischen Bieres weiterhin misstraut. Das Bier für den Herzogshof importierte man noch lange nach dem Erlass teuer und umständlich aus Norddeutschland. Und auch für das später gegründete Hofbräuhaus warben die Bayern extra Braumeister aus Niedersachsen an. Aber das muss man hier jetzt nicht zu laut erzählen ...

---

13 13. März 1988 Meerestunnel verbindet Japans Inseln

Eine technische Verbindung ist noch lange keine kulturelle Brücke. Oder Tunnel. Der Seikan-Tunnel beispielsweise verbindet zwar Japans Inseln in Rekordzeit, doch wohl noch lange nicht Japans Bewohner – die von hüben und die von drüben.

14

14. März 1911

Origami-Meister Akira Yoshizawa geboren

Akira war ein Schöpfer! Er erschuf alle Tiere dieser Erde. Von den kleinsten Fröschen bis zu den größten Mammuts. Und er schrieb Bücher, in denen er mittels Zeichnungen Schritt für Schritt der Menschheit erklärte, wie jeder selbst zum Erschaffer seiner eigenen kleinen Welt werden kann. Akira Yoshizawa – der größte Origami-Künstler des 20. Jahrhunderts! Ursprünglich war er technischer Zeichner und davor ein ganz normaler japanischer Bauernbub. Die Familie, in die er am 14. März 1911 geboren wurde, konnte ihm zwar kein Vermögen mitgeben, aber den Sinn für Kunst!

Autorin: Isabella Arcucci

Im 7. Jahrhundert erlernten die Japaner die Kunst der Papierherstellung von den Chinesen. Weißes Papier! Das war etwas ganz Besonderes. Etwas Heiliges! Die Japaner beschrieben ihr Papier nicht nur, sie falteten es! Denn in Papier ließen sich nicht nur Formen hineinfalten, sondern auch Gebete und Wünsche.

Den Rat der Chinesen hatten die Japaner bei der Papierherstellung bald nicht mehr nötig. Sie entwickelten ein spezielles Verfahren, das ihr Japan-Papier, ihr Washi, einerseits zart und weich machte und andererseits besonders reißfest. Ab etwa dem 17. Jahrhundert wurde es in Japan üblich, Papier kunstvoll und nach präzisen Angaben um Geschenke und Grußbotschaften zu falten. Eine Hochzeit im Frühsommer verdiente eine andere Faltung als eine Bestattung im Winter – und wieder eine ganz andere ein aus dem Wasser hüpfender Laubfrosch! Denn als die Herstellung des Washi immer billiger wurde, waren der Freude am Papierfalten keine Grenzen mehr gesetzt. Die Japaner falteten jetzt zu ihrem Vergnügen: Schmetterlinge, glücksbringende Kraniche und kleine Samurai-Helme.

Akira Yoshizawa war das nicht genug. Auch wollte er seine Origami-Künste nicht bloß als Unterstützung für das technische Zeichnen nutzen. Akira Yoshizawa wollte aus Papier Wesen erschaffen, welche die Menschen verblüfften, ihre Fantasie und Kreativität freisetzten.

Er entwickelte eine neue Falttechnik, bei welcher das Papier vorher angefeuchtet werden muss, um so noch formbarer und damit im Ergebnis lebendiger zu sein. Es dauerte lange, bis Akira Yoshizawa von seiner Kunst leben konnte. Doch ab den 1950er-Jahren entdeckte auch der Westen den Schöpfer der zarten Papierwelten. »Origami«, so flüsterten die Ausländer ehrfurchtsvoll den Namen von Akira Yoshizawas exotischer Kunst. »Origami« bedeutet auf Deutsch nichts anderes als »Faltpapier« oder eben »Papier falten«. Mittlerweile ist die Origami-Technik Forschungsgegenstand an Universitäten, und die Grundlagen der japanischen Faltkunst werden beispielsweise erfolgreich in der Weltraumtechnik eingesetzt.

Akira Yoshizawa, der große Zauberkünstler, der aus Papier fauchende Tiger, springende Hasen und wohlig satte Löwen erschuf, starb genau an seinem 94. Geburtstag, am 14. März 2005. Seine Kunst lebt weiter. Auf Youtube finden sich Anleitungen zu Yoshizawas Faltkünsten. Und: Es muss gar nicht immer das feinste Japanpapier sein. Die Altpapiertonne kann zu einer wundervollen Schatztruhe werden, bei der Erschaffung einer ganz eigenen kleinen Welt!

---

15 — 15. März 1973

Genre des »Lederhosenfilms« begründet

Alpines Milieu, derbe Scherze in der Tradition des Bauerntheaters, irgendwie eine Art Heimatfilm – nur halt viel nackter. Auf jeden Fall aber: Kassenschlager, damals, die »Liebesgrüße aus der Lederhose«. Die schlüpfrige Billigproduktion wird zum meistbesuchten deutschen Film des Jahres.

---

16 — 16. März 1983

Letzter Sendeturm aus Holz in Deutschland gesprengt

Je höher, desto weiter, so war das mit den Sendetürmen. Doch die in den 1930er-Jahren für die Türme oft verwendete Holzkonstruktion hat sich langfristig nicht bewährt. Nach 51 Dienstjahren wird der Sendeturm Ismaning gesprengt. Der letzte seiner Holzart.

---

17 — 17. März 1908

Erstes Fahndungsfoto

Das erste Fahndungsfoto der Pressegeschichte erschien in der britischen Zeitung »Daily Mirror« und war ein überzeugender Erfolg. Das Ergebnis dieser völlig neuen Methode der Verbrecherjagd war überaus vielversprechend. Noch erfolgreicher wurde in Deutschland die TV-Fahndungsserie »Aktenzeichen XY«, die dem Fahndungsfoto zu Kultstatus verhalf.

---

18 — 18. März 1414

»Ernst der Eiserne« wird erster Habsburger Erzherzog

Erzherzog Ernst, genannt der »Eiserne«, gilt als einer der Stammväter der Habsburger Dynastie. Doch worauf spielt sein Beiname an? Auf seine robuste Statur oder seinen Willen zur Macht? Auf beides!

19 19. März 1741
Priesterkandidat Casanova simuliert Ohnmacht, da zum Predigen zu verkatert

Eine gewisse Lockerheit vor Prüfungen wünschen sich viele Lampenfiebergeplagte. Die Lockerheit, die sich Casanova vor einer Predigt jedoch antrinkt, führt nicht zum Prüfungserfolg. Entsprechend überdenkt der Gescheiterte den Berufswunsch: statt Priester eben Tausendsassa – mit Damen.

---

20 20. März 1969
John Lennon und Yoko Ono heiraten

Sie haben es wirklich gemacht! Im weißen Pyjama und im weißen Nachthemd! In aller Öffentlichkeit. Alle anderen waren normal angezogen: mit Schlips und Kragen oder im coolen Minikleid. Die zwei im Bett, und alle Reporter, Kameramänner und Fotografen staksten verwundert um sie herum. Fast so, wie kleine Geschwister die großen Geschwister anstaunen, wenn die etwas machen, was man nicht so richtig kapiert: Was sollte das denn jetzt wieder? *Autorin: Anja Mösing*

Genau so und nicht anders wollten sie es haben: der britische Mega-Popstar John Lennon und die japanische Avantgarde-Künstlerin Yoko Ono! Ein Riesen-Happening machten sie mit ihren Bed-ins aus den Flitterwochen.

Sehr geduldig und sehr witzig, geradeso wie gute große Geschwister, haben die zwei aus dem Bett heraus alle Fragen beantwortet. Tagelang, wochenlang! Zuerst in Amsterdam, dann in Wien und später in Montreal. Manchmal schauten auch Freunde vorbei und andere Künstler. Diese Bed-ins hatten viel von der Fluxus-Kunst, die Yoko auch sonst produzierte. Kunst, bei der die Idee wichtig ist, nicht wertvolles Material oder künstlerische Virtuosität. Dass Happenings immer auch provokativ waren, verstand sich von selbst. Und dieses öffentliche Im-Bett-Herumgelungere vom Popstar und der Künstlerin roch geradezu nach einem Angriff auf die Institution Ehe. War es aber nicht!

John und Yoko hatten vorher korrekt geheiratet. Eben frisch geschieden von ihren ersten Partnern. Aus der Heirat selbst machten sie keine Megastar-Party. Die war ein sehr privater, sehr romantischer Behördengang am 20. März 1969. Dass er ausgerechnet unter der dicken Felsnase von Gibraltar stattfand, war nicht geplant.

Eigentlich wollte John Lennon seine Braut auf einem Boot heiraten, während der Überfahrt von England nach Europa. Mitten auf dem Ärmelkanal! Aber da gab es irgendwelche Schwierigkeiten, und die zwei sind einfach nach Paris weitergereist, um es dort zu versuchen. Nur war Frankreich in Sachen Eheschließung auch nicht so locker.

Fürs Heiraten in Paris hätten die beiden vorher länger im Land wohnen müssen. Promi hin oder her. Nach vier Tagen Grübelei in Paris kam die Lösung: Gibraltar! Das gehört zu England. Ein kurzer Flug, schon konnten John und Yoko auf der Halbinsel Ringe tauschen und das Heiratspapier unterzeichnen. Immer dabei: Yokos fünfjährige Tochter Kyoko.

Dann starteten sie ihren Happening-Marathon. Ein großer Coup, in dem die beiden Promis humorvoll damit spielten, ihr Privatestes öffentlich zu machen: die Flitterwochen. Aber Sex und nackte Haut? Fehlanzeige! Bett, ja! Haare, viele! Auch mal einen belustigten Kuss! Aber vor allem beantworteten John und Yoko Fragen. Sehr intelligent und witzig, aber immer im züchtigen Pyjama.

Wichtig war beiden Künstlern eine große Botschaft: Give Peace a Chance! Und weil da ja ein echter Beatle im Bett lag, entstand – logo – auch ein Song dazu. Auch im Hotelbett aufgenommen, Ehrensache! Mit dabei: viele Stars der Flower-Power-Zeit, die den Background-Chor machten.

Wer im Bett bleibt, kann keinen Krieg anzetteln. Auch heute noch!

---

21 — 21. März 1871
Bismarcks Erhebung in den Fürstenstand

Otto von Bismarck hatte aus dem preußischen König Wilhelm I. den deutschen Kaiser Wilhelm I. gemacht. Dafür wurde er am 21. März 1871 zum Reichskanzler ernannt und in den Fürstenstand erhoben. *Autorin: Brigitte Kohn*

Blass sah er aus, der preußische Ministerpräsident Otto von Bismarck, blass und grimmig, als er im Januar 1871 im Spiegelsaal von Versailles die pompös inszenierte Kaiserproklamation verfolgte. Mitten in der guten Stube der soeben besiegten Franzosen wurde der deutsche Nationalstaat unter preußischer Führung aus der Taufe gehoben. Bismarck hätte eigentlich froh sein müssen, denn genau darauf hatte er jahrelang hingearbeitet. Im Moment aber freute ihn gar nichts mehr. Die Widrigkeiten der letzten Wochen waren wirklich nervenaufreibend gewesen. König Wilhelm hatte sich nur mühsam vom Wert der kaiserlichen Würde überzeugen lassen, die Bismarck ihm in Aussicht stellte. Er befürchtete nämlich, sie könne seine reale Macht als preußischer König abschwächen. Bis kurz vor Schluss hatte er mit Bismarck um die richtige Formulierung des Titels gerungen und war in Tränen ausgebrochen, weil Bismarck einfach nicht nachgab. Kurz nach der Proklamation ging er an Bismarck vorbei und gab ihm nicht einmal die Hand.

Zwei Monate später war jeder Zwist im allgemeinen Hurrapatriotismus untergegangen. Am 21. März 1871 ernannte der Kaiser Bismarck zum Reichskanzler und erhob ihn in den Fürstenstand. Und er schenkte ihm die staatliche Domäne Friedrichsruh, den Sachsenwald östlich von Hamburg, der Bismarck zu einem der größten Grundbesitzer Deutschlands machte. Der Kaiser brauchte Bismarck. Denn nur dieser Meister des diplomatischen Spiels konnte die europäischen Großmächte unter Kontrolle bekommen, die mit Sorge auf das neue Machtzentrum in der Mitte Europas blickten. Und nur ihm konnte es gelingen, innenpolitisch die Macht des monarchischen Prinzips und der militärisch geprägten Eliten Preußens gegen andere politische und kulturelle Traditionen im Deutschen Reich durchzusetzen. Wilhelm I. nahm es in Kauf, in hohem Maße von seinem Kanzler abhängig zu werden. »Mein größtes Glück ist es ja, mit Ihnen zu leben und immer fest einverstanden zu sein«, schrieb er ihm einmal. Und darauf war Bismarck nicht wenig stolz.

Bismarck hatte als Reichskanzler, preußischer Ministerpräsident und Außenminister in einer Person mehr Macht als irgendjemand sonst in Deutschland und Europa. In der Öffentlichkeit trat er, obwohl Zivilist, in Uniform auf, angetan mit der Pickelhaube der schweren Kavallerie und ledernen Schaftstiefeln hoch bis zur Hüfte: Teil einer Selbstinszenierung, die die weit verbreitete Sehnsucht nach dem starken Mann befriedigte. Doch als Wilhelms Enkel, der junge Kaiser Wilhelm II., an die Macht kam, wurde es schwierig, denn der wollte mitreden. Entnervt reichte Bismarck im März 1890 sein Rücktrittsgesuch ein und zog sich auf seine Güter zurück. Jetzt blieb ihm nur noch, mit Energie und Erfolg den Nimbus des Eisernen Kanzlers zu pflegen, der ihn schon zu Lebzeiten umgab. Und der immer noch wirkt, bis heute. Schließlich war er länger im Amt gewesen als jeder andere deutsche Kanzler nach ihm.

---

22 | 22. März 1621

Hugo Grotius flieht in einer Kiste aus der Haft

Erst 26 Jahre alt war der Jurist Hugo Grotius, als er den Papst gegen sich aufbrachte. Grotius blieb unbequem und handelte sich lebenslange Festungshaft ein. In einer Bücherkiste gelang ihm die Flucht.

23 23. März 1766
Der »Madrider Hutaufstand« bricht aus

Im Grunde ist der Mensch ein geduldiges Wesen. Klaglos lässt er Politik, Modezeitschriften und die tägliche Teuerung über sich ergehen, murrt höchstens ein bisschen, und am nächsten Morgen ist er wieder brav bei der Arbeit. Irgendwann aber ist das Fass voll. An diesem Tag geht der Mensch nicht mehr zur Arbeit, sondern auf die Straße, bewaffnet sich und schlägt die Objekte seines Zorns zu Klump und Asche. Der Tropfen, der das Fass zum Überlaufen gebracht hat, ist oft genug bloß eine Lappalie. Als im Frühling des Jahres 1766 in Madrid ein Fass überlief, geschah das wegen eines Mantels und eines Huts.

Autor: Xaver Frühbeis

Seit ein paar Jahren schon waren im Königreich Spanien Leute am Ruder, die keiner mochte. Ein Italiener saß auf dem Königsthron, Karl III. Ihn dünkte sein neues Land armselig und zurückgeblieben, und so hat er den Spaniern allerlei Reformen aufs Auge gedrückt. Enteignung der Kirche, Entpfründung des Adels, dazu in Madrid neumodisches Zeugs wie Straßenbeleuchtung und Abwasserkanäle, was zur Folge hatte, dass man plötzlich den Müll nicht mehr auf die Straße schmeißen durfte, aber wohin sonst damit, das sagten sie einem nicht. Weil Straßenlaternen nicht auf den Bäumen wachsen, wurden die Steuern erhöht, die Münzen verschlechtert und das Brot verteuert, und zu guter Letzt kam noch die Geschichte mit dem Dreispitz. Den Mantel lang, den Hut mit breiter Krempe: Das war die Tracht der Männer von Madrid. Und die, sagte der Marqués de Esquilache, Reformer in Diensten des Königs, sei von nun an verboten. Die neue Kleidungsvorschrift: kurze Capes, höchstens bis zum Po, und als Hut ein Dreispitz. Begründung: In den langen Mänteln ließen sich Waffen verstecken, und unter der Hutkrempe würden Übeltäter ihr Gesicht verbergen. Zum Schutz der Bevölkerung seien die Soldaten des Königs angewiesen, alle Männer in langen Mänteln zu verhaften.

Am 23. März 1766, zwei Wochen nachdem Esquilache die neue Kleiderordnung bekannt gemacht hatte, brach der Aufstand los. Tausende wütender Bürger in langen Mänteln mit breiten Hüten zogen durch die Straßen Madrids, Soldaten des Königs wurden verprügelt und Stadthäuser der Minister zerstört, die Menschen riefen »Stirb, Esquilache!« und »Tod der schlechten Regierung!«. Dem König legten sie eine Reihe von Forderungen vor: Esquilache müsse entlassen werden, Brot und Lebensmittel verbilligt, Mantel und Hut wieder erlaubt. Der Landesherr, um sein Leben fürchtend, sagte zu allem Ja, und dann machte er sich heimlich aus dem Staub. Anstelle des königlichen Drückebergers übernahm ein spanischer Graf die Geschäfte, die Lage beruhigte sich, und die Leute gingen wieder in ihre Häuser zurück. Und was Mäntelchen und

Dreispitz anging, da fragte der Graf seine Landsleute, ob sie denn nicht wüssten, dass ihre alte Tracht vor Zeiten die der Henkersknechte gewesen sei. Da wollte das plötzlich von sich aus keiner mehr anziehen, und die Leute waren zufrieden mit der neuen Mode. So nahm der »Madrider Hutaufstand« ein glimpfliches Ende.

Bloß der Marqués von Esquilache, der verstand die Welt nicht mehr. Er war entlassen und des Landes verwiesen, doch in Madrid liefen sie alle mit seinem Dreispitz rum. Man muss eben selbst als Minister lernen, die Läufte der Welt mit Geduld zu nehmen.

---

24 — 24. März 1756
Friedrich II. empfiehlt Kartoffeln

Während die Reichen im 18. Jahrhundert schlemmten, sollten die Armen doch wenigstens nicht verhungern, fand der Alte Fritz. Und erließ den »Kartoffelbefehl«, mit dem er den einfachen Leuten die bislang ungeliebte Knolle schmackhaft machen wollte.

---

25 — 25. März 1988
Erste Folge des »Literarischen Quartetts« wird ausgestrahlt

»Nichts als Worte« hätten sie zu bieten, kündigte Kritikerfürst Marcel Reich-Ranicki an, als das erste »Literarische Quartett« im ZDF auf Sendung ging. Was kam, wurde Kult, Selbstdarsteller stellten Autoren und Bücher vor, leidenschaftlich, hemmungslos und rücksichtslos, immer zwischen großem Vergnügen und herrlichem Ärgernis.

---

26 — 26. März 1898
Paul Kruger gründet Tierreservat

Umstritten ist er bis heute, der Gründer des großen Nationalparks in Afrika – zum Wohl der Tiere wollte Paul Kruger Landesgrenzen einreißen. Das Wohl aller Menschen lag ihm nicht so am Herzen, politisch beschäftigte ihn die Frage: Wem »gehört« was in Südafrika?

Autorin: Silke Wolfrum

Paul Kruger wurde in seiner Heimat Südafrika einfach »Oom Paul« genannt, was so viel heißt wie »Onkel Paul«. Spätestens als er 1883 Präsident der unabhängigen südafrikanischen Burenrepublik Transvaal wird, ist er eine Kultfigur, Übervater des burischen Nationalismus. Eine Goldmünze trägt sein Porträt, eine Tabakspfeife wird nach ihm benannt, und sein Wohnhaus ist heute eine Gedenkstätte. Buren – das nur zur Erinnerung – nannte man die weißen Viehzüchter in Südafrika, meist Nachkommen der ersten niederländischen Siedler. Paul Kruger selbst war allerdings deutscher Abstammung.

Neben den Buren gab es noch die Briten, die Südafrika für sich beanspruchten, und dann natürlich noch die indigenen Völker, die von Briten wie Buren immer mehr unterdrückt wurden. Doch lassen wir das freudlose Thema »Wem gehört was in Südafrika« und Krugers politisches Mitmischen in dieser Frage und kommen wir lieber auf eine andere Seite von ihm zu sprechen:

Kruger war ein großer Naturliebhaber. In Transvaal wurde allerdings lange Zeit heftig gewildert, sodass sich der Bestand der Wildtiere dramatisch verringerte. Dem wollte Kruger Einhalt gebieten. Mit den Worten: »Wenn ich nicht diesen kleinen Teil des Lowvelds schütze, werden unsere Enkelkinder nicht wissen, wie ein Kudu, Elefant oder Löwe aussieht«, gründete er am 26. März 1898 das »Sabie Wildreservat«. Das Lowveld ist übrigens eine Region im Nordosten Südafrikas, in der Nähe zur Grenze nach Mosambik.

Man stelle sich ein Gebiet vor etwa so groß wie Rheinland-Pfalz, auf dem sich Elefanten, Leoparden, Löwen, Giraffen, Gnus und Zebras in natürlicher Umgebung tummeln und nur hin und wieder von Südafrika-Urlaubern begafft werden – so ungefähr sieht Krugers Tierreservat heute aus.

Und es heißt jetzt: »Kruger-Nationalpark«. In dreißig verschiedenen Ökosystemen leben 150 Säugetier-, 100 Reptilien-, 34 Amphibienarten und über 500 Vogelarten. Und das ist noch nicht alles: Hier soll in Zukunft das größte Tierreservat der Welt entstehen. Dazu müssen die Grenzzäune des Parks nach Mosambik und Simbabwe verlagert werden. Wenn dieses Vorhaben umgesetzt wird, werden teure Tier-Umsiedlungsprogramme überflüssig. Landesgrenzen gibt es dann für die Wildtiere nicht mehr. Ungehindert können sie in andere Naturschutzgebiete wandern, gerade wie es ihnen gefällt. Quasi: ein Paradies ohne Grenzen.

Ob Paul Kruger dieses Projekt gefallen hätte? Vermutlich. Es geht hier ja um Tiere. Auf Menschen angewandt wäre die Idee der Grenzenlosigkeit für alle bei ihm wohl eher auf Vorbehalte gestoßen. Da Kruger Ende seines Lebens in der Schweiz im Exil lebte, wurde in St. Gallen eine Straße nach ihm benannt. Bald regten sich jedoch Proteste: Kruger soll Farbige als »Kaffer« und »Wilde« bezeichnet haben. Die indischstämmige Bevölkerung Südafrikas soll seiner Meinung nach »geschaffen worden (sein), um den Weißen zu dienen«. Kurz, die Schweizer überlegten, ob sie die Krugerstraße nicht lieber in »Mandelastraße« umbenennen sollten. Dann entschieden sie sich aber doch lieber für Friedrich-Dürrenmatt-Straße.

27 27. März 1871
Das erste Länderspiel im Rugby gewinnt Schottland

Man kann sich auch höchst manierlich verkloppen und gegenseitig in den Matsch drücken ... Behaupten zumindest die Erfinder des Rugby. Nach außen kommt der Sport reichlich schmuddelig daher, im Kern aber sei alles ganz gentleman-like ... wie beim ersten Länderspiel: England gegen Schottland.

28 28. März 1810
Haydns Papagei wird versteigert

Manch großer Komponist hat einen Vogel. Na ja, zumindest bei Joseph Haydn war das so. Sein Papagei verhalf ihm zu manchem Liedchen, das später sensationellen Erfolg haben sollte. Kein Wunder also, dass er bei der Versteigerung von Haydns Hinterlassenschaften eine astronomische Summe erzielte. Ein Fürst von Liechtenstein hat ihn ergattert – doch dann verliert sich sein Schicksal im Dunkel der Geschichte.

29 29. März 1139
Der Templerorden darf steinreich werden

Es war eine Lizenz zum Gelddrucken: Am 29. März 1139 bestimmte der Papst, dass die Tempelritter im Heiligen Land keinem weltlichen Herrscher unterstellt sein sollen. Ihr Vermögen wird den Templern zum Fluch. Im Jahr 1291 allerdings sieht's in Akkon richtig finster aus. Die Stadt ist die letzte christliche Bastion im Heiligen Land. Ein Chronist spricht von 14.000 Prostituierten in der Stadt. Wahrscheinlich ist das ein bisschen übertrieben, denn Akkon hat nur an die 30.000 Einwohner. Aber was der Mann sagen will, ist sonnenklar: Fromm geht's hier schon lange nicht mehr zu, in Akkon. Dabei sitzen hoch über dem Hafenviertel in einer Burg die stolzen Ritter vom Tempelberg. Seitdem Jerusalem wieder in den Händen der Muslime ist, haben die Templer hier ihren letzten Stand bezogen; die Mönche im Kettenhemd. Doch auch über sie wird schon geraunt: »Saufen wie die Templer« heißt es unverhohlen. Dann fällt auch Akkon, und die christliche Zeit im Heiligen Land ist vorbei. Endstation. Die meisten Templer fliehen per Schiff. Sie retten sich direkt ins Verderben: Denn mit an Bord haben sie eine tödliche Fracht, einen riesigen Haufen Geld; das Vermögen, das sie in gut 150 Jahren im Heiligen Land zusammengebracht haben. Philipp der Schöne kann's brauchen.

30 30. März 1899
Gründung des Bananenimperiums »Chiquita« in Boston

Alles Banane – das hätte Eisenbahnbauer Minor Cooper Keith nicht gedacht, als er die ersten Schienen in Costa Ricas Urwald verlegte. Am Ende transportierten seine Züge statt Passagieren staudenweise Bananen.

---

31 31. März 1960
Deutschlands erstes Autokino eröffnet

»Die ganze Familie ist willkommen, egal, wie laut die Kinder sind!« Wenn ein Kinobesitzer mit so einem Slogan wirbt, muss er schon was Besonderes in petto haben. Und das hatte der Amerikaner Richard M. Hollingshead auch. Der »Vorführsaal« seines 1932 eröffneten Kinos bestand nämlich aus einem riesigen Parkplatz unter freiem Himmel.

Autorin: Carola Zinner

Man ging bei Hollingshead nicht mehr ins Kino – man fuhr, im eigenen Wagen, und blieb dann gleich drin sitzen. Autokino, so hieß das Ganze, und es passte zu den autoverliebten Amerikanern wie die Faust aufs Auge. Entsprechend rasant war der Siegeszug von Hollingsheads Erfindung. In den gesamten USA schaute man durch die Windschutzscheibe zu, wie John Wayne ritt, Gary Cooper lächelte und Marilyn Monroe wippte, und konnte gleichzeitig ungehindert das Geschehen kommentieren, einen längst überfälligen Streit austragen, mitgebrachtes Essen auspacken oder die Kinder auf dem Rücksitz ermahnen, endlich einzuschlafen – man war ja quasi in den eigenen vier Wänden.

Autokino war Familienkino, und wo noch kein eigener Nachwuchs vorhanden war, da verhalf es dazu. »Love Lane«, so hieß die besonders bei der Jugend beliebte letzte Wagenreihe. Hier fand in ungestörter nächtlicher Zweisamkeit (tagsüber funktioniert Autokino nicht) zusammen, was in Ermangelung einer eigenen Wohnung nirgendwo sonst so lauschig zusammenfinden konnte.

Auch im Deutschland der 50er-Jahre hatten junge Leute nur selten eigene Wohnungen; auch hier gehörte ein Kinobesuch zu den beliebtesten Freizeitvergnügungen. Und doch wurde der erste Versuch eines Autokinos, gestartet 1954 in Erlangen als Werbekampagne einer Firma für Großprojektoren, ein Flop. Kaum fing der Film an, verließen die Besucher ihre Autos und setzten sich im Freien auf den Boden.

Man ahnt, warum. »Schloss Hubertus« durch die Frontscheibe eines Goggomobils oder eines VW-Käfer – das war schon was anderes als »Tarzan« von der gut gepolsterten Sitzbank eines amerikanischen Straßenkreuzers aus. Das Resümee der Veranstalter: »Die Deutschen sind noch nicht so weit.«

16 Jahre später waren sie es dann. Am 31. März des Jahres 1960 eröffnete im hessischen Gravensbusch das erste Autokino Deutschlands. Gelegentlich wird auch der 29. März als Tag der Premiere genannt, doch da lief nur eine Art Testvorführung – der rührige Unternehmer wollte offenbar kein Risiko eingehen. Hermann Franz Passage, ein Deutsch-Südafrikaner, besaß in Pretoria bereits mehrere Autokinos. Bei einer Nostalgietour durch die alte Heimat war er im Wald nahe Frankfurt auf ein Ausflugslokal samt dem idealen Wiesenstück gestoßen, hatte die Behörden von seinem Plan überzeugt, Förster und Naturschützer beruhigt und schließlich stattliche eineinhalb Millionen Mark investiert. Ergebnis war: das ganz große Kino. Mitsamt Imbiss, wo es Cola gab und original amerikanische Hamburger; sündteuer, aber so ultramodern, dass die Besucher gerne etwas dafür springen ließen. Auch sonst war alles ziemlich sensationell: 1.200 Stellplätze und eine 540 Quadratmeter große Leinwand, auf der beim Premierenfilm »Der König und ich« Yul Brynner mit bloßem Oberkörper so viel Erotik ausstrahlte, wie gerade noch erlaubt war. Währenddessen packten die Zuschauer mitgebrachtes Essen aus, ermahnten ihre Kinder auf den Rücksitzen, endlich zu schlafen, oder fanden in ungestörter Zweisamkeit zusammen …
– alles fast genau wie in Amerika.

Nur die deutschen Autos … die hätten wirklich ein bisschen größer sein können.

April

01 1. April 1937
Samuel Beckett trifft Karl Valentin in München

München hat dem irischen Dichter Samuel Beckett zunächst gar nicht gefallen, als er es 1937 besuchte – bis er Karl Valentin begegnete und auf ihn warten musste.

Autor: Simon Demmelhuber

Samuel Beckett hat den Blues. Er ist knapp 30, gescheitert an Leben und Kunst, er säuft, hat Todesängste, quält sich mit Schreibblockaden, brilliert als Selbstzerfleischer, hasst Dublin. Im Herbst 1936 ergreift er die Flucht vor seinen Dämonen. Er bereist Deutschland, pilgert von Museum zu Museum, füllt Tagebücher mit kunstfrommen Gedanken und Gesprächen. Doch die Kur misslingt. Nazis, Herpes und ein Furunkel am Hintern verhageln die Wallfahrt. München, wo er im März '37 ankommt, entpuppt sich als Tiefpunkt. Die Stadt ist grässlich, das Geld knapp, die Tour ein Riesendebakel.

Aber der Zufall hat noch ein Ass im Ärmel. Er spült Beckett ins Kabarett Benz, wo ein steckerldürrer Komiker mit seiner rundlichen Partnerin auftritt. Wie das Duo strampelt, sich in Spitzfindigkeiten verheddert, im Spalt zwischen Sprache und Wirklichkeit einbricht und bittere Verzweiflung ins Lustige rettet, das ist große Kunst. Diesen Karl Valentin, der so zum Lachen traurig mit dem Entsetzen scherzt und weiß, welche Verwirrung das Reden mit den Dingen anstellt, den muss er kennenlernen, unbedingt!

Die Gelegenheit kommt am 1. April 1937, einen Tag vor Becketts Rückflug nach London. Josef Eichheim, ein Valentin-Spezl, arrangiert die Begegnung. Man trifft sich am Färbergraben 33, wo Valentin im Keller derzeit sein neues Panoptikum aufbaut. Fertig ist noch nichts, die wilde Mischung aus Kuriositäten-, Wachsfiguren-, Grusel- und Lachkabinett soll im Juni öffnen. Der Hausherr empfängt am Kopf einer finsteren Stiege. »S'Elektrische kommt erst«, sagt er, knipst seine Taschenlampe an und hält dem verdutzten Beckett einen bepelzten Zahnstocher hin: »Bei der Kält'n braucht's was Warmes.«

Dann geht's los, hinein und hinab in Valentins verschachtelte Unter- und Innenwelt. Bild um Bild fischt das Licht aus dem Dunkel, spießt verstörende Albtraumszenen auf: Hexen werden ausgepeitscht, Henker schnallen einen Mörder aufs Schafott, Kapuzenmänner verhören ein Kind.

Ein paar Schritte weiter tratzen Gespensterulk und Geisterklamauk die Sinne, ein Steg gibt unter den Füßen nach, Wasserleichen grinsen fahl gebläht. Dazwischen hängen und stehen Schaukästen voll dinghaft ausgehärteter Sprachspielereien. Da sind die »ins Korn geworfene Flinte«, der »alte Hut« oder »Sah ein Knab ein Röslein stehn« plastisch Gestalt geworden.

Während das Trio im Gänsemarsch durch Korridore und Kammern stolpert, schraubt sich Valentin immer tiefer hinein in ein verschroben wucherndes Selbstgespräch: »So, nach England geht's morgen. Mit'm Flieger. Also, ich tät's nicht. Wie leicht bricht ein Propeller ab, dann ham'S den Salat!« Die Suada stockt erst in einem kleinen Saal. Täuschend echte Wachspuppen sitzen da auf Bänken, starren eine leere Leinwand an, warten, dass der Film anfängt. »Nehmen'S doch kurz Platz«, sagt Valentin. Und weg ist er, verschwunden, lässt seine Gäste ratlos zurück. Es dauert, bis sie begreifen. »Hmmm«, kaut Beckett das Rätsel klein: »Ein Stück, das nie beginnt, ein Warten, das nur sich selber meint, ein Vorspiel ohne Ende – daraus lässt sich vielleicht etwas machen!«

02 2. April 1928
Der eiserne Gustav beginnt seine Fahrt nach Paris

Mit seiner Kutschfahrt von Berlin nach Paris im Jahr 1928 machte sich der Berliner Droschkenkutscher Gustav Hartmann zur Legende – und leistete einen sehr eigenwilligen Beitrag zur Völkerverständigung.

03 3. April 1860
Der Pony-Express nimmt seinen Betrieb auf

Über die Distanz von 3.100 Kilometern waren die Kurierreiter des Pony-Express unterwegs. Sie waren schnell, ihre Logistik ausgeklügelt – und finanziell ein Desaster.

Autor: Johannes Roßteuscher

Eigentlich sagte schon die Stellenanzeige alles: Gesucht: junge, dünne, drahtige Burschen – nicht über 18. Perfekte Reiter und bereit, jeden Tag dem Tod ins Auge zu schauen. Waisen bevorzugt.

Es ist nicht sicher, ob der überlieferte Text echt ist – egal, Billy Tate erfüllte alle Anforderungen. Bis er im heutigen Nevada mit einer Gruppe Paiute-Indianer in Konflikt geriet. Er schaffte es noch, sieben Angreifer zu erschießen, bevor er selbst von Pfeilen gespickt wurde. Aber die Paiute skalpierten den toten Billy nicht. Sie achteten ihn offenbar als großen Krieger.

Dabei war er ein kleiner Reiter, 14 Jahre alt und eigentlich nur ein Briefträger. Ein Bote des Pony-Express – der so zum amerikanischen Gründungsmythos gehört wie der Goldrausch oder das Duell in der Mittagssonne.

1860, da endeten die Vereinigten Staaten noch ungefähr in der Mitte des Kontinents. In Missouri war Schluss, dahinter Indianergebiet, Prärien, hohe Berge, ein paar weiße Siedlungen, Klapperschlangen. Und noch mal dahinter zwei neue Staaten: Kalifornien, entstanden aus dem Goldrausch, und Oregon. Wollten die Oststaatler ihren Verwandten an der Westküste einen Brief schreiben, gab es zwei Wege. Erstens: übers Meer! Per Schiff die Ostküste hinunter nach Süden, bis Panama. Dort zu Fuß durch den Dschungel, dann wieder aufs Schiff und wieder rauf nach Norden. Oder per Postkutsche. Die nahm immerhin den direkten Weg, wurde aber häufig überfallen – und brauchte fast einen Monat.

Da musste es doch etwas Schnelleres geben, sagten sich die drei Postkutschen-Unternehmer Russell, Majors und Waddell – und verfielen auf die Idee mit den jungen, tollkühnen Reitern.

Innerhalb von nur drei Monaten wurden entlang der 3.200 Kilometer langen Route bis Sacramento in Kalifornien mehr als 180

Versorgungsstationen aus dem Boden gestampft und 120 der jungen dürren Wilden angeheuert. Am 3. April 1860 ging in St. Joseph, Missouri, die erste Postsendung auf die Reise. Die halbe Stadt war dabei, eine Kanone wurde abgefeuert, und der allererste Reiter, vermutlich hieß er Johnny Fry, galoppierte los. 90 Meilen westwärts, bis er seine Fracht an den nächsten übergab.

Im Schnitt ritten die einzelnen Reiter 120 Kilometer. Unterwegs wechselten sie mehrmals die Pferde, übrigens keine Ponys, sondern Vollblüter oder Mustangs. Wenn ein Reiter ausfiel, machte der erste einfach die doppelte Strecke. Jack Keetley erreichte die Endstation nach 550 Kilometern – im Tiefschlaf. Amerikanische Heldengeschichten. Insgesamt dauerte der lange Ritt nach Sacramento zehn Tage.

Doch den Pony-Express gab es nur 18 Monate. Obwohl das Porto für einen Brief ein Vermögen kostete, machte die Company hohe Verluste. Und endgültig Schluss war, als die Telegrafenleitung an die Westküste fertig wurde. Statt junger federleichter Reiter, die ihr Leben riskierten, gab es nun behäbige Angestellte, die in Telegrafenstuben auf Knöpfe drückten. Ein schönes Beispiel, wie der Fortschritt das Leben einfacher macht. Sicherer, bequemer, auch schneller. Aber ob die Telegrafisten wirklich glücklicher waren als die Reiter, die allerdings jeden Tag Kopf und Kragen riskierten? Die Frage bleibt offen.

---

04 4. April 1958
Erster Auftritt des Peace-Zeichens

Es ist das wohl bedeutendste und bekannteste Friedenszeichen. Das liegt auch daran, dass es viel einfacher zu zeichnen ist als eine Friedenstaube.

Autorin: Christiane Neukirch

Wie sieht Frieden aus? Über dieser Frage grübelte im Jahr 1958 der britische Designer Gerald Holtom. Er hatte den Auftrag, ein einprägsames Symbol für die Friedensbewegung zu entwerfen; genauer gesagt: für die »CND«, die Kampagne für nukleare Abrüstung. Zusammen mit anderen Atomwaffengegnern planten ihre Mitglieder einen Protestmarsch.

Holtom sah sich einer kniffligen Aufgabe gegenüber. Krieg ist leicht darstellbar: eine Bombe genügt, ein Gewehr, eine Explosion. Frieden ist die Abwesenheit von Krieg. Wie zeichnet man etwas, was nicht ist? Holtom brütete wochenlang. Schließlich beschloss er, ein Symbol seiner Verzweiflung zu kreieren: ein Mensch mit hilflos nach unten ausgebreiteten Armen; abstrahiert in einem senkrechten Strich und einem nach unten geöffneten Winkel, darum herum ein Kreis als Abbild der Erde.

Den ersten öffentlichen Auftritt hatte das Zeichen am 4. April 1958. An jenem düster-regnerischen Karfreitag sammelten sich die Rüstungsgegner auf dem Londoner Trafalgar Square für ihren Marsch zur Atomwaffenfabrik in Aldermaston. Auf 500 überdimensionierten Lollipops aus Pappe prangte das neue Protestsymbol. Kritiker gaben dem unpersönlich anmutenden Zeichen keine Zukunft. Doch manchmal spielt der Zufall seine geschichtsmächtige Trumpfkarte aus. In diesem Falle in

Gestalt eines Marschteilnehmers, der Mitstreiter des US-amerikanischen Bürgerrechtlers Martin Luther King war. Der nahm das Symbol mit nach Amerika. Dort fiel es auf fruchtbaren Boden, nicht nur bei Bürgerrechtlern und Atomgegnern: In den 1960er-Jahren stand die amerikanische Bevölkerung unter dem Eindruck des Vietnamkriegs, der viele unfreiwillig verpflichtete Soldaten Gesundheit oder Leben kostete. Auf vielen Helmen prangte plötzlich Holtoms Zeichen. Zur Rede gestellt, weshalb er dieses Symbol auf seinen Helm gepinselt habe, antwortete einer der Aufmüpfigen: »Es ist viel einfacher zu zeichnen als eine Friedenstaube.« Somit wäre auch ein weiterer Grund für den Erfolg benannt.

Holtom hatte seine Erfindung bewusst nicht zum Patent angemeldet. Er wollte, dass ein Zeichen der Freiheit jederzeit frei verfügbar sei. Dies erfreute nicht nur die Zielgruppe der Pazifisten, sondern auch Firmen, die aus dem Wohlfühlfaktor der Friedensidee Profit schlugen, in Gestalt von Damenhandtaschen bis hin zu Zigaretten.

Je verbreiteter das Zeichen wurde, desto mehr wucherten auch Spekulationen über seine Entstehung. Manche Kritiker deuteten es als germanische Rune des Todes; andere spotteten, das Zeichen sehe aus wie der Fußabdruck eines Huhns, das im Englischen auch »Feigling« bedeutet. Wieder andere merkten an, das Innere des Kreises bestünde aus zwei Zeichen der Militärsprache, den Initialen N und D für »Nuclear Disarmament«, die nukleare Abrüstung. Damit lagen sie sogar richtig. Holtom vertrat durchaus selbst mehrere Entstehungsgeschichten. Dem Friedens-Chronisten Ken Kolsbun sagte er später, er bereue nur, das Zeichen nicht andersherum in die Welt gesetzt zu haben: Frieden sei doch eigentlich etwas zu Feierndes. Die symbolischen Arme gehören nach oben.

Wo ist das Problem? Wer dem zustimmt, dreht das Zeichen einfach um.

05 5. April 1922
Ein Königsherz fährt nach Altötting

Ein ganzer Zugwaggon war reserviert für die Herzensangelegenheit eines Königs. Am 5. April 1922 fuhr das Herz von Ludwig III., des letzten Königs von Bayern, mit der Eisenbahn nach Altötting. Seit dem 17. Jahrhundert wurden die Herzen der Wittelsbacher eigens bestattet.

06 6. April 1943
»Der kleine Prinz« wird in New York vorgestellt

Ein Kunstmärchen – und eines der poetischsten Plädoyers für Freundschaft und Menschlichkeit. Ersonnen und illustriert von einem schriftstellernden Berufspiloten.

Autorin: Carola Zinner

General de Gaulle hielt nur wenig von Antoine de Saint-Exupéry. »Dieser Offizier soll mal besser in Reserve bleiben!«, befahl er. »Das Einzige, was er kann, sind Kartenkunststücke!«

Der französische Adelige liebte es, vom Balkon aus selbst gebastelte Papier-Hubschrauber fliegen zu lassen, er erfand eine Spezialrezeptur für Riesen-Seifenblasen und verschluckte auf Festen silberne Löffel, die sich später in den Taschen seines Publikums wiederfanden. Und: Er konnte ganz wunderbar Geschichten erzählen, in denen es um die Gefahren der Wüste ging und ums Überleben unter extremsten Bedingungen. Seine Fans kannten diese Geschichten natürlich schon; sie hatten schließlich die Bücher gelesen, in denen er von seinen Abenteuern als Postpilot in Afrika und Südamerika erzählte. Allerdings munkelte man, dass Werke wie »Nachtflug« und »Wind, Sand und Sterne« nur deshalb zustande gekommen waren, weil Freunde ihren »Saint-Ex«, wie sie ihn nannten, in sein Arbeitszimmer eingesperrt hatten – anders hätte er die Sache niemals bis zum Ende durchgehalten.

Bei diesem, seinem neuesten Buch aber war alles anders. Saint-Exupéry, ein, wie ihn ein Zeitgenosse beschrieb, kahl werdender Riese mit den runden Augen eines hochfliegenden Vogels, hatte es wie im Rausch verfasst und auch gleich noch die Illustrationen dazu gezeichnet: Mit schräg gelegtem Kopf, die Zungenspitze zwischen den Lippen, brachte er das aufs Papier, was er schon seit Jahren auf Servietten, Speisekarten, Zettel jeder Art zeichnete: den »einsamen kleinen Kerl«, wie er ihn nannte, mal auf einem Berg von Wolken, mal auf hohen Bergeswipfeln, mal mit einer Krone auf dem Kopf: ein schmaler Junge mit langen Beinen, Stupsnase, weit auseinanderstehenden Augen und blondem Haarschopf. Eine dieser Zeichnungen hatte 1942 überhaupt erst den Anstoß gegeben für das Buch: Ein Verleger hatte Saint-Ex in einem New Yorker Restaurant dabei beobachtet, wie er sein Lieblingsmotiv aufs Tischtuch kritzelte, und um eine passende Geschichte gebeten – möglichst bis Weihnachten, der besten Zeit für Kinderbücher.

Es dauerte bis zum 6. April 1943, dann konnte das fertige Werk der Öffentlichkeit präsentiert werden. »Der kleine Prinz«, die bittersüße Geschichte eines Jungen, der seinen Heimatplaneten verlassen hat und in der Wüste gelandet ist, wo er dem Ich-Erzähler begegnet und von seiner Reise erzählt.

Saint-Exupéry hat in diese Fabel alles hineingelegt, was ihn zu jener Zeit beschäftigte: seine Trauer um die verlorene Jugend, die Bedeutung von Freundschaft, Gedanken über Sinn und Unsinn von Arbeit – und sein Verhältnis zur Treue; ein Thema, an dem seine Ehe mit der kapriziösen Lateinamerikanerin Consuelo immer wieder zu scheitern drohte.

Er hatte eine einfache Sprache gefunden und wunderbare Bilder, um all das zu erzählen – doch ein Kinderbuch war das Ganze natürlich nicht. Konstatierten zumindest die amerikanischen Kritiker, die auch sonst wenig begeistert reagierten.

Heute gehört »Der kleine Prinz« nicht nur zu den meistgelesenen Büchern der Welt, es hält auch für immer die Erinnerung wach an seinen Verfasser – einen kahl werdenden Riesen, der es abgelehnt hat, jemals richtig erwachsen zu werden.

---

07 7. April 1893
Eröffnung des Maxim's

Eines der berühmtesten Restaurants von Paris, ein Monument historique, mittlerweile mit Museum – das Maxim's. Dabei bestand die Stammkundschaft zuerst einmal hauptsächlich aus Droschkenkutschern.

---

08 8. April 1960
Der Astronom Frank Drake beginnt mit der Suche nach Außerirdischen

Seit seiner Jugend beschäftigt er sich mit extraterrestrischem Leben. Und so begann er 1960 systematisch, mithilfe von Radioteleskopen nach außerirdischer Intelligenz im Universum zu suchen.

09 9. April 1865
Louis Pasteur präsentiert die Pasteurisierung

Die Pasteurisierung, eine großartige Entdeckung zur Haltbarmachung von Milch oder Wein. Natürlich benannt nach ihrem Erfinder: Louis Pasteur. Aber hat er das Verfahren wirklich erfunden? Nach der Auswertung seiner Laborbücher kommen da gewisse Zweifel auf. Noch dazu hat er die Veröffentlichung verboten …

---

10 10. April 1925
Erstes öffentliches Theremin-Konzert

Es ist das einzige verbreitete Musikinstrument, das berührungslos gespielt wird und dabei direkt Töne erzeugt. Sein Name geht auf den Erfinder, den Russen Lew Termen, zurück, der sich in den USA Leon Theremin nannte. *Autor: Simon Demmelhuber*

Russland 1920. Lenin träumt: von gewaltigen Staudämmen und mächtigen Kraftwerken, von Turbinen und Generatoren, von einem gigantischen Elektrifizierungsprogramm, das unerschöpfliche Energie in jeden Winkel des Riesenreichs lenkt.

Elektrizität! Schöpfergeist der Maschinen-Moderne, Erlöser der Menschheit aus Knechtschaft und Plackerei! Den Hymnus der neuen, der elektrischen Zeit singen viele. Auch Lew Sergejewitsch Termen. Der Musik mit sieben Jahren, der Elektronik mit neun verfallen, bleibt er lebenslang ein Grenzgänger zwischen Technik und Kunst. Er studiert Cello, dann Physik in Petersburg. Mit 20 arbeitet er am Physikalisch-Technischen Institut seiner Heimatstadt, begeistert sich für Hochfrequenzphänomene, erfindet den Bewegungsmelder und quasi nebenher das erste Elektro-Instrument der Welt. Er nennt es Termenvox, später Theremin.

Der Zauberkasten ist ein Stehpult auf staksigen Beinen, aus dem zwei Antennen wachsen. Eine steigt senkrecht empor, die zweite sprosst schleifenförmig seitwärts aus. Keine Tasten, keine Saiten. Dafür Technik satt im Inneren: Röhren, Spulen und Oszillatoren, die elektromagnetische Felder um die Antennen legen. Jede Handbewegung im Nahbereich der Metallstäbe »verstimmt« die Schwingkreise, Lautsprecher machen die Störung als Tonhöhenschwankung hörbar. So lässt sich das Theremin berührungsfrei spielen. Allein das »Umgarnen« der Antennen, das Vordringen und Zurückziehen der Hände erzeugt ein seltsam körperloses, geisterhaft schwebendes Glissando über mehrere Oktaven.

Lew Sergejewitsch verfeinert das Instrument, perfektioniert sein Spiel, tritt öffentlich auf. Am 10. April 1925 gibt er ein spektakuläres Konzert in der Petersburger Philharmonie. Der Saal ist brechend voll.

Vor Tausenden zelebriert Termen das Hochamt ästhetisch gebändigter Elektrizität: Mit bloßen Händen beschwört, bannt, formt er die unsichtbare Kraft. Ist Prometheus, Priester, Prophet und Gaukler zugleich.

Auftritte in ganz Russland, in Deutschland, Italien, Frankreich, England folgen.

Dann der Olymp: Termen erobert Amerika. Er heißt jetzt Leon Theremin, ist berühmt, bespielt die größten Häuser. Höher hinauf geht es nicht. Aber umso schneller bergab.

Ende der 30er-Jahre hat sich der Hype überlebt. Es wird still um das Theremin. Bis es Hitchcock 1945 für seinen Film »Spellbound« wiederentdeckt. In den Traumszenen des Psychodramas zersetzt der trancehafte, schlingernde Klang die Koordinaten der Wirklichkeit, schickt die Ohren auf mäandernde Höllenfahrt, gräbt immer tiefer hinab in verschüttete Gedächtnisgründe. 1951 untermalt ein Theremin den Science-Fiction-Film »Der Tag, an dem die Erde stillstand«: Der Ufo-Sound ist geboren. Von jetzt an ist das Instrument für Todesstrahlen und Invasionen aus dem All, für atomare Apokalypsen, mutierte Monster und generell für alles zuständig, was mit Tentakeln, Klauen, Beißwerkzeugen oder fliegenden Silberscheiben die Erde heimsucht.

Ein Jahrzehnt lang bürstet das schräge Weltraumgewimmer die Trash-Juwelen der 50er-Jahre auf Grusel und Gänsehaut. Dann ist die Luft raus: abgenudelt, ausgelutscht, vorbei. Wieder gerät das Theremin in Vergessenheit. Diesmal für lange. Erst in den 90er-Jahren küsst die junge Elektroszene das schlummernde Dornröschen wach: Zeit für eine neue Metamorphose, einen neuen Traum!

11

11. April 1929

Das Kino Babylon wird in Berlin eröffnet

Das »Babylon«: Ein Lichtspielpalast für 1.200 Zuschauer, einst auch geheimer Treffpunkt für den Widerstand gegen die Nazis, heute Austragungsort der Berlinale.

12

12. April 1975

Josephine Baker gestorben

Eine schwarze Diva, in der weißen Welt. Ein Burlesque-Showgirl mit Bananenröckchen. Josephine Baker – »fast unsterblich«.

Autorin: Anja Mösing

Sie war verdammt viel mehr als eine erotische Frau mit Bananenröckchen! Vor allem war sie unglaublich charismatisch, wie sonst hätte Josephine Baker aus den Unmengen schöner, talentierter, junger Frauen derartig herausstechen können?

Damals, im Paris der 1920er-Jahre, als die Metropole nur so wimmelte: vor Armen und Reichen, vor Bohemiens mit und ohne Vermögen, vor Künstlern mit und ohne Erfolg und eben auch vor Tänzerinnen aus allen möglichen Kulturen, die in Revues rund um den Montmartre auftraten.

Auch das Théâtre des Champs-Élysées verwöhnte sein Publikum immer wieder mit exotischen Shows. Als Josephine Baker dort

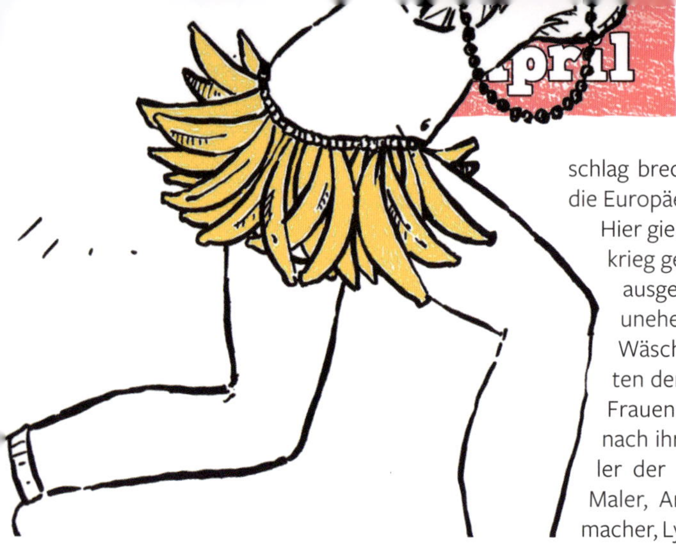

1925 auftrat, war irgendetwas ganz anders: Die neunzehnjährige, dunkelhäutige Frau tanzte verblüffend schnell, mit umwerfender Energie und zu einem in Europa bisher ungehörten Rhythmus: dem Charleston. Als Teil der Revue Nègre, einem New Yorker Varieté-Programm auf Europatournee, hochkarätig besetzt mit schwarzen amerikanischen Tänzern und Jazzmusikern, war die Baker schon nach der Pariser Premiere der neue Star der Stadt.

Sie löste richtiggehend eine Bakermania aus: die Folies Bergère warben sie zu sich ab, und bald hatte sie ihren eigenen Club. Ob ihr Kostüm mehr androgyn war mit kurzen Hosen und zerrissenem Hemd, oder ob es nur aus einem Glitzer-Slip mit ein paar Straußenfedern bestand, oder aus dem berühmten mit Stoff-Bananen geschmückten Gürtel: Josephine Bakers feingliedriger Körper muss immer atemberaubend erotisch und dynamisch gewirkt haben.

Wie sie mit ihrem Körper umging, die Freiheit in ihren Bewegungen, ihre selbstverständliche Nacktheit, dazu die Selbstironie, wenn sie wieder einmal ein Klischee des schwarzen Urwaldmädchens tanzte und dieses Klischee mit einem Augenaufschlag brechen konnte, all das wirkte auf die Europäer elektrisierend.

Hier gierte man nach dem Ersten Weltkrieg geradezu nach allem Neuen, und ausgerechnet dieses junge Mädchen, uneheliche Tochter einer schwarzen Wäscherin aus dem Mittleren Westen der USA, schien es zu verkörpern. Frauen kleideten und frisierten sich nach ihrem Vorbild, und für die Künstler der europäischen Avantgarde, die Maler, Architekten, Fotografen, Filmemacher, Lyriker und Schriftsteller, war Josephine Baker nichts weniger als die Ikone der europäischen Moderne. Jean Cocteau schwärmte, sie sei »ein schönes Idol aus braunem Stahl, Ironie und Gold«. Seine Künstlerkollegen verewigten sie in unzähligen Fotos, Lithografien, lebensgroßen Scherenschnitten und Filmen.

Unglaublich auch, dass La Baker, wie sie in Frankreich genannt wurde, sich vom anhaltenden Rummel um ihre Person nicht aus der Bahn werfen ließ. Im Gegenteil. Sie hat ihn klug genutzt: eine eigene Pomade-Marke kreiert, *La Baker fix,* mit der sie sich selbst als bubiköpfiges Symbol der modernen Frau vermarktet; sie hat Baker-Puppen verkauft, Restaurants in Paris und Berlin eröffnet.

Nie wird sie als Getriebene beschrieben wie andere Stars, nie als Einsame, nie als Opfer ihres Erfolgs, als bloßes Objekt. Für ihr internationales Publikum wird sie als Show- und Chanson-Star zum Inbegriff der Pariserin. Eine, die mit einem Geparden mit diamantbesetztem Halsband spazieren geht. Aber auch eine, die gegen Rassismus kämpft, im Zweiten Weltkrieg Mitglied der Résistance ist, dafür Leutnant der Ehrenlegion wird und später auch die Bürgerrechtsbewegung in den USA unterstützt.

Als Josephine Baker am 12. April 1975 in Paris starb, trauerte eine große Familie um sie: ihre zwölf aus allen Teilen der Welt adoptierten Kinder und Millionen von Menschen, für die sie schon zu Lebzeiten längst eine unglaublich gütige, alterslose, facettenreiche Legende ist. Fast unsterblich.

13

13. April 1901

»Die Elf Scharfrichter« treten erstmals in München auf

Zensur im Zeichen von »Anstand und Moral«? Darüber muss gerichtet und hingerichtet werden, mit messerscharfem Wort und dem tödlichen Spott des Kabaretts – von elf Scharfrichtern.

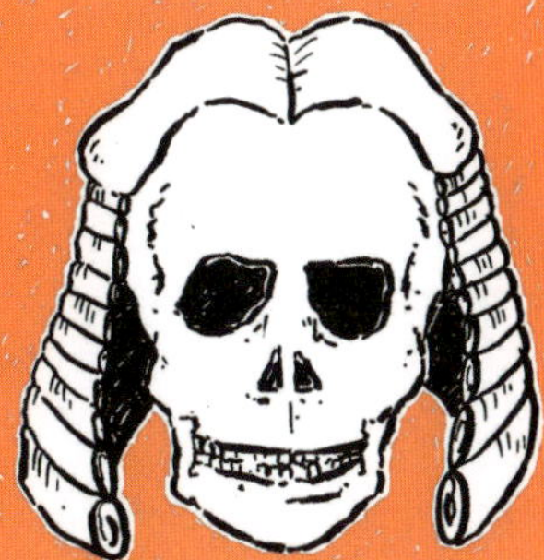

14

14. April 1913

Hagenbeck jun. gestorben, Zoodirektor

Gaffen war ausdrücklich erlaubt, wenn Carl Hagenbeck wieder zur Völkerschau lud. Und die »Wilden« waren angehalten, sich auch entsprechend zu verhalten. Skrupel hatte Hagenbeck, der am 14. April 1913 in Hamburg gestorben ist, nicht.

15

15. April 1888

Ältester Fußballclub Deutschlands gegründet

Der FC Bayern hat viele Titel, aber DIESEN ausnahmsweise nicht. Den Titel »ältester Fußballverein Deutschlands« trägt stolz der BFC Germania, der am 14. April 1888 in Berlin gegründet wurde. Viel mehr Titel hat der Verein leider nicht.

16

16. April 1811

Erste Ballonfahrt einer Frau in Deutschland

Wie die Welt wohl von oben aussieht? Als erste Deutsche erobert Wilhelmine Reichard den Himmel im Gasballon – und veranstaltet kommerzielle Luftfahrten mit umfangreichem Rahmenprogramm.

17 17. April 2012

007 rast beim Dreh in eine Istanbuler Schaufensterscheibe

Toll, so ein Geheimagent. Den hat man gerne zu Gast. Auch in Istanbul. Bis er etwas kaputt macht. Und dann noch etwas. Und ausgerechnet Antiquitäten. Da benötigt man schon ein Quantum Trost. *Autorin: Prisca Straub*

Mehr als die Hälfte der Welt hat James Bond inzwischen in Drehorte verwandelt: einen Maharadscha-Palast in Rajasthan ebenso wie das Ufer eines isländischen Gletschersees. Mal turnt er halsbrecherisch auf einem Wiener Riesenrad, dann jagt er rund um das Guggenheim-Museum im spanischen Bilbao. Bond reist nie, er ist immer schon da. Wenn der Superagent ankündigt, irgendwo auf der Welt für Gerechtigkeit sorgen zu wollen, ist das vor Ort wie eine Lizenz zum Gelddrucken.

So fühlen sich auch türkische Geschäftsleute und Politiker zunächst geadelt, als die Produktionsfirma ankündigt, zum dritten Mal die Millionenmetropole am Bosporus heimzusuchen: steigende Umsätze, Touristenströme, Imagegewinn. Sean Connery flirtete hier schon 1963 in »Liebesgrüße aus Moskau«. Dann 1999 Pierce Brosnan in »Die Welt ist nicht genug«. Jetzt also Daniel Craig in der 007-Produktion »Skyfall«. Für die Eröffnungssequenz wählt man den dicht bevölkerten Innenstadtteil Eminönü rund um den zentralen Fähranleger und den orientalischen Gewürzbasar. Durchschnittlich eine Million Besucher pro Tag. Kein einfacher Ort für eine Verfolgungsjagd.

Wo James Bond Station macht, da heißt es zunächst einmal: evakuieren. Für den fulminanten Auftakt von »Skyfall« wird das Istanbuler Stadtzentrum komplett abgeriegelt. Die Bewohner sollen ihre Häuser möglichst nicht verlassen, keine Wäsche im Freien trocknen – und keinesfalls aus dem Fenster sehen. Sieht nämlich blöd aus im Film hinterher, wenn die ganze Familie dem Agenten-Wettrennen hinterhergafft. Die Stimmung droht ein erstes Mal zu kippen, als auch die Händler fortgeschickt und durch Statisten ersetzt werden. Die Geschäftsleute auf dem Großen Basar sind sauer: Was ist mit ihrem Umsatz? Und kaum hat der eigentliche Dreh begonnen, geschieht auch schon das erste Unglück: Am 17. April 2012 verliert ein Motorradfahrer bei einer Verfolgungsjagd die Kontrolle über seine Maschine – und kracht in ein unter Denkmalschutz stehendes Juweliergeschäft.

Die Schaufensterscheibe aus dem 15. Jahrhundert hat ein halbes Jahrtausend Erdbeben in Istanbul überlebt. Jetzt geht sie zu Bruch. Die kostbare Auslage – weit verstreut über den Asphalt; die Schadenersatzansprüche: unklar.

Doch das Spektakel ist unaufhaltbar: Die Innenstadt-Bewohner stecken schon in der dritten Woche in ihren Häusern fest, und über ihren Köpfen hat das Filmteam eine weitere attraktive »Location« ausgemacht: die Dachlandschaft des Großen Basars. Eine für den normalen Besucher verborgene Welt aus Dachziegeln, rosaroten Kuppeln und Minaretten – mit hinreißendem Blick über das Goldene Horn. Hier brettern Stuntmen in voller Motorradmontur auf den halsbrecherisch schmalen Firsten dahin – etliche antike Dachpfannen gehen zu Bruch. So hat man sich in Istanbul den Einsatz für Ihre Majestät nicht vorgestellt. Die Lust auf 007 ist auf dem Null-Null-Null-punkt. Die Stadt atmet auf, als Bond – im Zweikampf auf einem Zugdach – endlich den Bosporus verlässt.

Was am Ende bleibt: ganze sechs Minuten rasende Istanbul-Sequenzen, höflicher Applaus und der Gedanke: »Beim nächsten Bond sagen wir ab!« Der Südpol wäre noch im Angebot. Und Grönland. Irgendwas zum Kaputtmachen gibt es da bestimmt!

18

18. April 1934
Eröffnung des ersten Waschsalons

Warum schmutzige Wäsche immer nur hinter verschlossenen Türen waschen? In aller Öffentlichkeit geht das genauso, zum Beispiel im ersten Waschsalon der Welt, der am 18. April 1934 in den USA eröffnet.

Autorin: Susi Weichselbaumer

Im Film machen sie es immer wieder. Und es kommt jedes einzelne Mal maximal gut. Da ist dieser unendlich einsame, doch grundsätzlich ganz und gar liebenswerte, ein bisschen verstrubbelte, aber eigentlich ungeheuer adrette Typ. Und er trägt Hemd zur Jeans. Außerdem trägt er eine Tasche mit schmutziger Wäsche. Und er geht in den Waschsalon. Und es ist Nacht. Die Leuchtreklame im Schaufenster flackert. Drinnen ist der Münzwechsler kaputt. Der Kaffeeautomat signalisiert: Alles aus, bis auf die heiße Gemüsebrühe.

Da angelt unser Held mit dem Mut der Verzweiflung auf den Zufall bauend ... da angelt unser Freund auch schon aus dem Geldrückgabefach des Automaten eine verwaiste Münze. Kurz schweift sein Blick – aus sehr süßen Augen – über die Armada silbermetallig schimmernder Waschmaschinen. Entschieden wirft er die Münze in das Gerät hintere Mitte, bugsiert die Wäsche aus seiner Tasche in die Trommel. Sieht sich um. Keiner da sonst. Er zieht sein Hemd aus ...

In der Realität – leider, leider – haben Waschsalons und Romantik nichts gemein. Das »Easy Wash« um die Ecke empfängt einen gleich am Eingang mit der Ermahnung: »Wischmopps waschen verboten«. Unkomplizierten Münzeinwurf gibt es nicht, stattdessen wird man XXL-Flat-Spezial-Abo-Kunde mit aufladbarer »Easy-Wash«-Premiummitgliedsbonus-

chipkarte. Zarte Gefühle für Mitwaschende können sich nicht einstellen, weil man mit ihnen permanent um einen Platz auf den wackeligen Plastikstühlen ringen muss. Kaffeeautomat? Außer Betrieb!

Schmutzige Wäsche in aller Öffentlichkeit waschen, das war noch nie freundschaftsfördernd respektive ein geselliges Vergnügen.

Im 4. Jahrtausend vor Christus kloppen sich ägyptische Sklaven um die besten Steine am Nilufer, um darauf die Wäsche ihrer Herren auszuschlagen. Jahrhundertelang stehen Frauen mit schweren Waschbrettern und rauen Händen an Flüssen und Seen aller Orten und schrubben und schrubben und schrubben.

Endlich erfindet wer die Waschmaschine für den Hausgebrauch! Also für kleinere Mengen und ganz kommod zu bedienen. Die schmutzige Wäsche bleibt förderhin im eigenen Keller. Theoretisch. Praktisch leisten kann sich kaum jemand ein solches Gerät. Er sich schon, denkt der US-amerikanische Geschäftsmann J. F. Cantrell, und kauft gleich vier davon. Diese stellt er in einen leeren Raum, und tatatata: Am 18. April 1934 eröffnet er seine »Washateria«, den wohl ersten öffentlichen Waschsalon der Welt. Das Ganze spielt in der Viehstadt Forth Worth in Texas, einige Quellen meinen, es könnte vielleicht auch in Chicago gewesen sein. Die meisten erzählen aber lieber von Fort Worth, denn hier leben in den 1930er-Jahren vor allem Cowboys. Viele von ihnen alleinstehende Männer mit jeder Menge dreckiger Klamotten: Staub, Dung, Rinderschmodder: Hemden, Jeans, lange Cowboyunterhosen landen in den metallenen Ungetümen mit den Riesentrommeln, denn noch sind die Waschmaschinen nicht sehr platzsparend. Dafür sind sie gewinnbringend, zumindest für Cantrell, der die Geräte in seiner »Washateria« pro Stunde vermietet. Bis er herausfindet, dass er mehr Geld machen kann, wenn er pro Kilo schmutziger Wäsche kassiert und für jeden Waschgang extra.

Andere kupfern die Geschäftsidee ab: Der Waschsalon erobert in kürzester Zeit erst die USA und dann die Welt. Die reale übrigens wie die Filmwelt, die zarte Romanzen gerne zwischen rotierende Trommeln betten wird. Außer in einem Filmgenre – aber gut, Kino ist nicht das Leben ... Und so geht im Western der einsame, aber ungeheuer aparte Cowboy – nachts allein und bei flackernder Beleuchtung – in vom abenteuerlichen Tagwerk verschmutzter Klamotte immer in den Salon, aber nie in einen Waschsalon!

19 19. April 1511 Erstes Brunnhaus in München

Ein Fluss als Hygienefalle und Krankheitsherd - Jahrhunderte lang lebten die Münchner mit ihrer Isar riskant, obwohl es schon früh erste Ansätze zur Abhilfe gab: Am 19. April 1511 wurde das erste Brunnhaus der Stadt errichtet.

20 20. April 1844 »Der gestiefelte Kater« wird uraufgeführt

Tief ironisch versuchte Ludwig Tieck mit seinem »gestiefelten Kater« »vernünftige Illusionen« zu liefern. Für das Uraufführungspublikum war Tiecks Ironie zu wild.

21. April 1989
Der erste Game Boy kommt auf den Markt

Donkey Kong, Pokémon, Super Mario ... aber vor allem Tetris: Die Legenden der Computerspiele kamen mit dem Game Boy auf die Welt und stellten sie auf den Kopf. Dabei war die Firma schon fast 100 Jahre alt.

22. April 1401
Klaus Störtebeker wird gefangen

Als Kapitän war er besonders auf Fairness bedacht und gab auch hier und da Bedürftigen von der Beute ab. »Gottes Freunde und aller Welt Feinde« lautete das Motto. Doch Simon von Utrecht brachte ihn zur Strecke.

23. April 1950
Harry-Lime-Thema wird meistgekaufte Platte in den USA

Der Thriller »Der dritte Mann« machte den Soundtrack des Zitherspielers Anton Karas weltberühmt und sein Harry-Lime-Thema vorübergehend zur meistverkauften Single in den Vereinigten Staaten.

24. April 1974
Günter Guillaume wird wegen Spionage verhaftet

Am 24. April 1974 wurde Günter Guillaume, Mitarbeiter von Kanzler Willy Brandt, verhaftet – wegen Spionage für die DDR.

25. April 1983
Stern stellt Hitlers Tagebücher vor

Die Geschichte müsse umgeschrieben werden, meinte man. Schließlich hatte man nicht weniger entdeckt als die Tagebücher von Adolf Hitler. Doch die waren gefälscht – von Konrad Kujau.

26 — 26. April 2000

Welttag des geistigen Eigentums

Innovation statt Imitation! Darum hüte sich jeder dreiste Produktkopierer, denn sonst könnte er preisgekrönt werden: mit dem Plagiarius, dem schwarzen Zwerg mit goldener Nase.

27 — 27. April 1983

Erstausstrahlung der Monaco-Franze-Folge »Macht's nur so weiter!«

Oberstes Ziel des Stenzes ist es, cool und lässig zu sein, meinte Helmut Dietl. Deshalb ist auch seine Sprache cool und lässig, und die vom Monaco Franze heute ein Zitatenschatz bayerischer Redensarten.

Autor: Martin Trauner

»Ein rechter Scheißdreck war's.« – Aber nein, nein, so was sagt man doch nicht, das gehört sich nicht. Aber ja, ja, manchmal halt schon: Angenommen man geht in die Oper, respektive in den »Ring der Nibelungen«, Entschuldigung: in den »Ring des Nibelungen«, und, angenommen, man wird anschließend beim geselligen Beisammensein in einer gediegenen Weinstube nach seiner Bewertung des gerade Gesehenen gefragt, dann kann einem eine so flapsige Bemerkung durchaus über die Lippen rutschen. Hat der Monaco Franze ja auch gesagt, dass es ein Sch… usw. war. Der hat seine Kritik so rein und ehrlich vorgetragen, dass er mit diesem Satz in den Almanach der unsterblichen bayerischen Formulierungsgabe einging.

Manchmal darf man sich halt ein wenig rustikaler ausdrücken, weil: es ist ja nur ein Zitat. So haut man sich den »Götz von Berlichingen« um die Ohren, im Wissen, dass den der bekanntermaßen sprachbegnadete von Goethe vorformuliert hat. Aber natürlich kann es auch umgekehrt kommen: Lesen Halbwüchsige Schillers Meisterdramen, so glauben sie, der schwäbische Dichter, mal wieder berauscht von vergammelten Äpfeln in der Schreibtischschublade, habe seinen »Wilhelm Tell« wohl nur aus Zitaten zusammengesetzt. Alles nur geklaut. – Jedenfalls, dank unserer Dichter haben wir für jegliche Situation das passende Bonmot. Oder: hätten …

Denn sie haben sich im Laufe der Jahre etwas abgeschliffen, die Redewendungen der großen Dichter, und sie haben ihre Alltagstauglichkeit eingebüßt. Schwerlich kann man sich vorstellen, dass der Monaco Franze, der ewige Stenz, das Herz einer Frau mit den Schiller-Worten erobert: »Das höchste aller Güter ist der Frauen Schönheit.« Nein, er sagt: »Ehrlich gesagt, ich interessiere mich wahnsinnig für Frauen.« Oder etwas verknappter: »Bussi – Uschi.« Von dieser Formulierungskunst profitieren wir heute noch, dank Helmut Dietl.

Der, so scheint es, hat seine zehn Folgen »Monaco Franze« nicht nur als Sittenbild der Münchner Gesellschaft angelegt, sondern seinen Zusehern nebenbei einen zehnteiligen Sprachkurs untergeschoben. Mit dem Ziel, dem Bayerischen etliche neue Redewendungen zu bescheren: Folge eins oder Lektion eins: »Ein bissel was geht immer«. Schon in Lektion zwei folgt ein wichtiger Lehrsatz für den bayerischen Grantler: »Immer des Gschiss mit der Elli«. Wobei »Elli« eine Variable ist, für die jeder beliebige, gebräuchliche Vorname eingesetzt werden darf. – Folge für Folge, Lektion für Lektion hangelt sich der Monaco-Franze-Sprachkurs durch neue bayerische Redensarten, sogenannte Neologismi bavarienses. Bis zu einem vorläufigen Höhepunkt im achten Teil des Dietlschen Sprachbereicherungslehrgangs am 27. April 1983: »Macht's nur so weiter!«

28

28. April 1937
Mussolini weiht Cinecittà ein

Auch eine ewige Stadt braucht ein Hollywood. Und ein Duce braucht es zur Propaganda. Nach dem Faschismus auch noch brauchen – zum Beispiel für Sandalenfilme.

---

29. April 1913
Gideon Sundback erhält Reißverschlusspatent

Ein beliebig oft zu lösendes Verschlussmittel – bis zum Ermüdungsbruch. Auch wenn es am Anfang hakte mit ihm, der Reißverschluss ist heute aus dem Alltag nicht mehr wegzudenken.

Autorin: Regina Fanderl

Wehe, er funktioniert nicht! Anoraks flattern im eisigen Wind, durch Hosentüren zieht's, Rucksäcke verlieren ihren Sinn und Geldbeutel ihren Inhalt, pfenniggute Röcke wandern in die Tonne. Eine geniale Erfindung mit Tücken. Wenn Tucholsky 1928 feststellt, dass kein Mensch sich erklären könne, warum der Reißverschluss funktioniert, dann wissen wir fast 100 Jahre später, dass er manchmal eben nicht funktioniert. Dass er klemmt, wo er nicht klemmen soll, und nicht selten einfach – von ganz alleine – aufgeht. Trotzdem: Was wäre unser Leben ohne?

An einem praktischen Ersatz für die üblichen Bänder, Schnürsenkel, Knebel oder Knöpfe tüftelt in den USA schon im 19. Jahrhundert eine Reihe von Erfindern. Ein gewisser Whitcomb Judson bietet schließlich 1893 auf der Weltausstellung in Chicago einen auf Haken und Ösen basierenden »clasp locker«, auf Deutsch »Klemmöffner für Schuhe« an. Leider bewundern die 21 Millionen Besucher lieber das erste elektrische Riesenrad der Welt oder die erste Bauchtänzerin in den USA mit Namen »Little Egypt«, als sich für eine – zugegeben, noch nicht recht ausgefeilte – Erleichterung für ihren Alltag zu interessieren.

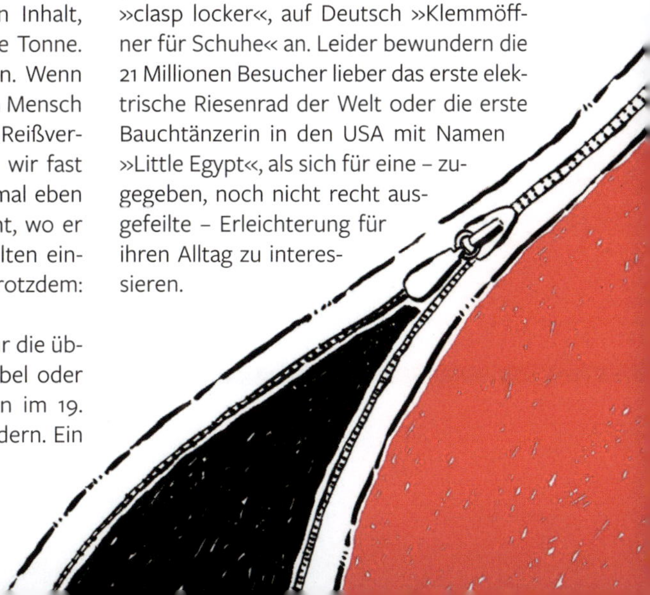

Der wahre Durchbruch des Reißverschlusses gelingt erst 20 Jahre später dem schwedisch-amerikanischen Ingenieur Gideon Sundback. Der in Bingen am Rhein ausgebildete Maschinenbauer konstruiert eine kleinere, leichtere und zuverlässigere Variante: das noch heute gebräuchliche System aus zwei biegsamen Stoffstreifen mit kleinen Zähnen an den Seiten und einem Schieber, der die Zähne ineinander verhakt und wieder löst. Am 29. April 1913 bekommt Sundback das Patent darauf.

Bedauerlicherweise nicht mehr zu Lebzeiten von Whitcomb Judson, quasi dem Urvater des Reißverschlusses. Er war kurz davor in dem traurigen Glauben gestorben, dass seine Erfindung wohl nie einen praktischen Nutzen haben würde.

Welch ein Irrtum! Erst einmal für Stiefel und Tabakbeutel der US-Truppen im Ersten Weltkrieg, dann, ab 1930, in der Textilindustrie, legt der patente Tausendsassa einen weltweiten Siegeszug ohnegleichen hin. Freilich gibt es den »Zip« – was so viel bedeutet wie »Schwung« – bald auch an Männerhosen. Mit dem mitunter peinlichen Effekt, dass die Herren der Schöpfung vor lauter Schwung vergessen, den Reißverschluss zuzuziehen! Eine Frauenzeitschrift empfiehlt ihren Leserinnen, das Hosentürl des Gatten immer gut unter Kontrolle zu halten.

Heute ist Sundbacks Patent – von der Mode bis zur Raumfahrt – aus keinem Bereich des modernen Lebens mehr wegzudenken.

Allein Deutschland produziert pro Jahr um die 70 Millionen laufende Meter Reißverschlüsse. Wahrscheinlich auch deshalb, weil halt immer mal wieder was klemmt, hakt, herausrutscht oder ausreißt ... und dann braucht man eben einen neuen!

---

30 | 30. April 1938
Bugs Bunny hat seinen ersten Auftritt

Wer wie ein Häschen aussieht, muss noch lange kein Angsthase sein. Bugs Bunny, das ewig gejagte, aufrecht gehende Karnickel, behält in Hunderten von Trickfilmen immer Kontrolle über das Geschehen. Zur Not mit Dynamit ...

Mai

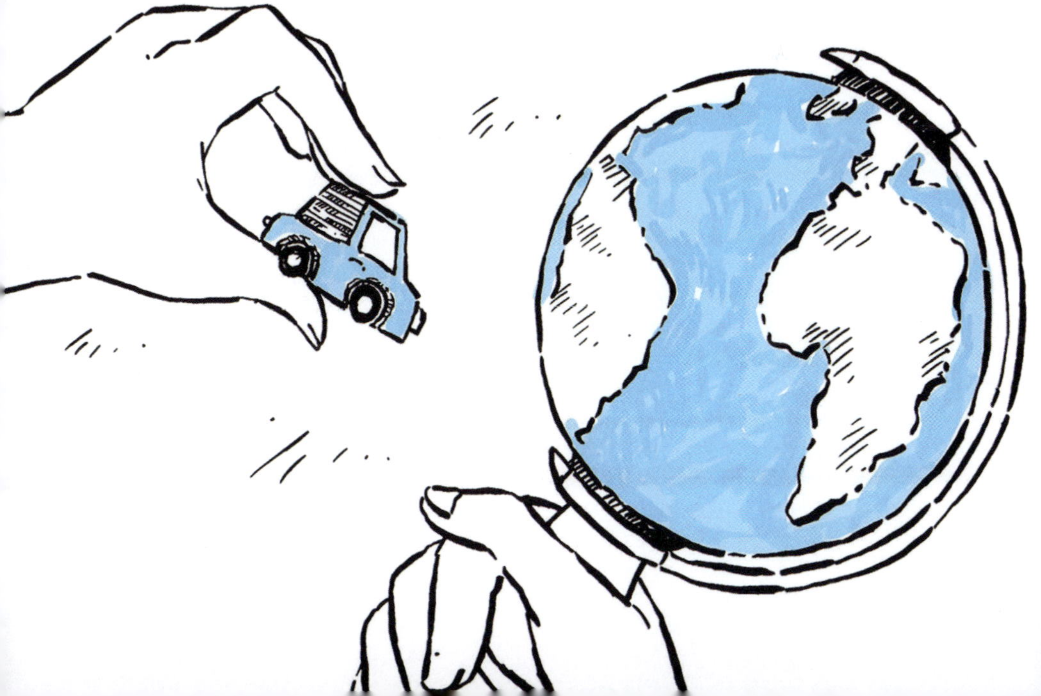

01 1. Mai 1897
Jonathan Harker verlässt München

Wo der geneigte Geisterjäger überall so hinkommt ... Den Urvater aller Vampirfänger zum Beispiel, Jonathan Harker, verschlägt es klarerweise nach Transsilvanien, aber auch nach Wien. Und nach Bayern! *Autor: Johannes Roßteuscher*

Es ist zweifellos einer der berühmtesten Schauerromane aller Zeiten. Und er beginnt – in Bayern. »Jonathan Harkers Reisetagebuch: Habe München am 1. Mai um 8 Uhr 35 verlassen, am nächsten Tag frühmorgens in Wien angekommen.«

Zugegeben, München wird im ganzen Buch nur dieses einzige Mal erwähnt und spielt ab da keine Rolle mehr – Wien aber ebenso wenig. Der besagte Roman bewegt sich hauptsächlich an drei Orten: in London, in der englischen Hafenstadt Whitby – und in Siebenbürgen, auch bekannt als Transsilvanien. So langsam dürfte es dämmern, wovon die Rede ist.

Mit »Dracula« hat sein Erfinder Bram Stoker eine der langlebigsten Gruselfiguren aller Zeiten geschaffen. Was insofern naheliegt, als der Vampir ja von Haus aus unsterblich ist. Falls ihn nicht ein versierter Vampirjäger so kompetent wie brutal erledigt. Näheres dazu gleich.

»Dracula«, veröffentlicht 1897, ist zwar der berühmteste, aber keineswegs der erste Vampirroman. Schon 80 Jahre davor, nämlich 1816, erschien die Erzählung »Der Vampyr«. Man ahnt, dass sie von einem Vampir handelt.

Aber die Standards gesetzt hat »Dracula«: Wie bringt man einen Vampir um? Man treibt einen Pfahl durch das Herz des Vampirs, trennt den Kopf vom Rumpf und füllt den Mund mit Knoblauch. Was hält den Vampir in Schach? Ein Kruzifix, eine Hostie, Wasser bereitet ihm Probleme, in ein Haus darf er erst eintreten, wenn ihn jemand dazu aufgefordert hat. Wie heißt ein richtig guter Vampirjäger? Abraham Van Helsing.

Abraham übrigens wie sein Schöpfer: Bram, der Vorname des Autors, ist eine Abkürzung von Abraham.

Überhaupt die Namen: Dracula, da klingt ja schon das Wort nach Blut und Finsternis. Die meisten Fachleute behaupten, der Name komme von Vlad Tepes, einem Fürsten der Walachei aus dem 15. Jahrhundert. Dieser Vlad hat erstens gerne seine Feinde gepfählt, zweitens trug er den Beinamen Draculea, Sohn des Drachens. Die Theorie ist weit verbreitet, aber nicht bewiesen, und wird mittlerweile von manch besonders akribischem Vampiristen in Frage gestellt.

Weniger umstritten ist die These, dass das Buch voller Erotik steckt. Was wiederum wir sofort anzweifeln. Eigentlich geht es im ganzen Buch recht züchtig zu – bis auf eine berühmte Szene, in der sich gleich drei gut aussehende Schlossfräulein über den Helden Jonathan Harker hermachen wollen: Er ist jung und stark, seine Küsse reichen für uns alle! Allerdings spürt der erregte Held Sekunden später statt weicher Lippen nadelspitze Zähne an seinem Hals.

Ansonsten drängt sich bisweilen der Eindruck auf, gerade Verlage und Produktionsfirmen witterten ein bisschen viel subtile Erotik im Sujet – schließlich lassen sich dadurch die unzähligen Verfilmungen besser verkaufen. Denn kennen tun die meisten Menschen nur die Kinofassungen. Dabei wäre die Romanvorlage durchaus lesenswert. Endlich darf man mal die ganze Geschichte erfahren und nicht nur einen grob verkürzten Filmplot. Geschrieben ist das Buch recht innovativ in Tagebucheinträgen, Briefen und Zeitungsartikeln. Gut, »Dracula« hat ein paar Längen und ein paar logische Fehler – aber die hat sogar »Harry Potter«. Und »Dracula« hat, wie viele Bücher von Bram Stoker, ein ziemlich abruptes Ende.

---

02 2. Mai 1960
Kaufhaus Schocken in Stuttgart abgerissen

Das Auge kauft mit! Architektur trifft Kommerz, beides auf hohem Niveau. Salman und Simon Schocken haben in Sachen Stil und erfolgreichem Unternehmertum schwer was auf dem Kasten. Ihre Kaufhäuser in mehreren Städten Deutschlands waren die Vorläufer für die modernen Konsumtempel. Der Abriss in Stuttgart erzeugte große Empörung und wird noch heute bedauert. In Chemnitz ist man froh darüber, ein Museum im restaurierten und rekonstruierten Kaufhaus Schocken zu haben.

Autor: Leo Hoffmann

Was macht man, wenn ein architektonisches Highlight der Straßenführung im Weg steht? Ganz klar: Man reißt es ab! So geschehen in Stuttgart im Frühjahr 1960. Was da einer automobilgerechten Verbreiterung der Eberhardstraße im Wege stand? Ach, nichts Besonderes! Lediglich eins der schönsten Kaufhäuser Deutschlands: das Kaufhaus Schocken.

Außen ein ausgeklügeltes architektonisches Spiel aus Beton und Glas, aus Hell und Dunkel, aus miteinander in Spannung stehenden Proportionen. Innen Urahn aller modernen Shopping-Tempel! Ein magischer Anziehungspunkt für Kunden aus Arbeiterklasse und Mittelstand. Denn die sind es, denen die Bauherren Salman und Simon Schocken in den Filialen ihrer deutschlandweiten Warenhauskette den massenhaften Konsum näherbringen.

Nicht ohne Grund: Die Gebrüder Schocken sind die Ersten, die in Deutschland ein »Warenprüfungslaboratorium« errichten. »In unserem Hause«, so Salman Schocken, »gibt es keine Ware, die nicht chemisch und physikalisch untersucht worden ist.« Die Gebrüder Schocken erfinden die Qualitätskontrolle, die heute in aller Munde ist. Sie sind auch die Ersten, die die Waren ihrer Häuser en gros einkaufen – für alle Häuser dasselbe Sortiment. Schlussverkauf, Weiße Woche oder 99-Pfennig-Tage erwartet man bei ihnen vergebens. Statt auf den Wellen wechselnder Sonderangebote zu surfen, setzen sie auf dauerhafte Kundenbindung.

Salman Schocken beauftragt für seine Kunden nicht nur ästhetisch beispiellose Betongebäude, er errichtet auch umwälzende Gedankengebäude: Markt- und Qualitätsanalyse, Einschätzung von Standortfaktoren und Konsumverhalten. Ihm verdanken wir die Grundlagen der modernen Marktforschung.

»Der Einzelhandel ist noch immer nach den Köpfen einiger Wirtschaftler und politischer Führer ein Beruf ohne Charakter. Aber so liegen die Dinge nicht«, so Schocken auf einer Pressekonferenz. Leider irrt er: Die Dinge liegen genau so, nämlich ohne Charakter. Schocken wird enteignet und emigriert nach Palästina.

Man sollte vielleicht noch erwähnen, dass der Zweite Weltkrieg nur wenige der brillanten Bauten der Neuen Sachlichkeit, die in den 20er- und 30er-Jahren entstanden waren, verschont. Man sollte ebenfalls erwähnen, dass der Architekt des Stuttgarter Schocken kein »drhergloffener seckl« war, sondern ein Shootingstar der Szene, ein Vorreiter der Streamline-Architektur, ein Visionär, dem Walter Gropius und Mies van der Rohe das Wasser reichten: der jüdische Architekt Erich Mendelsohn. Man sollte sie aufzählen, die Protestnoten der Haute-Volée der Architektur, die sich auf dem Schreibtisch des Stuttgarter Bürgermeisters türmen, als ruchbar wird, dass er das Schocken abreißen will. Allein der lässt sich nicht beeindrucken. Am Morgen des 2. Mai 1960 fahren Seilbagger mit Abrissbirnen in der Eberhardstraße vor. »A Schwabestreich« sagen die einen, die anderen nennen's blinde Zerstörungswut!

---

03 3. Mai 1775
Alexander Cumming meldet Patent für Wasserklosett an

Die kleinen und großen Geschäfte einfach im Schlosspark hinter der Hecke erledigen? Oder Seite an Seite auf dem Donnerbalken? Pfui! Doch genauso war es, bis Alexander Cumming eine kulturelle Revolution einleitete: Sein Klosett verfügte über ein S-förmiges Abflussrohr, das den Geruch einschloss! Und es war so konzipiert, dass man auf dem stillen Örtchen auch tatsächlich alleine weilte.

04 4. Mai 1932
Al Capone wird ins Bundesgefängnis nach Atlanta überstellt

Wenn das Geschäft läuft, dann läuft es, egal wo der Firmensitz gerade ist – in einem feudalen Bürogebäude oder in einer engen Knastzelle. Natürlich kommt es dabei auch auf einen findigen Firmenchef an – wie Al Capone. Offiziell als Schuster beschäftigt, führte der Musterhäftling von seiner Zelle aus die Geschäfte weiter. Er traf berühmte Mafia-Kollegen und hatte ein fürstliches Leben hinter Gittern – mit Teppich an der Wand, Zigarre im Gesicht und Bargeld in der Tasche!

05 5. Mai 1494
Kolumbus entdeckt Jamaika

Der Bub kommt aus der Schule heim und weint. Als der Opa fragt, was los ist, sagt die Mutter des Buben, der Lehrer hätte ihm eine Strafaufgabe gegeben, weil er nicht gewusst hat, wo die Antillen liegen. – »Geschieht ihm ganz recht«, sagt da der Opa. »Der soll aufpassen, wo er sein Geraffel hinlegt!« *Autor: Herbert Becker*

Aber mal ganz ehrlich: Wer kann schon gleich wie aus der Pistole geschossen sagen, wo die Antillen liegen? Also, nur für den Fall, dass man mal von den Enkeln gefragt wird, den Kindern, oder sonst wem, es ist so: Es gibt die Großen und die Kleinen Antillen. Zu den Großen gehören unter anderem Kuba, Jamaika und Hispaniola. Daran schließen sich dann die Kleinen Antillen an; dazu zählen zum Beispiel die Inseln Guadeloupe, Martinique, Grenada und Barbados; sie ziehen sich von den Großen Antillen aus in einem Bogen Richtung Süden, bis Trinidad und Tobago.

Schön, so weit die Erdkunde, jetzt zur Geschichte der Antillen. Die fängt, genau genommen, schon mit einer ziemlichen Sucherei an. Entdeckt hat sie – wer wohl? Kolumbus. Und davon, wo die Antillen liegen, hatte der ungefähr eine so eine klare Vorstellung, wie der Opa in der Geschichte von vorhin. Kolumbus wusste nämlich auch nicht, wo sie liegen, nein, er glaubte noch nicht einmal, dass es überhaupt Inseln sind. Er wollte ja bekanntlich nach Indien, und bei Indien, so viel stand damals schon fest, handelt es sich um einen Subkontinent. Von dort wollte man Gewürze holen, Edelsteine, Elfenbein – und vor allem: Gold.

Gold! Das war es, wonach die spanischen Entdecker fieberten. Wo immer sie auf indianische Ureinwohner stießen, wollten sie mit aller Gewalt von ihnen wissen, wo es Gold gibt. In welcher Sprache sie sich damals verständigten? Gute Frage. Wahrscheinlich mit Händen und Füßen und einem lächerlich kleinen Basiswortschatz. Ungefähr so wie die ersten deutschen Italien-Touristen, die sich am Strand von Riccione an die Einheimischen wandten, um in Erfahrung zu bringen, wo sie ein deutsches Bier kaufen können. Und genau wie die Italiener werden die Indianer milde den Kopf geschüttelt und in irgendeine Richtung gedeutet haben.

Jedenfalls ist das der Eindruck, den man gewinnt, wenn man im Bericht von Kolumbus zweiter Amerikareise liest, wie der Admiral an der kubanischen Südküste immer wieder die ortsansässige Bevölkerung löcherte. Sie war herbeigeströmt, um sich die großen Schiffe anzuschauen, und verstand vermutlich nicht viel mehr, als dass die fremden Männer nach irgendetwas suchten. Die Indianer machten freundliche Gesichter, zeigten nach Süden und sagten etwas, das wie »Jameque« klang. Dann schauten sie zu, wie sich die hübschen, weißen Segel blähten und am Horizont verschwanden.

Immerhin gelangten auf diese Weise am 5. Mai 1494 die ersten Europäer auf jene Insel, die seither den Namen Jamaika trägt. Sechs oder sieben Tage liefen und ruderten sie an ihrer Küste entlang und inspizierten die Ohren der Eingeborenen: Weil aber in diesen keine Spur von Goldschmuck zu finden war, segelten sie wieder davon. Was die Jamaikaner – sie sollen sehr schweigsam und zurückhaltend gewesen sein – über die Weißen dachten, können wir uns ungefähr ausmalen.

So viel zur Geschichte der Inselgruppe. Wie es weiterging? Angedeutet sei nur so viel: Für die ursprünglichen Bewohner wäre es besser gewesen, wenn nie ein Weißer erfahren hätte, wo die Antillen liegen.

---

06 **6. Mai** 1994

Einweihung des Eurotunnels

Der Eurotunnel unter dem Ärmelkanal gilt als Jahrhundertbauwerk. Ein Wunderwerk der Technik, rekordmäßig teuer – und das Ende des britischen Inseldaseins. Ein Abschied, der den Briten allerdings eher Angst macht. Denn die britischen Jagdverbände warnen vor tollwütigen Füchsen, die durch die Röhren kriechen könnten. Die Terrorexperten warnen vor Bombenanschlägen. Und die Fährgesellschaften warnen vor ihrem Untergang.

07 7. Mai 1189
Hamburger Hafen hat nicht Geburtstag

Urkunden fälschen kann man probieren, dachten sich die Hamburger Ratsherren und ersonnen einfach einen Hafen-Geburtstag. Besser für die Herren wäre allerdings gewesen, hätten sie das Urkundenfälschen wirklich gekonnt. Sie wählten die Schrift zu neuzeitlich, das Siegel malten sie falsch nach, unterschreiben ließen sie zu wenige Zeugen. Und wer die überhaupt waren, kann man bis heute nicht rauskriegen.

08 8. Mai 1969
Roadmovie »Easy Rider« feiert Premiere

Die Dreharbeiten zu »Easy Rider« sind bereits Legende, als das Roadmovie in die Kinos kommt: Am Anfang steht eine vage Drehbuchidee. Kamerakünste der Freunde existieren nicht. Jeder der Rekrutierten will Regisseur sein. Es gibt Zwist, zertrümmerte Hotelzimmer, eine entnervte Crew – die nie wieder ... Na ja, oder doch. Zumindest Hopper und Fonda ziehen das Roadmovie bis zum Ende durch.

09 9. Mai 1911
Der letzte Clou des Magiers »The Great Lafayette«

The Great Lafayette! Ein Name wie ein Fanfarenstoß! Der größte aller Zauberer, Magier, Illusionisten um 1900. Keiner ist erfolgreicher, keiner berühmter, keiner rätselhafter. England liegt ihm zu Füßen, Amerika betet ihn an. Seine stets ausverkauften Shows liefern den Suchtstoff einer varietéberauschten Epoche. Lafayette serviert, wonach das Fin de Siècle lechzt: eine sämige Mischung aus Kostümschwelgerei und Kulissenpomp, ein Feuerwerk funkelnder Tricks und Illusionen, die den Verstand aushebeln und die Sinne foppen.

Autor: Simon Demmelhuber

Sahnestück des Zauberspektakels ist »Die Löwenbraut«. Das genüsslich ausgespielte Schauermärchen voller Spiegeltricks, Geheimtüren, Trugböden, Doppelgänger und rasanter Kleiderwechsel erzählt die Geschichte der schönen Prinzessin Laila. Sie liebt einen Prinzen, wird aber von einem Pascha entführt, der sie zur Gattin begehrt. Weil kein Locken, kein Drohen hilft und Laila dem Prinzen treu bleibt, sinnt der Verschmähte auf Rache: Laila soll als Braut eines leibhaften Löwen sterben, der im Käfig knurrend auf den Hochzeitsbraten wartet.

In höchster Not sprengt Prinz Lafayette auf einem Rappen heran. Aber ach, zu spät! Das Gitter schnappt hinter Laila zu, die Bestie reißt das Maul auf, zeigt Zähne, setzt geifernd zum Sprung an – und dann passiert etwas, das alle sehen und niemand begreift: Die Löwenhaut reißt, heraus platzt – der große Lafayette! Das ist völlig unmöglich! Da steht er als Prinz vor dem Käfig und schält sich drinnen zugleich aus dem Fell! Nach einem Moment verblüffter Stille kapituliert das Publikum: Jetzt wollen alle nur noch staunen, an Wunder glauben und klatschen, bis die Hände brennen.

Auch am 9. Mai 1911 schlägt »Die Löwenbraut« voll ein. Das Empire Theatre in Edinburgh ist ausverkauft bis auf den letzten Sitz. Als das Ensemble zum Schlussapplaus an die Rampe tritt, tobt das Haus.

Beim Verbeugen passiert ein Missgeschick: Jemand stößt eine Lampe um, Öl läuft aus, Flammen schießen auf, naschen Kordeln und Fransen, fassen Appetit, verschlingen heißhungrig Decken, Kissen, Requisiten, fressen Vorhänge, Tapeten, Holzaufbauten, fallen, immer noch gierig, über alles her, was kopflos und panisch auf der verqualmten Bühne einen Ausweg sucht. Aber es gibt kein Entkommen. Ein eiserner Feuervorhang sperrt die Flucht in den Zuschauerraum, die Seitenabgänge sind verriegelt.

Am Morgen finden Arbeiter in den Trümmern verbrannte Tierkadaver und drei verkohlte Leichen. Neben einer liegt das Schwert des Prinzen. Auch wenn seine auffälligen Ringe fehlen, das muss, das kann nur Lafayette sein! Die Überreste werden eingeäschert, Floristen legen Sonderschichten ein, Edinburgh bereitet sich auf ein Prunkbegräbnis vor. Doch der große Lafayette hat noch eine Überraschung in petto. Zwei Tage vor der Bestattung gibt der Brandschutt eine vierte Leiche frei. Diesmal trägt sie die Ringe des Zauberers. Er hat es noch einmal geschafft, hat noch einmal alle überlistet und genarrt. Ein letzter Doppelgängertrick, ein letztes Ablenkmanöver, eine letzte rabenschwarze Schlussverbeugung des Meisters der Täuschung.

---

10 10. Mai 1953
Chemnitz wird in Karl-Marx-Stadt umbenannt

Alte Städte umbenennen gehört zu den Königsdisziplinen selbstbewusster Ideologen. Herausforderungen sind damit verbunden für Bevölkerung und Volksliedgut. Am 10. Mai 1953 wird aus Chemnitz Karl-Marx-Stadt.

---

11 11. Mai 1997
Garri Kasparow verliert gegen den Schachcomputer Deep Blue

Ein Mann: denkt nach. Er bewegt eine kleine Figur, drückt auf eine Stoppuhr und macht sich Notizen. Ein anderer Mann, ihm gegenüber, schaut auf einen kleinen Schwarz-Weiß-Monitor. Von dem liest er ab, welche Figur er wohin ziehen soll. Der Monitor gehört zum besten Schachcomputer der Welt: »Deep Blue«, entwickelt von IBM.

Autor: Xaver Frühbeis

200 Millionen Schachzüge pro Sekunde im Voraus zu berechnen ist für ihn kein Problem. Aber: Deep Blue ist nicht wirklich klug. Aus Fehlern lernen: kann er nicht. Er spielt so, wie man es ihm beigebracht hat. Der Mann dagegen setzt Intuition ein und Fantasie. Deep Blues Gegner ist der russische Schachweltmeister Garri Kaspa-

row. Im Jahr zuvor haben die beiden schon gegeneinander gespielt. Damals hat Deep Blue ein Spiel von sechsen gewonnen. Mittlerweile haben die Leute von IBM Deep Blue aufgerüstet und mit neuen Daten gefüttert.

Kasparow spielt also genau genommen nicht gegen einen Computer, sondern gegen eine Menge Schachprofis, die dem Computer beibringen, wie er rechnen soll. Es gibt Leute, die finden das unfair. Die Gegenseite argumentiert: Der Computer sei doch benachteiligt. Er muss warten, bis seine Schöpfer ihn klüger machen. Der Mensch könne auch während des Spiels dazulernen.

Und jetzt sitzt Kasparow am Spieltisch und ist verwirrt. Sein Gegner spielt, wie man es von einem Computer erwartet. Zwischendrin jedoch macht er Züge, die Kasparow nicht versteht. Ein sinnloser Zug in Spiel 1, als der Computer schon am Verlieren ist.

In Spiel 2 ignoriert der Computer eine Falle, die Kasparow ihm gestellt hat, und tut einen grandiosen Zug, der ihm den Sieg bringt. Kasparow ist irritiert.

Der Computer spielt manchmal wie ein Mensch. Was geht hier vor? Ist Deep Blue gar nicht so stark? Greifen die IBM-Leute zwischendurch selber ins Spiel ein und machen dabei Fehler?

Kasparow jedenfalls kann seinen Gegner nicht mehr einschätzen. Und das ist schlecht für ihn. Spiel Nummer 6, am 11. Mai 1997, wird eins der kürzesten Spiele in Kasparows Karriere. Nach nur 19 Zügen gibt er sich geschlagen. Die Welt staunt. Zum ersten Mal ist ein amtierender Schachweltmeister von einem Computer besiegt worden.

Neuerdings hat man Vermutungen angestellt, ob Deep Blues »schlechte Züge«, die Kasparow so irritiert haben, nicht von einem Programmierfehler hergerührt haben könnten. Womöglich war der Computer nach langem Hin- und Herrechnen zu keinem Ergebnis gekommen und hat dann einfach irgendeinen, wenig sinnvollen Zug getan. Man kann Deep Blue nicht mehr fragen. IBM hat ihn nach dem Sieg in seine Einzelteile zerlegt. Auch Kasparow spielt nicht mehr so häufig Schach. Er setzt sich heute in seiner Heimat für Menschenrechte und Demokratie ein. Im Unterschied zu Deep Blue aber existiert Kasparow noch. Auf lange Sicht also ist das Ergebnis ganz klar – »eins zu null« – für den Menschen.

12 12. Mai 1721
Hans Egede will Wikinger missionieren

Hans Egede glaubte schon, Gott habe sein Schiff gar nicht nach Grönland gelenkt, denn statt dort auf blondmähnige Wikinger mit Metschaum vor dem Mund zu stoßen, begegneten ihm zierliche Menschen, deren runde Wangen von blauschwarzem Haar umrahmt waren. Ihre schmalen, funkelnden Augen schienen über Hans Egedes Naivität zu lächeln. Der Pfarrer erkannte, dass Gott ihm wohl einen Streich gespielt hatte – aber dem war nicht so. Egede hatte sich nicht verfahren. Auf Grönland traf er Inuit, keine Wikinger.

---

13 13. Mai 1971
»Dalli Dalli« erstmals ausgestrahlt

Einfach mal wieder was famos finden! Grandios, urkommod, prima. Ohne Wenn und Aber ganz dafür sein. Weil gut. Passt. Wunderbar. Na ja, mögen manche meinen, schön wäre das schon – und sicherlich verbunden mit Freude, Genugtuung, Seelenfrieden. Schlichtweg schwierig sei es halt, so etwas »Superes« zu entdecken. Siehe zum Beispiel das gute alte deutsche Fernsehprogramm.

Autorin: Susi Weichselbaumer

Der Kollege, der zwei Wochen krank daheim auf der Couch verbracht hat, sitzt erleichtert im Büro: Endlich keine nachmittäglichen Gerichtsshows mehr verfolgen müssen, Umzugsshows, Vaterschaftsanerkennungsshows, Kochshows mit Profis, mit Laien, mit Profis und Laien, mit Profis gegen Laien.

Sind die Zuschauer zu kritisch? Ist das Programm zu schlecht? Oder passen wir eben nicht mehr zusammen, Zuschauer und Programm? Denn dass wir mal ein Herz und eine Seele waren, steht fest. Da musste der kleine Mann im dunklen Anzug mit den Moderationskarten in der Hand nur rufen: »Sie sind der Meinung, das war ...« – und Saalpublikum wie Sitzende vor dem Fernseher werteten unisono: »Spitze!« Der kleine Mann machte einen Luftsprung. Man war sich einig. Das jeden Monat, 90 Minuten lang, im ZDF.

Gut, als »Dalli Dalli« am 13. Mai 1971 das erste Mal ausgestrahlt wird, ist noch nicht alles perfekt. Hans Rosenthal – der mit den Moderationskarten – hat das Konzept zwar im Radio erfolgreich ausprobiert, doch auf dem Bildschirm ist es mit Quizfragen und

Worträtseln nicht getan. Binnen 15 Sekunden: »Nennen Sie alle Opernhäuser, die Ihnen einfallen!«, »Welche Berufe beginnen mit dem Buchstaben ... R?« Das ist nett, braucht aber fürs Fernsehen optische Unterfütterung.

Zusätzliche Aktionsspiele in der Studiokulisse müssen her. Also topfen die Mitspieler in den nächsten Folgen Geranien ein, stopfen Brät in Wurstdärme oder hängen Wäsche auf – alles innerhalb einer Minute, manchmal ohne Hilfe der Hände. Bilderrätsel werden eingebaut. Bei »Dalli-Klick« kommt nach und nach ein Dia zum Vorschein. Das Kandidatenpaar, das am schnellsten erkennt, was sich dahinter verbirgt, erhält den Punkt.

Überhaupt punktet auch die Sendung – quotentechnisch – durch die prominenten Kandidaten. Acht sind es jeweils, zu vier Pärchen sortiert. Chris Howland und Bill Ramsey treten zusammen an. Roberto Blanco und Michael Schanze. Christiane Hörbiger und Marianne Koch. Hildegard Hamm-Brücher und Kurt Biedenkopf. Gespielt wird um Spendengelder für Familien in Not. Nach fünf Jahren Feilen am Erfolgskonzept wird »Dalli Dalli« in Ausgabe 53 interaktiv. Per Knopfdruck darf das Saalpublikum besondere Leistungen der Gäste würdigen und damit Extrapunkte verteilen. Warnleuchten drehen sich, Rosenthal ruft: »Sie sind der Meinung, das war ...« Antwort der Runde: »Spitze!« Rosenthal hüpft in die Höhe. Extrapunkt erteilt. Alle zufrieden.

Und heute? Niemand mehr zufrieden. Nicht speziell mit »Dalli Dalli«, Rosenthal muss die Sendung aus gesundheitlichen Gründen 1986 aufgeben. Sondern insgesamt unzufrieden. Realityshows sind zu wenig real, heißt es auf Facebook. Twitterfollower finden Dokusoaps zu soapig und zu wenig doku oder umgekehrt. »Das war spitze« schreibt selten einer. Vielleicht sollte auf dem Bildschirm einfach wieder mehr gehüpft werden. Oder vor dem Bildschirm. Hüpfen verändert schließlich die Perspektive. Den Versuch wäre das deutsche Fernsehen wert.

14 14. Mai 1692 Erster Wetterbericht in der Zeitung

100 Prozent! Das war die geniale Trefferquote des ersten Wetterberichts, der je in einer Zeitung veröffentlicht wurde. Trotzdem wäre man heute damit nicht mehr zufrieden. Die 100 Prozent stellten sich deshalb ein, weil es sich bei dem Bericht in einem Londoner Wochenblatt nicht um eine Prognose handelte, sondern um eine Rückschau auf Luftdruckwerte und Windstärken im Jahr vorher. Deren Deutung gen Zukunft blieb dem Leser überlassen.

15 15. Mai 1625 Frankenburger Würfelspiel

Die Regeln des »Frankenburger Würfelspiels« waren sadistisch. Während des Dreißigjährigen Kriegs ließ Adam Graf von Herberstorff die Bevölkerung des protestantischen Frankenburg um ihr Leben spielen. So wollte der Graf aus einer eingeschworenen Gemeinschaft Rivalen um Leben und Tod machen: 36 Frankenburger sollten würfeln. Wer gewinnt, ist frei – wer verliert, wird gehängt.

16 16. Mai 1923
Erster Selbstwählferndienst in Weilheim

Im oberbayerischen Weilheim wurde Telefongeschichte geschrieben: Am 16. Mai 1923 ging dort der erste Selbstwählferndienst der Welt in Betrieb. Doch es gab auch ein Opfer: das »Fräulein vom Amt«. Nummer ansagen und verstöpseln lassen war fortan passé.

---

17 17. Mai 1952
Deutsch-österreichische Springertournee ins Leben gerufen

Eine gute Idee am Anfang und ein paar Leute, die sie direkt umsetzen – mehr braucht es oft nicht. Was als Gedanke am Wirtshaustisch beginnt, wird das größte Skisprung-Event werden.

---

18 18. Mai 1966
Weißer Wal im Rhein

Die einen verfahren sich, er hat sich sozusagen verschwommen: ein weißer Wal, von Rotterdam kommend, der plötzlich im Rhein auftaucht und da sicher nicht sein will, schon allein ob der damals wahrlich gruseligen Wasserqualität.

Autorin: Regina Fanderl

Es war eh ein Mords-Bohei, aber man mag sich gar nicht vorstellen, was los wäre, wenn das Ereignis, von dem im Folgenden die Rede sein wird, heute passierte! Raufereien unter Medienvertretern um Kamera-Standorte und eloquente Experten! Eine Sondersendung nach der anderen! Ein Hype im Internet! Und warum das Ganze?

Am 18. Mai 1966 schwimmt doch tatsächlich ein weißer Wal, von Rotterdam kommend, den Niederrhein hinauf. Fern seiner arktischen Gewässer tummelt er sich in der trüben Brühe des damals komplett verseuchten Rheins. Die Besatzung eines Schleppers entdeckt das rund vier Meter lange und dreieinhalb Tonnen schwere Tier bei Stromkilometer 778,5 in Höhe von Duisburg-Neuenkamp.

Nur sehr schwer lässt sich die Duisburger Wasserschutzpolizei von der Echtheit der

Beobachtung überzeugen. Erst als der Alkoholtest bei den Schiffern eindeutig negativ verläuft, rufen sie den neuen Leiter des Duisburger Zoos. Der Mann mit Namen Wolfgang Gewalt verfolgt den Beluga-Wal stundenlang auf einem Polizeiboot. Er will ihn mit Netzen eines Duisburger Tennis-Clubs fangen. Moby Dick, wie ihn die Presse nennt, wäre eine super Attraktion für seinen Tierpark! Umweltaktivisten versuchen die Jagd zu stören, indem sie von einem Luftschiff aus Orangen in den Rhein werfen!

Entsetzt beobachten die Schaulustigen an den Rheinufern, wie Dr. Gewalt nun versucht, das Tier mit einer Betäubungspistole zu treffen. Weil das nicht gelingt, wird ein Scharfschütze angefordert. Der trifft, aber Moby überlebt und schwimmt weiter den Rhein hinauf, begleitet von Kleinbooten voller Journalisten. Die »BILD-Zeitung« hat gar einen Zeppelin gemietet. In Bonn sprengt der weiße Wal eine Bundespressekonferenz zur NATO-Politik. Alle Beteiligten rennen neugierig ans Ufer.

Während an rheinischen Stammtischen noch Wetten über den Ausgang der Jagd laufen, schafft es Moby Dick, nach 23 Tagen in der Kloake Rhein, durch die Schleusen vor Rotterdam zurück ins Meer. Bei Hoek van Holland wird er zuletzt gesehen.

Später stellt sich heraus, dass das Tier mit dem netten runden Kopf ursprünglich in einen englischen Zoo gebracht werden sollte. Bei einem Orkan war es vom Transportschiff in die Nordsee gespült worden.

Ob es stimmt, dass der Besuch eines Wals im Rhein die Politik zum Umdenken bewogen hat? Könnte schon sein. Kurz danach wurden viele Umweltschutzgesetze, vor allem bezüglich des Rheins, durchgesetzt. Heute ist der bedeutende europäische Strom zwar nicht rein, aber – so weit ganz sauber!

---

19 19. Mai 1962
Ernst Jünger testet Drogenpilze

Lag es daran, dass der 19. Mai 1962 ein Samstag war und ganz Wilflingen auf den Beinen zu sein schien, um die Straßen zu fegen? Jedenfalls nahm das Zauberpilz-Symposium, zu dem der 67-jährige Ernst Jünger ins Württembergische eingeladen hatte, keinen guten Anfang. Dabei hatte der Gastgeber generalstabsmäßig vorgesorgt: Das Telefon war abgestellt; die Ehefrau in die obere Etage verbannt. Alle Haushaltsgeräte schwiegen. Der große Kachelofen sorgte für Wärme. Fußbänke und bequeme Sessel standen bereit. Den Tisch zierte ein bunter Frühlingsblumenstrauß.

Autorin: Justina Schreiber

Aber eine halbe Stunde, nachdem die Herren ihre magic mushrooms zerkaut hatten, drangen die Besenstriche des feierabendlichen Putzrituals unerwartet »schmerzhaft in die Stille ein«, wie der Schriftsteller später in seinem Buch »Annäherungen« beschrieb. Und »ist einmal das Motiv gegeben, so stichelt es sich ein«. Der Orientalist Rudolf Gelpke kauerte stöhnend neben dem Kachelofen. Der Chemiker und Erfinder des LSD Albert Hofmann, der die psilocybinhaltigen Pilze mitgebracht hatte, stierte blöde zum Fenster hinaus, während den ergrauten Schriftstel-

ler zischelnde Schlangen bedrängten und tänzelnde Huren mit ungeheuren Brüsten: »Willst, feiner Knabe, du mit mir gehn?«

Dieses Drogenexperiment besaß das Potenzial zum Horrortrip. Nur gut, dass die Männer, die sich hier – zum wiederholten Male übrigens – freiwillig in den Dienst der Wissenschaft stellten, hart im Nehmen waren. Ernst Jünger, der Älteste im Bunde, hatte auf den Schlachtfeldern beider Weltkriege bewiesen, dass er es mit jedem »Stahlgewitter« aufzunehmen verstand. Ihm kam offenbar alles gelegen, was das Bewusstsein produktiv erweitern könnte. Und das war – neben dem Kampf natürlich – eben auch Alkohol, Äther, Chloroform, Haschisch, Kokain, Opium oder Meskalin. In dem Pharmakologen Albert Hofmann besaß er einen Kameraden, der sich allen Ernstes dafür interessierte, wie ein musisch begabter Mensch, im Besonderen wie der »hochsensible Jünger« auf den Einfluss halluzinogener Stoffe reagierte.

Weshalb die beiden über Jahrzehnte hinweg einen regen Briefwechsel über Theorie und Praxis verschiedenartigster Räusche pflegten. Jetzt jedoch ging es um die verborgenen Kräfte der zähfaserigen, dumpf und modrig schmeckenden Erdgewächse aus Südamerika.

Um es kurz zu machen: Der mexikanische Wahrsagepilz, dessen Existenz von europäischen Fachleuten damals gerade erst anerkannt worden war, verhalf der furchtlosen Herrenrunde zu keiner »Fahrt über die Linie«. Man blieb in mehr oder weniger bekannten Realitäten. Ernst Jünger verlor sich an diesem Samstagabend in einem unübersichtlichen orientalischen Harem. Albert Hofmann wanderte durch ausgestorbene mexikanische Städte, und der junge Orientalist Gelpke begegnete im altpersischen Samarkand immerhin seinem eigenen abgeschlagenen Kopf. Von visionären Zuständen oder gar einer »transformierenden Kraft des Rausches« konnte keine Rede sein.

Als Jüngers Gattin gegen Mitternacht im oberen Stockwerk hörte, dass die durch Raum und Zeit Reisenden von ihren geistigen Abenteuern ins Wilflinger Wohnzimmer zurückzukehren schienen, legte sie – wie vom Ehemann zuvor angeordnet – Mozarts »Zauberflöte« auf. Bei einem Glas Rotwein und belegten Schnittchen kam den Herren dann doch noch eine höhere Erkenntnis, nämlich die, dass es eigentlich recht schön sei, wieder »unter Menschen« zu weilen.

20 20. Mai 47 v. Chr.

Veni, vidi, vici – Julius Cäsar bereitet Sieg vor über Pharnakes II.

Man mag sagen, was man will. Früher klang vieles besser. Soll jetzt nicht heißen, dass heute jedes Engagement hin zu hochwertig verbaler Gestaltung völlig fehle. Stellt sich, sagen wir, auf einer Sitzung heraus, dass da zwei Kollegen in charge, was die akute challenge anbelangt, nicht auf einer Flughöhe sind, obschon beide von vornherein in »CC« waren, das Thema aber trotzdem nur einer auf dem Schirm hatte, kann man lange über eine Hol-Schuld klagen oder einfach ein Ticket erstellen und das Ganze später priorisieren; Hauptsache, man ist wieder intensiv committed.

Autorin: Susi Weichselbaumer

Aber ganz ehrlich – ist dies die Sprache der Sieger? Tönt das von bevorstehendem Triumphzug durchs avisierte Kundensegment? Wie anders formulierte doch das Führungspersonal in der Antike! Und die hatten damals auch nicht immer leicht reden. Gaius Julius Cäsar etwa. Er will Chef des Römischen Reiches werden und wäre durchaus bereit, diesen Job zu teilen mit dem Kollegen Pompeius. Fraglich allerdings ist bald, ob der Teamgedanke tatsächlich trägt.

Bürgerkrieg ist die Antwort. Zunächst Cäsars Truppen gegen die Anhänger des Pompeius. Schließlich irgendwie jeder gegen jeden. Der Markt der Macht ist nun mal Schwankungen unterworfen, Cäsar nimmt es dynamisch – also wie es kommt.

Pharnakes II. von Pontos zum Beispiel kommt. Nicht ganz plötzlich und auch nicht von ungefähr. Pharnakes hat bereits einen römischen Legaten besiegt und sich dessen Land und Leute untertan gemacht. Jetzt will er frühere Gebiete seines Vaters für Pontos zurückerobern. Auch die nun römischer Grund und Boden. Ergo hat Cäsar etwas dagegen. Pharnakes schickt ein Friedensangebot. Cäsar schickt ihn nach Hause. Pharnakes fühlt sich aber just dort zu Hause, wo inzwischen die Römer daheim sind.

Am 20. Mai 47 vor Christus nach julianischer Zeitrechnung positioniert er also seine Truppen auf einem Hügel bei Zela nahe der Stadt Zila in Kleinasien. Viel aufzubieten hat er nicht: eine Handvoll Spezialeinheiten und jede Menge Söldner oder zwangsweise verpflichtete Soldaten. Cäsar setzt auf Konstanz in der Mannschaft. Seine Legionäre sind mittlerweile bürgerkriegserprobt. Sie formieren sich ebenfalls auf einem Hügel in der Nähe und harren der Dinge. Die kommen anders als erwartet, denn Pharnakes lässt jede militärische Logik fahren: Früh am nächsten Morgen rennen seine Leute bergauf gegen Cäsars Armee an. Überraschung! Misslungen. Von oben nach unten verteidigt es sich leicht, vor allem wenn man strategisch, erfahrungstechnisch, zahlenmäßig – überhaupt – haushoch überlegen ist. Nach kurzen vier Stunden ist Ende Gelände, die Schlacht ist vorbei. Pharnakes flieht mit den paar Überlebenden. Was ihm nicht viel bringt, wenig später lockt ihn Usurpator Asandros auf der Krim in einen tödlichen Hinterhalt.

Wie gesagt, der Markt der Macht ist Schwankungen unterworfen. Julius Cäsar kümmert das kaum, jedenfalls hat er nach der Schlacht bei Zela den Slogan gefunden für seine kommende Kampagne in Sachen Chefposten. An seinen Freund Gaius Matius schreibt er: »Veni, vidi, vici«. Ich kam, ich sah, ich siegte. Und das ist nun Sprachkunst, wie sie in die Geschichtsbücher eingeht! »Mit der elegant formulierten alliterierenden Klimax dreier asyndetischer Zweisilber (eines Trikolons) unterstreicht er eindrucksvoll, wie leicht, schnell und vernichtend er Pharnakes schlug«, wird Wikipedia schwärmen. Womöglich sollte manch moderner Manager mal wieder bei den Führungskräften der Antike nachlesen ... Um beim nächsten Meeting statt eines »Wir challengen das targetkonform in der Performance« ... vielleicht ein »Veni, vidi, vici« ...?

21

21. Mai 1967

Jim Drake entdeckt das Windsurfen

Wind in den Haaren, Meersalz auf der Haut – Freiheit!
Das war das Lebensgefühl, das Jim Drake und Hoyle Schweitzer liebten. Die Familien der beiden Männer waren befreundet. Gemeinsame Tage am Strand, kalifornische Sommernächte mit einem Gläschen Wein oder Whiskey ... Da konnte man rumspinnen, in verrückten Träumen schwelgen. Wie wäre es, übers Meer fliegen zu können? Im Stehen. Völlig frei. Na ja, fast. Ein Brett musste her und darauf ein Segel, das einen über die Wellen trägt. Vor ein paar Jahren hatte es bereits so eine Erfindung gegeben. Mit einem Segel, das eher einem Kinderdrachen glich. *Autorin: Isabella Arcucci*

Aber Jim hatte da eine bessere Idee ... Er war nicht umsonst erfolgreicher Ingenieur. Abends tüftelte Jim in seiner Garage, bis er es hatte: das erste Windsurfbrett. Ein gelenkiger Mastfuß, dazu ein Gabelbaum, der das Segel spannt. Durch den Gabelbaum konnte man das Segel von beiden Seiten führen. Am 21. Mai 1967 lud Jim seine Familie ins Auto, das Board samt Segel aufs Dach und fuhr zum Freizeithafen Marina del Rey. Jims Frau Wendy hielt die ersten kläglichen Windsurf-Versuche ihres Mannes auf einer Super 8 fest. Und auch wenn Jim an diesem Tag mehr im Wasser lag, als auf dem Brett stand: Es war die Geburtsstunde des heutigen Windsurfens! Jims guter Freund Hoyle Schweitzer war ganz aus dem Häuschen. Hoyle war sportlicher als Jim. In null Komma nichts hatte er den richtigen Dreh mit dem Segel raus und ritt mühelos über die Wellen. Und Hoyle war im Gegensatz zu Jim auch ein Geschäftsmann. Jim war mit seiner Arbeit als Ingenieur fürs Pentagon ausgelastet, das Windsurfen war für ihn Freude, nicht Profit.

Hoyle überzeugte ihn dennoch, seine Erfindung zum Patent anzu-

melden, und übernahm dafür die Hälfte der Kosten.

Damit begann die Erfolgsgeschichte des Windsurfens – und das Ende von Jims und Hoyles Freundschaft.

Hoyle drängte Jim dazu, ihm das Patent ganz zu überlassen – für 34.000 Dollar. Jim willigte ein, nicht ahnend, dass sein Freund bereits einen Hersteller für das Windsurfboard an der Hand hatte und damit ein weltweites Millionengeschäft machen würde. So jedenfalls erzählte es Jahre später Jim. Er fühlte sich von seinem Freund betrogen. Hoyle dagegen erklärte in einem Interview, die 34.000 Dollar für Jims Patentanteil seien für seine Frau und ihn damals eine enorme Summe gewesen und der Erfolg nicht vorhersehbar. Während Jim Drake bis heute als Erfinder des Windsurfens gefeiert wird, wurde Hoyle Schweitzer mit dem Patent zwar reich, aber auch zum Hassobjekt der Surfszene. Der »Fiese«, der seinen Freund ausgebootet hat, das passte nicht zu dem coolen, friedlichen Image der internationalen Surfszene. Dass Jims Arbeit als Entwickler von Luftwaffen für das Pentagon ebenfalls nicht zu diesem Image passte, war weder für den Patrioten Jim noch für die ihn verehrenden Surfer ein Problem.

Millionen von Menschen lebten nun den easy-going Surfer-Lifestyle von Freiheit, Fun und Freundschaft. Die Freundschaft von Jim und Hoyle aber war für immer zerbrochen.

---

22 22. Mai 1363
Einführung der Amtsbezeichnung »Bürgermeister«

Ober sticht Unter. In der Münchner Stadtpolitik galt das für eine lange Zeit mehr als in anderen Städten: denn München war über Jahrhunderte hinweg Wohnsitz der bayerischen Herrscherfamilie, der Wittelsbacher. Und wo der Landesfürst wohnt, also der Ober, bestimmt der, wo's langgeht, und nicht der Bürgermeister. Dem bleibt nur die Rolle des Unters. So war das Bürgermeisteramt in München eine eher undankbare Aufgabe. Das wäre zumindest eine Erklärung für die Verordnung, die der Rat der Stadt am 22. Mai 1363 erlässt, vielmehr sich gezwungen sieht, zu erlassen: Ein Bürger, der sich weigert, das Bürgermeisteramt zu übernehmen, muss 100 Pfund Pfennige Bußgeld zahlen.

---

23 23. Mai 1928
Wiedereröffnung des Tierparks Hellabrunn

Nur wenige Jahre nach seiner Eröffnung musste der Münchner Tierpark Hellabrunn schon wieder schließen. Schuld waren der Erste Weltkrieg, der Hunger und ein zu pompöses Elefantenhaus. Zum Ärger der Münchner wurde ein Großteil der lebenden Konkursmasse an die fränkische Konkurrenz, den Nürnberger Tiergarten verkauft. Das spornte an, und München eröffnete wenige Jahre später wieder – wirtschaftlich um einige Erfahrungen reicher.

24 24. Mai 2017

Ende der Challenger-Expedition

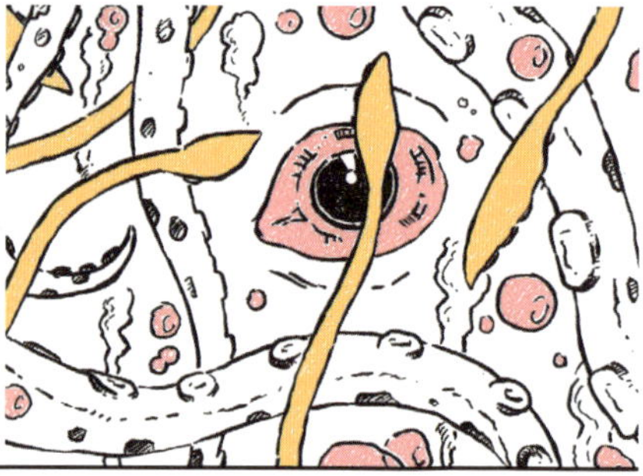

Sie konnte als erstes Schiff einen wissenschaftlichen Blick in die Tiefsee werfen: die britische Dampfkorvette H.M.S Challenger. Dreieinhalb Jahre dauerte die Expedition.

25 25. Mai 1927

Clärenore Stinnes fährt mit dem Auto um die Welt

»Ich heiße Stinnes und fahre im Auto um die Erde. Noch Fragen?« Die Journalisten sind sprachlos. Sie wissen nicht so recht, wie sie mit der kettenrauchenden jungen Dame umgehen sollen, die Hosen, Hut und eine Männerkrawatte trägt und auf so provozierende Weise nicht auf den Mund gefallen ist. Eine Erdumrundung querfeldein – in einer ganz normalen Serienlimousine der 20er-Jahre. »Noch Fragen?« Nein, die Journalisten hatten keine Fragen mehr. *Autorin: Prisca Straub*

Nun war die durchsetzungsfreudige Clärenore Stinnes durchaus nicht irgendwer: Als sie sich zu ihrer Weltreise entschließt, genießt die 26-Jährige bereits beachtlichen Ruhm als Europas erfolgreichste Rennfahrerin. Außerdem ist sie die Tochter eines schwerreichen Industriellen mit besten diplomatischen Beziehungen in alle Welt. Die werden sich auf der langen Fahrt als überlebensnotwendig erweisen.

Das Gefährt stellt die Firma Adler aus Frankfurt zur Verfügung: keinen Geländewagen wohlgemerkt, sondern einen Standard 6 mit 45 PS – ein Monstrum mit geschwungenen Radkappen und riesigem Kühleraufsatz. Als einzige Veränderung lässt Stinnes zwei Liegesitze einbauen, um auf der Reise bequemer übernachten zu können.

Für den Beifahrersitz wählt sie den schwedischen Kameramann Carl-Axel Söderström: »Weil ...«, so findet sie, »... die Schweden so geduldig sind, und außerdem ist er ja verheiratet.« Söderström soll das halsbrecherische Unternehmen auf Zelluloid bannen. Hätte er geahnt, dass die Reise mit mehr als zwei Jahren fast doppelt so lange dauern würde wie geplant und seine Osloer Ehe darüber in die Brüche gehen sollte – der Mann hätte sich vermutlich anders entschieden. Doch so dreht am 25. Mai 1927 »das verehrte Fräulein Stinnes« in Frankfurt zum Auftakt den Zündschlüssel.

Die gute Stimmung ändert sich schlagartig: Schon am zweiten Tag geht bei Prag die Kupplung drauf. Stinnes mahnt zur Eile und streicht als Erstes das Mittagessen. Sie will Sibirien noch vor Einbruch des Winters passieren. Söderström beginnt es, mulmig zu werden.

Um auf mindestens 40.000 gefahrene Kilometer zu kommen – die Zahl, die dem Erdumfang entspricht –, wählt Stinnes nicht die direkte Route nach Moskau, sondern fährt Umwege über Beirut, Damaskus und Bagdad.

Spätestens jetzt weiß Söderström, dass hinter dem Lenkrad eine sitzt, die – so findet diesmal er: »aus Stahl gemacht zu sein scheint!« Er selbst ist definitiv aus anderem Material: 40-Stunden-Etappen, Hunger, Durst, Hitze, Regen – das Unternehmen wird eine Schinderei sondergleichen. Hinzu kommen diplomatische Verwicklungen, die Stinnes mal mithilfe des prominenten Namens ihres Vaters, mal einfach nur mit Frechheit löst: Kraftausdrücke sind im Tonfall ja international. »Man muss sich fast von jedem Platz wegschleichen«, schreibt ein peinlich berührter Söderström in sein Tagebuch. Endlich in Sibirien, riskieren sie auf dem zugefrorenen Baikalsee ihr Leben: Um ein Haar versinkt die Limousine in einer Eisspalte. Immerhin: Clärenore bietet Carl-Axel das Du an.

Nachdem das Auto per Schiff nach Amerika verfrachtet ist, beginnt der schwerste Teil der Reise: Peru – vom Meer hinauf über die Kordilleren auf 3.000 Meter Höhe. Die Steigungen von bis zu 60 Grad sind nur noch mit dem Flaschenzug zu bewältigen. Stellenweise muss der Weg mit Dynamit frei gesprengt werden. Die Hände blutig, die Kleider in Fetzen, manchmal beträgt die Tagesleistung nicht mehr als 150 Meter. Um nicht zu verdursten, trinkt das ungleiche Paar Wasser aus dem kochenden Kühler.

Nach der Durchquerung Nordamerikas geht es schließlich von New York mit dem Dampfer nach Le Havre. Im Sommer 1929 erreichen Stinnes und Söderström endlich Berlin. Der Kilometerzähler steht auf über 46.000.

Das Unternehmen ist geglückt. Und weil 25 Monate Nervenkitzel auf dem Beifahrersitz durchaus Spuren hinterlassen, werden wenig später Eheringe ausgetauscht. Ganz nach dem Motto: Wo ein Auto ist, ist auch ein Weg.

---

26 **26. Mai** 1922
Doktor Mabuse Teil 2 hat Premiere

Sei es nun ein Sittenbild der Zeit nach dem verlorenen Ersten Weltkrieg oder eine düstere Vorahnung des kommenden Unglücks: Man kann sich auch einfach an dem spannenden Gaunerfilm erfreuen – mit seinen Autoverfolgungsjagden, der Verkleidungskunst des Titeldarstellers Rudolf Klein-Rogge, den unglaublichen Inneneinrichtungen oder der finalen Straßenschlacht – letztgenannte übrigens heutzutage ungekürzt und für jedermann. 1922 hingegen durften die Zuschauer nur eine zensierte Straßenschlacht sehen – ohnehin war der Film erst ab 18 Jahren freigegeben.

27 27. Mai 1949
Marilyn Monroe macht Aktfotos

Oktober 1948, Hollywood, Sunset Boulevard. Bremsen quietschen, zu spät, es kracht. Auffahrunfall. Der Unfallverursacher stellt den Motor ab und steigt aus dem Auto. Es ist – eine Unfallverursacherin. Und was für eine. Rote Stöckelschuhe, rot-weiß gepunktetes Kleid, unglaubliche Kurven, goldblond leuchtende Locken. Die Leute recken die Hälse, johlen und hupen. Nicht, weil sie Marilyn Monroe erkennen, die ist damals gerade mal 22 und noch nicht mal ein Geheimtipp. Außer ein paar kurzen Auftritten in belanglosen Filmen hat sie nichts vorzuweisen. Aber sie ist schön, unglaublich schön, und wo sie geht und steht, sorgt sie für Aufsehen. Ein Passant gibt ihr seine Visitenkarte. Es ist Tom Kelley, ein Fotograf, der für Werbeagenturen arbeitet. Es dauert nicht lang, und Marilyn prangt im Bikini von allen Plakatwänden und wirbt für Bier.

Autorin: Brigitte Kohn

Und am 27. Mai 1949 steht sie schon wieder in Kelleys Studio, diesmal hat sie gar nichts an. Auf dem Boden liegt roter Samt, hingegossen in weichen Wellen. Marilyn räkelt sich darauf, während der Fotograf auf eine Leiter klettert und seinen Fotoapparat auf die junge Frau richtet. Die genießt es, sich zu zeigen. Vielleicht weil ihr die Kamera die Bewunderung schenkt, die Aufmerksamkeit, die Zuwendung, die sie in ihrer schwierigen Kindheit entbehren musste?

Sehr von oben jedenfalls schaut diese Kamera weniger auf Marilyns Persönlichkeit, sondern auf ihren Körper. Weicher noch als der Faltenwurf des roten Samts wirken die zarten, makellosen Formen, schöner noch als der Stoff schimmert die jugendliche Haut. Marilyn bietet sich der Welt an wie ein Geschenk, wie ein fleischgewordener Männertraum, den man aus seiner samtenen Hülle befreit hat. Und sie wirkt dabei nicht verworfen und gefährlich, sondern unbeschwert und heiter wie das Mädchen von nebenan, aufreizend und beschützenswert zugleich.

Die Fotos wurden kommerziell nach allen Seiten ausgebeutet. Sie kamen in einen Pin-up-Kalender und als Doppelseite in die erste Ausgabe des »Playboy«, sie schmückten Spielkarten, Schlüsselanhänger, Bettwäsche und T-Shirts. Marilyn bekam 50 Dollar dafür und musste, als ihr später der Durchbruch beim Film gelang, erst mal einen drohenden Skandal abwenden. Ja, das Mädchen in dem allseits bekannten Kalender, das sei sie, gab sie in einem Interview zu. Nein, angehabt habe sie nichts, an war nur das Radio. Nothing on but the radio! Arbeitslos sei sie gewesen und hungrig dazu. Das war übertrieben, aber es erreichte die Herzen der Menschen. Deswegen wurde sie ja zum Mythos, weil sie das konnte, Menschen berühren. Unabhängig vom Grad der Angezogenheit. Manchmal eben mit nothing on but the radio.

28 28. Mai 1893
Eden – erste vegetarische Siedlung gegründet

Eine Handvoll vegetarischer Gesinnungsgenossen treibt der Wunsch nach Rückkehr zur Natur, nach gemeinschaftlich genutzten Böden und nach Fruchtsaft: Das Experiment Eden startet mit der Gründung einer Gartenstadt im Nordwesten Berlins. Die Sehnsucht nach dem einfachen Leben ist groß, die Kenntnisse in puncto Obstanbau hingegen eher gering. So kommt es, dass die Stadtflüchtlinge, Kapitalismuskritiker und Idealisten ihre Siedlung ausgerechnet im brandenburgischen Oranienburg bauen. Auf dem sandigsten aller Böden.

---

29 29. Mai 1913
Uraufführung von Strawinskys »Le Sacre du Printemps«

Ist das Kunst? Oder kann das weg? Eine Installation aus Papierschlangen, Konfetti und Champagnerflaschen in Bozen – von den Reinigungsfachkräften als Partymüll eingestuft ... und aufgeräumt. Joseph Beuys' berühmte Fettecke aus fünf Kilo Butter, vom Hausmeister der Kunstakademie Düsseldorf – weggeputzt. Und auch wenn man vorher sagt: »Hört mal, das ist Kunst«, hilft das nicht immer. *Autor: Frank Halbach*

BammBammBammBamm

»Ich bin angeklagt, ein Verbrechen gegen die Anmut begangen zu haben«, klagte der Choreograf Vaslav Nijinsky. Anmut! Um was anderes sollte es denn gehen im Tanz, gerade in Paris, der Hauptstadt des Romantischen Balletts, wo sie schon ein Jahrhundert schwebten, Primaballerinen, schwerelos, ganz und gar losgelöst, in weißen Tutus, fragil, ätherisch, begehrenswert ... Und dann das!

BammBammBammBamm

Nijinskys Choreografie zu Igor Strawinskys Komposition »Le Sacre du Printemps« – »Das Frühlingsopfer«, uraufgeführt am 29. Mai 1913 im Théâtre des Champs-Élysées. Was machen die denn da? Die Tänzerinnen ... einwärts gedrehte Beine, vorgeschobene Schultern, der ganze Körper zittert, sie stampfen, gehen, schlurfen, fallen ... statt Tutus wadenlange Kittel ... und diese »Musik« ...!

BammBammBammBamm

... die hat überhaupt keine Melodie. Nur Rhythmus. Ach was, ein Chaos aus vielen Rhythmen! Ein Skandal. Ein Verbrechen! Aber nicht in Paris. Das kann nicht, das muss weg! Die Russen wussten wohl nicht, höhnt die Kritik, »dass die Franzosen ohne Weiteres anfangen zu protestieren, wenn die Dummheit ihren Tiefstpunkt erreicht hat«.

Sollten nicht gerade Franzosen etwas mit einer Revolution anfangen können? Denn eine Revolution war »Le Sacre du Printemps«.

»Im Sacre du Printemps wollte ich die leuchtende Auferstehung der Natur schildern, die Auferstehung der ganzen Welt«, sagte Strawinsky. In seiner Wirkung war

Le Sacre« mehr eine Geburt als eine Auferstehung: die Geburt der Moderne des klassischen Tanzes. Und als solche erlebte »Le Sacre« dann eben doch so manche Auferstehung – in vielen folgenden Aufführungen nach der ausgebuhten Premiere.

Auferstehungen, wie man sie avantgardistischer Kunst eben wünschen sollte – wie der aufgeräumten Bozener Installation aus Luftschlangen, Konfetti und leeren Flaschen. Gott sei Dank gab es dort schnell Anlass zur Hoffnung: Denn auch in Italien wird Mülltrennung mittlerweile großgeschrieben. Deshalb sortierten die Putzkräfte den vermeintlichen Abfall brav nach Papier und Glas – das sollte den Wiederaufbau des Kunstwerks sehr vereinfachen, meinten die Kuratoren. Der Vorfall in Bozen zeigt aber auch, dass man aufpassen sollte, wem man moderne Kunst in die Hand gibt – sonst ist sie weg.

Auch hier mag Igor Strawinsky ein Beispiel geben: Er schenkte den Klavierauszug von »Le Sacre«, zehn Tage nach der Uraufführung, Claude Debussy – mit dem Vermerk: »Meinem sehr lieben Freund zur Erinnerung an die Schlacht vom 29. Mai 1913«.

BammBammBammBamm

---

30 30. Mai 1806
Andrew Jackson erschießt Revolverheld

Männer ohne Nerven gibt es viele, als die USA noch halbwüchsig sind, doch nur wenige sterben aus Altersschwäche. Einer von denen, die es schaffen, ist Andrew Jackson. Er überlebt ein Duell mit einem der gefürchtetsten Revolverhelden, weil sein Mantel eine Nummer zu groß ist. Der berüchtigte Dickinson peilt entsprechend einen Hauch daneben. Jackson schießt zurück und trifft.

---

31 31. Mai 1859
Big Ben fängt an zu ticken

Das Londoner Wahrzeichen beginnt seine bisher fast lückenlose Pflichterfüllung. Es gibt sogar albgeträumte Krimi-Thriller, die das Horrorszenario einer Unterbrechung thematisieren. Aber bis auf eine kleine Verstimmung, die nicht Makel sondern Unverwechselbarkeit und Charakterfestigkeit zum Ausdruck bringt, erklingt das berühmte Ding Dong Deng Dang unaufhaltsam in den Londoner Gruselnebel.

Autorin: Prisca Straub

Es ist der perfekte Zeitpunkt für ein monströses Kapitalverbrechen: Mitternacht! Die Gaslaternen flackern in den Nebelschwaden die von der Themse her aufsteigen, und um den Westminster Palace flattern die Fledermäuse. Dann: Big Ben schlägt zwölf Mal – tief und durchdringend: BONG, BONG, BONG! In Kriminalfilmen war die weltberühmte gusseiserne Glocke jahrzehntelang das akustische Hintergrundgeräusch für Londons lichtscheues Gesindel. In der dritten Verfilmung von »Die 39 Stufen« sogar in einer Hauptrolle: Im Clock Tower haben ausländische Attentäter eine

Bombe montiert. Exakt um 11 Uhr 45 soll sie in die Luft gehen – was nur durch die Blockierung des mechanischen Uhrwerks verhindert werden kann. Ein Wettlauf mit der Zeit, mit Big Ben himself: Nur wenige Minuten vor der Explosion erreicht Ingenieur Richard Hannay die oberste Etage des Uhrturms, zerschlägt das Ziffernglas und steigt auf der Sechs ins schwindelerregende Freie. Doch mit Muskelkraft allein vermag der Gentleman in Anzug und weißem Hemd nichts auszurichten – schließlich hängt er sich mit ganzem Körpergewicht an die äußerste Spitze des über vier Meter langen Minutenzeigers. Big Ben ächzt und stöhnt – KRRCH, KRRCH, KRRCH! –, dann hält die Uhr keuchend den Atem an. Tief unten applaudieren die Schaulustigen auf roten Doppeldeckerbussen.

In der Realität hat Big Ben nur äußert selten mal eine Pause eingelegt. Seit das Uhrwerk am 31. Mai 1859 in Gang gesetzt wurde, glänzt es durch nahezu sekundengenaue Zuverlässigkeit – und schlägt akkurat jeweils zur vollen Stunde. Auf die Präzision der »Voice of Britain« ist man stolz im Königreich. So läutet die BBC ihre Nachrichten mit dem weltbekannten Glockenschlag ein – und der gravitätische Sound kommt nicht etwa vom Band, sondern wird live übertragen: BONG! »This is BBC Radio 4« – die Mikrofone für den täglichen Auftritt sind in die Streben des Turmdachs montiert.

Übrigens: Den perfekten Ton hat Big Ben noch nie getroffen. Ein reines E bringt die Glocke nicht zustande. Schuld ist eine Fehlberechnung. Die Bewegung des Schlaghammers fällt wohl etwas zu heftig aus, sodass der tonnenschwere Guss schon bald nach der Einweihung erste Risse bekommen hat. Big Ben ist verstimmt.

Macht nichts, finden die Londoner – nur Pfusch können sie nicht ertragen! Ein Maler, der der Turmstube einen frischen Anstrich verpassen sollte, seine Leiter gegen den hochempfindlichen Pendelzug lehnte und Big Ben dadurch ausbremste, wurde mit Schimpf und Schande überhäuft. Kaum anders erging es einem Mechaniker, der beim Auswechseln einer Glühbirne eine Eisenklammer in das Räderwerk der Uhrmechanik fallen ließ. Big Ben kam zum Stehen – und die Londoner waren außer sich.

Und das, obwohl Big Ben eigentlich schon lange nicht mehr der herausragende Star der Skyline ist. Längst überragen den kleinen Benny die Wolkenkratzer der internationalen Finanzakrobaten um ein Vielfaches. Eine hochmoderne Kulisse für Kapitalverbrechen ganz neuen Ausmaßes. Ganz ohne Nebel und Fledermäuse: BIMM BIMMM BIMM!

Juni

Juni

01 1. Juni 1964
Fußgänger bekommen Vorrang auf Zebrastreifen

Der Zebrastreifen – eine Angelegenheit voller Missverständnisse. Was er mit einem Zebra zu tun hat, ist eine längere Geschichte ... vielleicht war die amtsdeutsche Bezeichnung »Dickstrichkette« einfach doch etwas sperrig. Und nachdem der Verschleiß an Fußgängern dadurch zunächst nur mäßig zurückging, räumte man ihnen am 1. Juni 1964 per Gesetz den Vorrang vor Autos und Radfahrern ein.

02 2. Juni 1905
Bericht über lebende Kristalle

Computer führen manchmal ein Eigenleben. Unbestritten. Vielleicht sind daran ja die Flüssigkristalle in den Bildschirmen schuld? Kristalle leben nämlich, erklärte am 2. Juni 1905 der Naturforscher Otto Lehmann.

03 3. Juni 1941
»Wilhelm Tell« wird verboten

Das Stück galt lange als Hitlers Leib- und Magendrama – bis diesem dämmerte, dass es gewisse Parallelen geben könnte, zwischen einem gewissen Tyrannen und seiner Person. Am 3. Juni 1941 wurde Schillers »Wilhelm Tell« verboten.

04 4. Juni 1961
Die ARD strahlt erstmals die Sportschau aus

Manche Dinge sind aus dem Leben schwer wegzudenken. Sonnenauf-, Sonnenuntergang oder gar Fußball ... oder gleich gar die ARD-Sportschau.

05 5. Juni 8498 v. Chr.
Beginn des Maya-Kalenders

Gleich drei Kalendersysteme nutzen die Maya, um zivil wie rituell auf lange Sicht am Puls der Zeit zu bleiben. Just zum Weltuntergangstermin verrechnen sie sich aber. Oder hat da wer das verklausulierte Maya-System fehlinterpretiert?

Autorin: Susi Weichselbaumer

Zeit und Raum stellten mal keine komplizierten Kategorien dar. Die Koordination war klar qua Ritual: Freitag um neun beim Burger-Brater.

Bis einer das Internet erfunden hat und noch wer den Mobilfunk. Seitdem soll man weit im Vorfeld einer potenziellen Verabredung an der an Freunde vermailten

Doodle-Umfrage teilnehmen: in welcher Kalenderwoche, an welchem Wochentag, zu was für einer Uhrzeit man sicher eintrifft, womöglich dabei sein wird oder es gar nicht schafft, aufzuscheinen. Was man da wann wie wo vereint veranstalten soll, steht eingangs meist nicht fest. Wird aber kurz vor der tatsächlichen Anberaumung – also am Termin mit der höchsten Schnittmenge an teilnahmewilligen Bekannten – ab morgens früh verhandelt. Über SMS. Mittels Whatsapp. Auf Facebook.

Sei es drum, schließlich sind wir in Sachen Kommunikationschaos und Terminverwirrung bei Weitem noch nicht auf dem kulturellen Höhepunkt angelangt. Erreicht hatten den dereinst die Maya. Heute spricht man vom »am weitesten entwickelten Kalendersystem der mesoamerikanischen Ureinwohner«. Für den Alltagsmaya damals ist es wahrscheinlich nur – kompliziert. Wer zivil was ausmachen will, zückt den sogenannten Haab-Kalender. Rituelles richtet sich nach dem Tzolkin-Kalender. Beide hängen zusammen. Haab allerdings folgt der Sonne und zählt in Fünf-Tages-Einheiten, bis er nach 365 Tagen von vorne beginnt. Wem Tzolkin folgt, weiß die Wissenschaft bis dato nicht. Sonne und Mond scheiden aus, meinen Forscher. Was Astronomisches könnte es sein. Oder ein anderes System. Irgendein System.

Jedenfalls geht es nach 260 Tagen in das nächste Tzolkin-Jahr. Nach 73 Tzolkin-Jahren und 52 Haab-Jahren stimmen beide wieder überein. Eine neue gemeinsame Kalenderrunde beginnt.

Damit sich auf lange Sicht die Runden überblicken lassen, nutzen die Maya die »Lange Zählung«, also quasi Kalender Nummer drei. In der »Langen Zählung« erhält jeder Tag seit Beginn des Maya-Kalenders am 5. Juni 8498 vor Christus eine zusätzliche Datumsangabe. Diese plus Haab-Tag und Tzolkin-Einordnung machen's eindeutig. So zumindest die Idee der Maya-Kalenderplaner.

Nachfolgende Generationen und Völker verstehen das miss. Angstvolle Zeitgenossen zum Beispiel haben sich – nach unserer Rechnung Ende Dezember 2012 – für den Weltuntergang gerüstet, weil da die »Lange Zählung« der Maya stoppt. Wieder andere Forscher, die meinen: Es habe nun 5128 Jahre seit Maya-Kalenderstunde eins geschlagen. Nicht wenige wähnen die Tage der Erde gezählt. Falsch. Fakt ist: Alle etwa

5128 Jahre läutet die »Lange Zählung« die folgende Runde ein. Von der Vorrunde nur unterschieden durch eine andere Stellung im Haab-System.

Egal: Hurra, die Menschheit lebt. Und doodelt und facebookt und simst, um terminlich zusammenzufinden. Aufwendig? Kompliziert? Ach, kein Vergleich, würden wohl die Maya sagen und auf ihr komplexes Kalendersystem verweisen – und sich wie jeden Abend beim Dunkelwerden der Einfachheit halber an der Pyramidenecke treffen. Hinten links. Wer halt Zeit hat. Von da aus? Schau mer mal.

06 **6. Juni** 1789

Der Herzog von Württemberg erlässt eine Spatzensteuer

Erhebungen für Mehrwert, Zucker, Licht? Gar für Spatzen? Da ist guter Rat teuer und nicht mal abzugsfähig von der Steuer.

Autor: Xaver Frühbeis

Man sagt uns Deutschen ja ganz bestimmte Tugenden nach. Wir seien ordnungsliebend, heißt es. Und pünktlich. Mit Dingen wie Spontaneität dagegen oder Fantasie hätten wir eher Probleme. Doch grade das mit der Fantasie ist besonders leicht zu widerlegen. Seit Jahrhunderten ziehen uns unsere Finanzminister auf höchst fantasievolle Weise das Geld aus der Tasche. Kaum denkt so ein Herzog über ein neues Lustschloss nach, schon setzt sich sein Finanzsekretär hin und erfindet eine neue Steuer. Und natürlich weiß der Mann, dass man beim Melken dort hinlangen muss, wo die meisten Kühe sind. Was also tut das Volk, womit trifft man die meisten?

Sie wollen warm essen. Eine Herdsteuer. Gab's schon im alten Rom, warum also nicht auch bei uns. Sie saufen gern. Biersteuer. Seit dem Mittelalter in deutschen Städten üblich. Sie verheiraten sich. Jungfernsteuer. In Preußen müssen Anfang des 18. Jahrhunderts junge Mädchen, bis sie verheiratet sind, monatlich zwei Groschen abgeben. Man will im Finstern was sehen. Zündwarensteuer, bis 1981. Man isst gern Süßes. Zuckersteuer. Und Süßstoffsteuer. Eingeführt aus Gründen der Gleichheit, damit die Chemiker nicht das Nachsehen haben. Speiseeissteuer, Salzsteuer, Spielkartensteuer, Fahrradsteuer. Wer vor den vielen Steuern flüchten und seinen Wohnsitz ins Ausland verlegen will, den trifft die Reichsfluchtsteuer. 1931 eingeführt und erst in den 50er-Jahren abgeschafft. Ein Viertel ihres Vermögens mussten die Reichsflüchtlinge hier lassen, weil auch nach ihrer Flucht das Vaterland von ihrem Reichtum noch genesen wollte.

Aber der Volkswirt weiß auch: Sobald irgendwo was besteuert wird, hat die andere Seite nichts Besseres zu tun, als die Steuer zu unterlaufen: Trinkt kein Bier mehr, spielt keine Karten und stößt sich im Finstern die Birne an. Manche fangen sogar an, Spatzen zu züchten.

Am 6. Juni des Jahres 1789 hat Karl Eugen, der Herzog von Württemberg, eine neue »Spatzensteuer« kundgetan. Jeder württembergische Untertan hatte im Jahr ein Dutzend Spatzen abzugeben. Und zwar: lebende Spatzen. Damit keiner auf die Idee kam, einfach bloß einen eh schon toten Vogel vom Wegrand zu klauben und ihn als einen selbst gefangenen auszugeben. Wer sein Dutzend lebender Spatzen ablieferte, bekam sechs Kreuzer ausbezahlt. Wer das nicht tat, musste zahlen. Und zwar doppelt so viel: 12 Kreuzer Spatzensteuer. Auf die Weise gewann der Herzog immer. Entweder auf der Spatzenseite oder auf der Bargeldseite.

Man muss dem Landesvater aber zugutehalten, dass er hier nicht nur aus Eigennutz gehandelt hat. Er hatte vor allem das Wohl der Bauern im Sinn, denen die vielen Spatzen dauernd das Saatgut von den Feldern pickten.

Derartige »Schadvogelsteuern« waren keine ausschließlich württembergische Einrichtung. Überall in deutschen Landen haben die Fürsten ihre Untertanen immer wieder dazu verdonnert, Vögel zu fangen und abzugeben. Und diese ganze Vogelsteuergeschichte hat dafür gesorgt, dass die Untertanen ihrerseits Fantasie entwickelten. Mancherorts war man auf die Idee gekommen, die abzuliefernden Spatzen eigens zu dem Zweck zu züchten.

Alles in allem also ein wunderbares Spiel. Die einen drücken uns immer neue Steuern aufs Haupt, und die anderen werden Spatzenzüchter. Wir Deutschen sind eben doch voller ungebändigter Fantasie. Nur nimmt das keiner zur Kenntnis. Was für ein unterschätztes Volk.

---

07 7. Juni 1926
Antoni Gaudí von Straßenbahn überfahren

Der Stararchitekt Antoni Gaudí war der Baumeister der weltberühmten »Sagrada Familia« in Barcelona. Am 7. Juni 1926 wurde er von einer Straßenbahn überfahren. Zunächst hielten ihn die Leute für einen Bettler.

---

08 8. Juni 1937
Uraufführung von Orffs »Carmina Burana«

Orffs »Carmina Burana«: eines der erfolgreichsten und populärsten Werke klassischer Musik, das den Nazis Unbehagen bereitete und in unzähligen Werbespots und Soundtracks verwertet wurde.

Autor: Frank Halbach

Oh Fortuna, Imperatrix mundi, Schicksalsgöttin, Herrscherin der Welt! Du ergreifst Hörer und Hörerin, nimmst ab und zu wie der Mond, lässt teure Autos wie antike Streitwägen galoppieren, Schokolade spielerisch den wachen Sinn verwöhnen, preist Pfandbriefe als das Los des Heils und der Tugend, und Hunderten von Leinwandepen verhilfst du mit archaischen Rhythmen zu Welterfolg …

Für all das ist die Schicksalsgöttin zuständig? Oh ja, diese spezielle Fortuna

schon: der Beginn von Carl Orffs szenischer Kantate »Carmina Burana«. Ihre Klänge sollen in zahllosen Werbespots und etlichen Filmen jegliche Skepsis des Zuschauers zerschmelzen wie Eis. Und bevor Carl Orff der Herrscherin der Welt einen musikalischen Ruhmeskranz komponiert hatte, begünstigte sie schon den Komponisten. Orff fand nämlich eines Tages in einem Antiquariatskatalog den Titel: »Carmina Burana. Lateinische und deutsche Lieder und Gedichte aus einer Handschrift des 13. Jahrhunderts aus Benediktbeuren«. Und so nahm das Schicksal seinen Lauf. Carl Orff wählte aus den weit über 200 Liedern der mittelalterlichen Handschrift 24 Stücke aus und setzte sie in Töne: sinnlich, derb, schön, brutal, voller Lebenslust, voller Spiritualität, mythisch, magisch. Am 8. Juni 1937 wurde dieses Orff'sche Welttheater in der Frankfurter Oper uraufgeführt.

»Bayerische Niggermusik, voller artfremder Elemente«, urteilte damals die Reichsmusikkammer der Nazis – aber eben leise, denn – wie das Schicksal spielte – der Führer mochte die »Carmina Burana« – und für die Papiertiger von der Reichsmusikkammer war der Führer ihr Schicksal. Dabei deckte sich ihre Kritik in einem Punkt mit Warnungen aus Orffs Freundeskreis: Latein! Die singen auf lateinisch. Für die Nazis unteutonischer »welscher Tand«, während Orffs Freunde meinten: »Eine tote Sprache, kein Mensch versteht das, Carl, du wirst dein Publikum verprellen.« Doch es fügte sich anders:

Gerade das Mythische der toten Sprache verlieh den »Carmina Burana« die Aura höherer Gültigkeit, eine Fügung unbezweifelbar für alle Menschen, egal welche Sprache sie sprechen.

Fügung, Bestimmung, Vorsehung, Schicksal – das wären ja eventuell noch Themen gewesen, mit denen auch ein Reichsmusikkammer-Bürohengst etwas hätte anfangen können, aber nach der wuchtigen Eingangsnummer »O Fortuna« ... Da nehmen Mönche brave deutsche Bürger beim

Würfelspiel aus, da wird gesoffen, Völlerei, Vögelei, jeder mit jeder … Pfui Teufel!

Die strammen Jungs von der Reichsmusikkammer waren wohl recht verklemmte Spießer. Und sie hatten natürlich keinen Schimmer, was die auch in den Carmina enthaltenen mittelhochdeutsche Texte zu bedeuten hatten: nämlich die Emanzipation deutscher Literatur und Dichtung. Ihr Erwachsenwerden! – In einer Zeit, in der die lateinische Sprache dominierte.

Aber vielleicht … vielleicht waren sie doch gar nicht so dumm? Und haben etwas verstanden: »Schicksal, fürchterlich und nichtig, du bist ein sich drehendes Rad, ein böser Zustand, ein leeres Heil, immer von Auflösung bedroht. Dunkel und verschleiert glänzt du auch mir.« Ja, Fortuna macht auch vor tausendjährigen Reichen nicht halt. Und das ist etwas, worüber sich keiner beim Schicksal beklagen sollte. O Fortuna!

---

09 **9. Juni** 1934

Donald Duck erscheint zum ersten Mal in einem Zeichentrickfilm

Seit 2004 hat er einen Stern auf dem Hollywood Walk of Fame. Er ist ein Pechvogel, ein Choleriker, ständig von Geldsorgen geplagt – er ist Donald Duck, der Superstar und Antiheld zahlloser Comics und Filme. Schon über 80 also und mit seinen Standardproblemen keinen Schritt weiter …

---

10 **10. Juni** 1909

Erster SOS-Notruf

Schade, Morsen ist aus der Mode. Früher konnten Passagiere auf Schiffen noch Botschaften nach Hause morsen. Aufregender als SMS schreiben. Ein Kürzel war allerdings verboten: SOS. Der Notruf kam zum ersten Mal am 10. Juni 1909.

---

11 **11. Juni** 1955

Unfall beim 24-Stunden-Rennen von Le Mans

Es war der schlimmste Unfall in der Geschichte des Motorsports. Am 11. Juni 1955 verwandelt sich die Tribüne beim 24-Stunden-Rennen von Le Mans in ein Inferno. Erst Jahrzehnte später klären sich die Ursachen durch einen alten Amateurfilm.

12 **12. Juni** 1897

Das Schweizer Taschenmesser wird Handelsmarke

Das Schweizer Offiziers- oder Taschenmesser, auch Sackmesser genannt. Neben der für ein Messer obligatorischen Klinge sind noch weitere Werkzeuge in das Messer integriert – bis zu 81!

13
13. Juni 1898
William Ramsay isoliert das Edelgas Neon

Neon ist eines der häufigsten Elemente des Universums, aber auf der Erde eher selten. Deswegen brauchte es den Chemiker William Ramsay zu seiner Entdeckung.

14
14. Juni 1847
Eine mechanische Ente begeistert München

Manch Wunderwerk der Technik kostet viel Zeit und Nerven. Und wenn es dann fertig ist, merkt man: Doch ein Detail unterschätzt ... Eine mechanische Ente fänden alle gut, wäre da nicht der Gestank.
Autor: Simon Demmelhuber

Eine Ente ist das Staunen des 18. Jahrhunderts. Dabei tut sie nur, was alle Enten tun: Sie schnattert, flattert, trinkt, frisst, entleert sich. Aber diese Ente ist etwas ganz Besonderes. Sie ist ein Automat, eine Maschine, gebaut und 1738 in Paris präsentiert vom Ingenieurgenie Jacques Vaucanson.

100 Jahre später ist das Wunder nur noch Schrott. Viele versuchen sich an der Reparatur, alle scheitern. Niemand haucht dem verworrenen Haufen verbogener Federn, zerbrochener Räder, zerstörter Drähte, Walzen und Hebel neues Leben ein. Das schafft erst Johann Bartholome Rechsteiner. Der Appenzeller Bauernspross ist ein mechanisches Urtalent, ein begnadeter Autodidakt, der sich als Maschinenwart eines reisenden Automatenmuseums durchschlägt. 1841 kauft der Besitzer des Schaugewerbes die ramponierte Entenruine. Rechsteiner soll sie instand setzen und zum Publikumsmagneten aufpolieren.

Er braucht drei quälende Jahre dazu. Die Wiederherstellung des Prunkstücks macht sofort Furore und lässt die Kassen klingeln. Der wahre Entenretter geht jedoch leer aus, sein Prinzipal beansprucht Ruhm und Gewinn für sich alleine. Enttäuscht wirft Rechsteiner hin und geht von nun an eigene Wege. Er zieht sich in ein Schweizer Dorf zurück, werkelt wieder drei Jahre, häuft Schulden an, baut eine zweite, verbesserte Ente. Eine, die tatsächlich kann, was Vaucansons Federvieh nur vorgetäuscht hatte: verdauen, misten, ausscheiden.

Im Sommer 1847 stellt der Konstrukteur sein Geschöpf in Süddeutschland aus. Der Laden brummt, niemand will das »bewunderungswürdigste Meisterwerk« verpassen. Als die Wanderausstellung in München gastiert, steht Rechsteiners Ruhm im Zenit.

Am 14. Juni 1847 geruhen daher auch seine Majestät König Ludwig I. nebst Gemahlin und Gefolge das »Kunstwerk der seltensten Art« im Odeontheater gnädigst aufzusuchen.

Und da thront sie! Schillernd auf einem schwarzen Podest, lebensgroß, frei stehend, gerüstet für ein Hochamt maschinenseliger Fortschrittseuphorie. Rechsteiner drückt einen verborgenen Knopf, ein Zittern durchläuft den bislang leblosen Balg, die Ente reckt und streckt sich, dreht den Hals, äugt musternd umher, schlägt mit den Flügeln, schnattert, schwänzelt, sträubt die Federn. Zuletzt säuft sie Wasser, frisst Hirsekörner, schluckt und schlingt mit aufgeworfenem Kopf.

Unter geflüsterten Ahs! und Ohs! naht der Höhepunkt des Weiheakts. Ein inwendiges Gurgeln, Gluckern und Grummeln kündigt das Opus magnum an: Die Verwandlung des einverleibten Futters in veritable Entenkacke! Heftige Winde blähen den Bürzel, dann ein Finale furioso: sturzartige Schwallentladung mit fatal fäkaler Kopfnote. Anders gesagt: Es stinkt gotterbärmlich. Die königlichen Majestäten ringen um Fassung, die Herren der Entourage erbleichen, die Damen ergrünen. Plötzlich haben es die hohen Herrschaften eilig. Ein huldreicher Händedruck, ein knapper Dank, hektischer Rückzug, nichts wie hinaus!

Tja, mit dem Fortschritt hat es halt seine ganz eigene Bewandtnis. Manchmal führt er uns an der Nase rum, bisweilen riecht er ziemlich ungesund. Das ist nicht erst seit Rudolf Diesel so.

15 15. Juni 1752

Benjamin Franklin lässt Drachen steigen

Nachdem die Menschen das Feuer schon hatten, wollte man den Ursprung des Feuers auch wissenschaftlich klären. Benjamin Franklin hatte hierzu funkensprühende Ideen – und erfand den Blitzableiter.

Autor: Hellmuth Nordwig

Es gibt Geschichten, die sind vielleicht nicht wahr – aber sie elektrisieren derart, dass sie nicht totzukriegen sind. Wenn also kein Geringerer als Immanuel Kant einen Zeitgenossen zum »modernen Prometheus« adelt, dann sprühen die Funken des Mythos bis heute. Der Prometheus der Antike hat bekanntlich den Menschen das Feuer gebracht. Für eine Sagengestalt ist es ja ein Klacks, einfach den Stängel eines Riesenfenchels an den brennenden Sonnenwagen Helios' zu halten – die perfekte Fackel fürs Lagerfeuer.

Sein moderner Nachfolger hatte es nicht ganz so leicht. Sagen waren out im 18. Jahrhundert. Jetzt war die Wissenschaft dran, den Ursprung des Feuers zu erklären. Eine Theorie war: Funken entstehen durch diese merkwürdige Erscheinung namens »Elektrizität«. Das war ein Modebegriff der 1740er-Jahre, sozusagen einer der beliebtesten Hashtags in den damaligen sozialen Medien wie dem britischen »Gentleman's Magazine«. Nur, was diese sagenhafte Elektrizität genau war, das wusste keiner.

Auch Benjamin Franklin nicht. Der gelernte Drucker hatte mit 42 Jahren seinen lukrativen Betrieb in Philadelphia verpachtet und war fortan Privatier. Er hatte also genug Zeit, die damals beliebten Experimentalvorführungen zu besuchen. Dort konnte man zum Beispiel Katzen bestaunen, deren Haare Funken sprühen, wenn man ihr Fell mit Bernstein reibt. Tierschutz war damals noch kein Thema, Elektrizität war angesagt.

Franklin beschloss, diesem Naturphänomen in größerem Maßstab auf den Grund zu gehen. Sein Gedanke: Bei Gewitter reiben Wolken aneinander, so wie der Bernstein am Tierfell. Und die Blitze am Himmel – sind das nicht große elektrische Funken? Um das zu beweisen, ersann Franklin eine verwegene Versuchsanordnung:

Auf einem hohen Turm, schrieb er, errichte man ein Schilderhaus. Und lasse von dessen Dach eine lange spitze Metallstange in den Himmel ragen. Bei Gewitter braucht sich nur noch ein Mann ins Häuschen zu stellen – und wenn dann der Blitz einschlägt, müsste die Versuchsperson Funken sprühen, genau wie die Katze. Wenn die Theorie stimmt.

Möglicherweise hat es an Freiwilligen gemangelt – jedenfalls hat dieses spannende Experiment nicht stattgefunden. Benjamin Franklin hatte einen anderen Geistesblitz: Er baute einen Drachen aus Zedernholzleisten, klemmte einen Eisendraht an die Spitze und an den Schweif seinen Hausschlüssel, in dem sich die Elektrizität sammeln sollte. Am 15. Juni 1752 zog endlich das erhoffte Gewitter auf, und Franklin ließ seine fliegende Versuchsanordnung in den Himmel von Neuengland aufsteigen. Die Rechnung ging auf für den Tüftler: Er habe mit den Fingern Funken aus dem Schlüssel ziehen können, schwärmte er ein paar Wochen später in der »Pennsylvania Gazette«.

So ein zündender Erfolg ruft ja immer diese neidischen Kleingeister auf den Plan, die nur das glauben, was sie selbst gesehen haben. Leider gab es aber außer Franklins Sohn William keine Augenzeugen des legendären Blitzversuchs. Und so ist bis heute umstritten, ob er tatsächlich stattgefunden hat. Dabei ist es doch völlig gleichgültig, ob die Geschichte wahr ist oder nur gut erfunden. Was bleibt, ist nämlich nicht der Drachen, sondern die hoch aufragende Metallstange. Als Blitzableiter schützt sie heute nicht nur Türme – und das war nun ganz bestimmt Benjamin Franklins Einfall.

---

16 16. Juni 1973
Premiere der »Rocky Horror Show«

Man muss sich nur trauen. Ausschlafen, kündigen, als Mann in Strapsen ins Theater gehen oder eben was Irres erfinden. So wie Richard O'Brian die »Rocky Horror Show«. It's just a jump to the left ...

Autorin: Julia Zöller

Schon wieder. Schon wieder so ein Tag: Schlafen, aufstehen, duschen, anziehen. Kaffee, Müsli, Radio ... Ciao Schatz, hallo Büro. Mein. Gott. Ja.

It's just a jump to the left ...

Es ginge ... so ein Tag ginge ja auch mal anders.

Schlafen, aufstehen, duschen, anziehen. Kaffee, Semmeln, Radio.

And then a step to the right ...

Schlafen, aufstehen und so weiter, Schampus, Buch und Kaviar???

With your hands on your hips ... and bring your knees in tight ...

Schlafen, liegen, liegen, liegen. Schampus, ach, und Kaviar.

Ciao Schatz, bleib doch da ... Mein. Gott. Ja.

Let's do the Time Warp again!

Man müsste sich halt mal trauen.

Let's do the Time Warp again!

Der Richard. Hat auch ganz normal angefangen: Richard Smith, geboren 1942, aufgewachsen zwischen Schafen in Neuseeland als Sohn eines zum Schäfer berufenen Briten. Lernt Reiten, macht die Ausbildung zum Viehzüchter ... Aber dann traut sich Richard Smith. Er steigt aus, geht in den 60er-Jahren nach London und macht unter anderem Stunts auf dem Pferd.

Er ist eine Weile auf Tournee mit dem Musical »Hair« ... kaum zu glauben, bei der Glatze heute ... vor allem aber legt Richard gleich mal seinen Namen ab, den Smith, und nennt sich: O'Brien wie sein Opa.

Richard, also, jetzt O'Brien, hat Vorlieben, die nicht unbedingt zusammenpassen: für Horrorfilme, Rock 'n' Roll, transenhafte Auftritte und abgründigen Humor. Dazu komponiert er gerne und ist so von seinen Vorlieben überzeugt, dass er sie alle zusammen in ein Musical packt: die »Rocky Horror Show«. Handlung wie im Bahnhofskino: Frank N. Furter, außerirdischer Wissenschaftler vom Planeten Transsexual, baut sich Lustknaben zum persönlichen Vergnügen. Außerirdische in Strapsen. Wer will die sehen?

Genau 63 Zuschauer, bei der Premiere der »Rocky Horror Show«, am 16. Juni 1973, im Royal Court Theatre London. Wobei exakt: in einem Nebenraum des Royal Court, praktisch Besenkammer.

Don't dream it, behe it. Don't dream it, behe it.

Spätestens jetzt hätte Richard O'Brien zur Vernunft kommen können. Ist er aber nicht. Weil den Zuschauern nämlich der Mund offen stehen bleibt, bei der haarsträubenden Geschichte. Schon bald zieht die »Rocky Horror Show« aus der Besenkammer aus – und in größere Theater in London um. Richard spielt selbst mit, grinst diabolisch als buckliger Butler Riff Raff. Tim Curry betört mit Muskelspiel und Kussmund ... bürgerliche Briten und sogar prüde Amerikaner. Der Rock 'n' Roll rockt, die Beine zucken, der Popo wackelt ...

Touch-a-touch-a-touch-a-touch me, I wanna be dirty ...

Keiner wundert sich mehr. Außer manchmal Richard O'Brien. Der schaut sich nämlich noch immer »Rocky-Horror«-Vorstellungen an und fühlt sich irgendwie verantwortlich für Popcorn-Attacken, Klopapier-Chaos, Spritzpistolen und für Hetero-Männer, die sich mit Corsagen die Rippen stauchen und auf High Heels in die Theater stöckeln. Man muss sich ja mal was trauen.

Und das vor allem heute. Am Jahrestag der »Rocky-Horror«-Premiere. Also: Schlafen, aufstehen, duschen, anziehen. Kaffee, Müsli, Radio ... ja, warum nicht!?

17

17. Juni 1837

Erster Tierschutzverein Deutschlands

Ein Storch, der vom Kirchturm geschossen wurde, war der Auslöser für die erste Predigt gegen Tierquälerei. Doch es brauchte noch viel Überzeugungsarbeit, bis der Pfarrer Albert Knapp den ersten Tierschutzverein Deutschlands gründen konnte.

18

18. Juni 1999

»Lola rennt« erhält acht Auszeichnungen beim Deutschen Filmpreis

»Lola rennt«, ein Actionthriller von Tom Tykwer aus dem Jahr 1998 mit Franka Potente in der Titelrolle. Dreimal dieselbe Zeitspanne von 20 Minuten mit jeweils völlig anderem Ausgang.

19

19. Juni 1936

Schmeling siegt über Louis durch K. o.

K. o. in der zwölften Runde, der erste überhaupt für den Superstar Joe Louis! Aber in der Revanche 1938 übersteht Max Schmeling keine zwei Minuten.

20

20. Juni 1837

Queen Victoria besteigt den Thron

Das Viktorianische Zeitalter gilt als eher emotionslose Epoche. Ganz im Gegensatz zu Queen Victoria selbst, die schon früh einen rechten Dickkopf hatte.

21 — 21. Juni 1962
Die Schwabinger Krawalle beginnen

Ein Sommerabend in München, ein paar Jugendliche singen russische Volkslieder zur Gitarre. Eine Funkstreife rückt an. Kurz darauf brachen die sogenannten Schwabinger Krawalle los.

---

22 — 22. Juni 1634
Rembrandt van Rijn heiratet Saskia van Uylenburgh

Seit dem 22. Juni 1643 sind Rembrandt van Rijn und Saskia van Uylenburgh verheiratet. Drei Jahre später malt der Künstler ein Selbstporträt von sich in einem Bordell, deutlich angetrunken und glücklich mit einer Schönen im Arm. Trotzdem kein Grund zur Aufregung, fand seine Frau.

---

23 — 23. Juni 1314
Robert the Bruce schlägt das englische Heer bei Bannockburn

»Sie kämpften wie Schotten – und gewannen ihre Freiheit« heißt es in »Braveheart« über Bannockburn, wo König Robert the Bruce gegen die zahlenmäßig überlegenen Engländer focht und siegte. Freiheit! Die gab's aber erst später. Und dann auch nicht lange, denn 1332 ging's schon wieder rund, gleiches Thema …

---

24 — 24. Juni 1839
Emanuel Herrmann geboren, Postkartenerfinder

Er war ein Visionär aus der zweiten Reihe: Emanuel Herrmann, österreichischer Professor für Volkswirtschaft, geboren am 24. Juni 1839. Er erfand die Postkarte, die von Wien aus ihren Siegeszug um die Welt antrat. *Autorin: Prisca Straub*

Sie haben Post! Lebenszeichen, Liebesschwüre und lustige Grüße aus Lanzarote – und das alles auf rund 10 mal 14 Zentimetern. Anlässe für kurze Mitteilungen gibt es schließlich genug. Und weil so eine Postkarte prinzipiell jeder lesen kann, schreiben besonders gewitzte Schlaumeier gleich noch »Schöne Grüße an den Briefträger!« mit dazu. Denn der liest ja sowieso mit, oder? Die mangelnde Vertraulichkeit war übrigens der Grund, warum die Postkarte es am Anfang ziemlich schwer hatte: Die Preußische Postverwaltung fand die Idee, offene Karten ohne Umschlag zu verschicken, zunächst nämlich ziemlich anstößig: Ein privates Schriftstück ohne schützendes Kuvert galt als schamlos. In Österreich hingegen sah man es in puncto Indiskretion offenbar nicht ganz so eng. Auf Anraten von Nationalökonom Emanuel Herrmann wurde die neue Sendungsart 1869 eingeführt: eine Premiere.

Als knallharter Wirtschaftswissenschaftler hatte der Professor statt sittlicher Bedenken einfach den Gesichtspunkt »Marktlücke« in den Vordergrund gestellt. Für die sogenannte »Correspondenz-Karte« galt dann auch: reduziertes Porto bei einer Obergrenze von 20 Worten. Und weil die Karte mit dem eingedruckten Postwertzeichen dem Preis der Briefmarke entspricht, die Karte an sich also gratis ist, ist das Schnäppchen perfekt. Eine Seite für die Adresse, die andere Seite für die private Mitteilung – die zunächst bildlose Postkarte tritt von Wien aus ihren Siegeszug um die Welt an. Und die transnationale Freude an der ebenso preiswerten wie unkomplizierten Kurzmitteilung ohne umständliche Anrede und ellenlange Grußformel macht aus Emanuel Herrmann einen bekannten Mann: Seinen Grabstein wird der ehrenvolle Zusatz zieren: »Erfinder der Postkarte«. Geboren wurde der Visionär in Sachen Postgeheimnis am 24. Juni 1839.

Bunt illustriert, mutiert die Postkarte mit der Jahrhundertwende zur Ansichtskarte. Die farbige Laufbahn hat freilich zur Folge, dass der Platz zum Schreiben immer kleiner wird. Vorne die Adresse, hinten das Bild – der Gruß von unterwegs muss also wirklich knapp ausfallen.

Nach einem rekordverdächtigen Höhenflug geht es mit dem vielseitigen Schriftstück nach der Jahrtausendwende dann postwendend bergab: Die gute alte Postkarte ist abgestempelt. Lange vorbei sind die quasi monopolistischen Zeiten, in denen sie das Universalkorrespondenzmittel der Handwerksburschen auf Wanderschaft und der Soldaten im Felde war. Selbst sonnensatte Urlauber greifen inzwischen immer seltener zum Kugelschreiber und immer häufiger zum Handy: Der Standardbericht über Wasser, Wetter und Windverhältnisse kommt als Kurznachricht per SMS – samt aussagekräftigem Schnappschuss. Wer heutzutage noch Papier beschreibt, gilt schnell als abgeschrieben.

Und doch existiert ganz versteckt eine Nische, die verzeichnet auch heute noch diskreten Zulauf. Um eine Geschäftsreise vorzugaukeln, bieten aussagekräftige Dienste professionelle Unterstützung für ebenso professionelle Fremdgeher: Ein vertraulicher Service verschickt vorbereitete Postkarten aus aller Welt an misstrauisch zurückgebliebene Partner. Was wohl der Briefträger davon hält? Das ist Ansichtssache.

25

25. Juni 1822
E. T. A. Hoffmann stirbt

E. T. A. Hoffmann war hin- und hergerissen. Sollte er als Jurist arbeiten oder als Musiker und Dichter? Bezahlt gemacht hat sich nur der Jurist, doch die Nachwelt freut sich über den Künstler.

26 26. Juni 2006
Bruno der Bär wird erschossen

Zahllose Menschen solidarisierten sich mit dem »Problembären« Bruno – aber es half nichts. Und so stehen seine sterblichen Überreste heute ausgestopft im Museum Mensch und Natur in München. *Autor: Herbert Becker*

Früher trugen Haustiere eher einfältige Namen: Der Schäferhund wurde Rex und die Katze Muschi gerufen, das Kaninchen hieß Hoppel. Hühner hielt man gar nicht für der Mühe wert, sie persönlich anzusprechen; bestenfalls trugen sie den Sammelnamen Berta. Das hat sich mit der Rolle, die diese Tiere in unserem Leben spielen, geändert. Während Huhn, Hund und Katz früher konkrete Aufgaben zu erfüllen hatten und Hoppel irgendwann in der Bratröhre landete, gelten sie heute allesamt als Familienangehörige. Man hat – zumal in besseren Kreisen – schon von Hunden namens Mortimer gehört, ferner von Katzen, die Kleopatra heißen und dementsprechend verehrt werden.

Bei den wild lebenden Tieren war die Ausgangssituation eine andere, die Entwicklung ist dennoch vergleichbar. In alter Zeit sprach man vom Wolf als Meister Isegrim, vom Bären als Meister Petz, und sogar der Hase durfte den Titel Meister Lampe tragen. Wolf und Bär waren Feinde des Menschen, das schon, trotzdem begegnete er ihnen, wie man heute sagen würde: auf Augenhöhe. Respekt und Hochachtung vor ihnen kamen – naturgemäß – mit ihrer Ausrottung abhanden, und jetzt, wo sie vereinzelt zurückkehren, weiß man nicht so recht, wie man mit ihnen verfahren soll. Um das Zusammenleben mit ihnen so konfliktfrei wie möglich zu gestalten, wurde das sogenannte Wildtiermanagement erfunden. In dessen Rahmen fallen insbesondere der Steuerungs- und Arbeitsgruppe »Große Beutegreifer« wichtige Aufgaben zu. Die Gruppe wurde 2006 gegründet – im Dezember, und somit zu spät, als dass der Braunbär Bruno die Früchte ihres Wirkens noch hätte genießen können. Bruno war ein halbes Jahr zuvor, am 26. Juni, erlegt, um nicht zu sagen: gemeuchelt worden. Als erster Braunbär seit 170 Jahren hatte er seine Tatzen auf bayerisches Territorium gesetzt; er war in Hühnerställe eingedrungen, hatte Bienenstöcke aufgebrochen, ferner Schafe und Ziegen gerissen. Daraufhin hatte ihn die Bürokratie in rascher Folge von der Kategorie Normalbär in die Kategorien Schadbär, Problembär und Risikobär umgestuft und schließlich zum Abschuss freigegeben.

Zurück zur Namensgebung: Die Wissenschaftler in dem italienischen Naturpark, in dem der Bär geboren war, hatten ihn – nüchtern wie Wissenschaftler nun einmal sind – Jot-Jot-Eins genannt. Kaum, dass er ins Licht der Öffentlichkeit tappte, wurde daraus das vertraulichere Jay-Jay-One. Als er aber auf seiner Hunderte von Kilometern langen Wanderung immer größere Popularität erlangte, war ein richtiger Name fällig. »Bruno« eignete sich: Es bringt zum Ausdruck, dass er braun war, und es fängt mit B an. Wie Bär. Bruno war großartig. Mit ihm konnte man sich identifizieren. Für ihn konnte man sich, wenn er seinen Jägern entkam, freuen. Um ihn konnte man ungehemmt trauern. Und ihm ist es zu verdanken, dass es heute neben dem Tag des Hundes, dem Welttag der Katze, dem Internationalen Tag des Hasen und – jawohl, auch das – dem Tag des Geflügels! einen Bärengedenktag gibt; zu ebendiesem nämlich erklärte die »Stiftung für Bären« den 26. Juni.

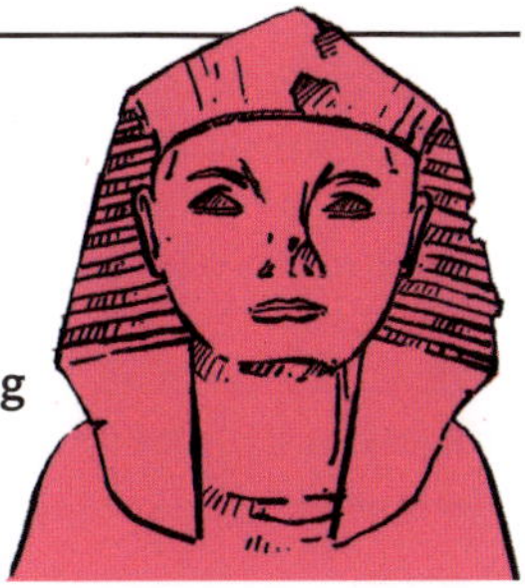

27 27. Juni 2007

Die Mumie der Pharaonin Hatschepsut wird identifiziert

»Die erste der vornehmen Frauen« lautet die Übersetzung von Hatschepsut. Ihr Totentempel ist ein herausragendes Bauwerk der antiken Baukunst. Aber wo ist die zugehörige Mumie? *Autorin: Prisca Straub*

Ist die fragliche Mumie nicht eigentlich viel zu dick für eine Pharaonin? – Schlaff hängen die mumifizierten Fettpolster an den Hüften. Üppige Brüste wölben sich unter den Bandagen. Außerdem klaffen Zahnlücken im Gebiss. Die Spannung ist groß, als der beleibte Körper in den Scanner geschoben wird. Sollte dieser Leichnam tatsächlich die legendäre Hatschepsut sein, die mächtige Herrscherin, die vor 3.500 Jahren am Nil gelebt hat? Schon seit Jahrzehnten wird erfolglos nach ihren Überresten gefahndet. Und seit Jahrzehnten lagert diese Mumie namenlos und unbeachtet im Nationalmuseum von Kairo, Registrierungsnummer KV 60-A.

Vermisst wird die berühmte Königin seit der Entdeckung ihres prächtigen Totentempels in Luxor. Ihr vergoldeter Sarkophag war zerstört; Hatschepsut selbst – verschwunden. Nur wenige Indizien konnten in den 1890er-Jahren sichergestellt werden: ein verstöpselter Flakon und ein kleines Holzkästchen mit ihrem Namen. Im Inneren – eine einbalsamierte Leber, Teile des Darms und: ein Backenzahn. Die Stücke werden wenig später im Archiv von Kairo von Staub bedeckt.

Erst zu Beginn des neuen Jahrtausends wird die Suche nach Hatschepsut wieder aktuell: Ein Team von Radiologen durchleuchtet systematisch eine Reihe von namenlosen Mumien aus den Beständen des Museums. Unter ihnen: eine übel zugerichtete, korpulente Frau mit zerrissenen Bandagen. Sie stammt aus einer inschriftlosen, unbedeutenden Grabkammer und war um 1900 ohne jeden Schmuck auf dem blanken Lehmboden gefunden worden. KV 60-A zeigt auffällige Zahnlücken. Und plötzlich erinnert sich jemand an den Backenzahn der Hatschepsut …!

Am 27. Juni 2007 wird schließlich enthüllt, was kaum jemand für möglich gehalten hätte. Die Ergebnisse der Scanner-Analysen ergeben: Mit seinen 1,8 Zentimetern passt der Backenzahn der Hatschepsut exakt in eine Gebisslücke von KV 60-A.

Er ergänzt haargenau eine im Oberkiefer erhalten gebliebene Zahnwurzel. Die kleine, dicke Mumie ist von höchstem königlichem Status! Pharaonin Hatschepsut ist identifiziert!

Doch die Mumien-Detektive haben noch nicht genug: Die Königin mit den ausgeprägt weiblichen Rundungen, die sich zu Lebzeiten schlank und rank aus dem Stein meißeln ließ – hochgewachsen und ohne Busen, dafür aber mit herrscherlichem Kinnbart –, sie hat den internationalen Spüreifer entfacht: Da war doch noch dieser versiegelte Flakon! Das schlanke Gefäß, das inzwischen in einer deutschen Sammlung gelandet ist, wird geöffnet und eine Probe entnommen: Reste einer eingetrockneten, jahrtausendealten Flüssigkeit. Das Parfüm der Hatschepsut? Ein regelrechter Hype entbrennt: Wie roch die Pharaonin? Der Nachbau einer altägyptischen Parfüm-Essenz wäre der Verkaufsschlager!

Doch dann ist Hatschepsut wieder für eine Überraschung gut: Statt Weihrauch und Myrrhe verbreitet der Destillationskolben einen scharfen Teer-Geruch! Kein Parfüm also, sondern eine mit ins Grab gegebene Arznei! Eine medizinische Salbe gegen ein Hautleiden. Schuppenflechte vermutlich! Herrje, Hatschepsut …

---

28 **28. Juni** 2011
Internationaler Tag des Body-Piercings

Unter den vielen nützlichen Dingen, die der Mensch von Natur aus mitbekommen hat, sind seine Körperöffnungen. Doch nicht jeder Mensch möchte sich damit begnügen; und so hat er das Body-Piercing erfunden. *Autorin: Christiane Neukirch*

Außerdem eignet sich auch nicht jeder mögliche und unmögliche Fleck zur artifiziellen Traktur. So trachteten Angehörige unserer Spezies immer wieder danach, der üblichen Anzahl an Körperöffnungen – sieben beim Mann, acht bei der Frau – weitere Löcher hinzuzufügen. Nicht nur bei Feinden, die zum Zwecke des Entledigens durchlöchert wurden, sondern auch in überlebbarer Form bei sich selbst.

Was bringt das? Nun, per Loch kann man am Körper Dinge befestigen, zum Beispiel Schmuck. Der bekannteste und am häufigsten getragene dürfte wohl der Ohrring sein.

Experimenten sind keine Grenzen gesetzt; etwa: Wie dehnbar sind Ohrläppchen? Um das herauszufinden, erhöhe man Größe und Gewicht des Schmucks. Oder man baue den Ohrring gleich ins Loch mit ein und erweitere so dessen Durchmesser. Und schon ist der Wettstreit eröffnet: Wie weit schaffst du? Fünf Zentimeter Durchmesser? Kein Problem! Wie überall gilt: Je größer, desto angesehener. Kurz: Wer schön sein will, muss leiden. Die Tellerlippen bei den Mursi in Äthiopien sind wohl eines der anstrengendsten Schönheitsideale: ein in die Lippen eingebauter Teller vor dem Mund. Da geht es dann schon ans Eingemachte. Denn wer einen schönen, großen

Teller vorweisen will, muss sich die Unterlippe aufschneiden und über Jahre hinweg dehnen lassen. Wie das mit Essen, Trinken und Reden vereinbar ist, fragt man sich aus der Laienperspektive mit Staunen. Weniger erstaunlich ist daher, dass die meisten Piercings – so der Fachbegriff für Loch plus Schmuck – etwas moderater ausfallen.

Im 20. Jahrhundert machten ein paar Piercing-Pioniere eine große Anzahl an Stechkreationen in den USA und Europa populär. Einer von ihnen war Jim Ward. Er eröffnete 1978 das erste kommerzielle Piercing-Studio im Westen Hollywoods. In der Stadt der Fantasie und des Films fiel sein Angebot auf fruchtbaren Boden.

Sein Geburtstag, der 28. Juni, wird seit 2011 als »Internationaler Tag des Body-Piercings« gefeiert.

Waren die Körperstecker anfangs eher in der Schwulenszene und unter Punks beliebt, sprengten sie in den 90er-Jahren die Grenzen der sozialen Nischen und wurden überall hoffähig. Auch den Körperstellen, an denen Piercings glänzen, sind keine Grenzen mehr gesetzt: sichtbar an Nase, Ohr, Mund oder Wange; weniger sichtbar, aber kussgenussfördernd in der Zunge; oder weiter unten, wo gesteigerte Reibungsfaktoren willkommen sind und die Piercings verheißungsvoll-exotische Namen tragen wie »Prinz Albert«, »Hafada« oder »Nefertiti-Piercing«.

Eines der selten gewählten – mit entsprechend nüchternem Namen – befindet sich auf der Rückseite: das Anus-Piercing, angebracht zwischen den Pobacken. Schon um 1650 bemerkte der englische Arzt und Ethnologe John Bulwer diese Version bei einem Ureinwohner-Volk und befand sie als »sehr unbequem« und »äußerst nachteilig für eine sitzende Existenz«.

Vielleicht wäre dieses Piercing eine Kur für unsere allzu viel sitzende Gesellschaft? Nun, man kann über Möglichkeiten nachdenken, es den Krankenkassen schmackhaft zu machen. Heute, am Welttag des Piercings, wäre eine gute Gelegenheit dafür!

29

29. Juni 1613
Shakespeares Theater »The Globe« brennt nieder

Nach dem Brand von 1613 wurde »The Globe« bald wieder aufgebaut – diesmal mit Ziegeldach. Drei Stockwerke hoch, 30 Meter im Durchmesser.

30

30. Juni 1981
Die Serie »Dallas« startet in Deutschland

Ein Straßenfeger in über 350 Folgen voller familiärer Verwicklungen und Intrigen – und mit einem Fiesling, dessen Grinsen unvergessen bleibt. »Dallas«, irgendwie die Mutter aller Seifenopern.

Juli

01 1. Juli 1902
Kaiser Wilhelm II. führt die Schaumweinsteuer ein

Wilhelm II. war deutscher Kaiser. Und neidisch auf die Engländer. Die hatten eine große Flotte, mit Schlachtschiffen und Kanonenbooten und allem, was man auf See braucht. Seine eigene Marine kam dem Kaiser ziemlich unscheinbar vor. Also – ließ er aufrüsten. Häfen wurden verbreitert, Werften ausgebaut, eine Wasserstraße zwischen der Nord- und der Ostsee gegraben, und natürlich: viele neue Schiffe und Waffensysteme angeschafft. Dummerweise war das alles nicht billig.

Autor: Xaver Frühbeis

Wilhelm fragte im Land herum, wo man am besten eine nette kleine neue Steuer einrichten könnte. Ein Vorschlag kam von dem Wiesbadener Sektfabrikanten Johann Jacob Söhnlein. Wie wäre es, meint Söhnlein, mit einer Abgabe auf »Werbeanzeigen in Zeitungen«? Nie und nimmer, rufen die Verleger. Wenn die Leute weniger Anzeigen schalten, wäre das der Ruin vieler kleiner Blätter. Okay, sagt Wilhelm, das leuchtet ein. Doch Moment mal ... was ist dieser Söhnlein gleich noch von Beruf? Ein Sektfabrikant? Das ist die Idee! Wir werden Schaumwein besteuern. Wer sich Sekt und Schampus leisten kann, der kann auch ein paar Schluck für die Kriegsschiffe des Kaisers trinken.

Am 1. Juli 1902 tritt das Gesetz über die Einführung der Schaumweinsteuer in Kraft. Was vorher zwei fünfzig gekostet hat, kostet jetzt drei Mark. Der Aufpreis ist happig, die Sektverkäufe gehen in den Keller, die deutschen Kellereien stöhnen. Leider ist das alles, was die Steuer zuwege bringt. Finanziell ist sie eher überflüssig, und als ein paar Jahre später Krieg ist und des Kaisers neue Flotte zum Einsatz kommt, stellt sich raus, dass die auch nicht viel nützt. Am Ende wird sie gar von den eigenen Matrosen ins Meer versenkt, damit sie nicht den Feinden in die Hände fällt.

Bloß die Schaumweinsteuer, die geht nicht zugrunde. Zu Beginn des Dritten Reichs wird der Finanzminister sie auf null setzen. Abgeschafft ist sie damit noch lange nicht. Denn was nur beiläufig stillgelegt ist, lässt sich leicht wieder zum Leben erwecken.

Gleich zu Anfang des Zweiten Weltkriegs: Eine Mark mehr pro Flasche. Dann, im Oktober '41: Drei Mark »Kriegszuschlag«. Den Zusammenbruch im Mai '45 übersteht die Schaumweinsteuer problemlos.

Fünf Jahre später startet das Wirtschaftswunder, nur die westdeutschen Sektkellereien stöhnen noch immer, dass kaum einer ihren Sekt kaufen will. »Ich bin sehr erstaunt«, schreibt ein Interessent aus dem sozialistischen Osten, »über diese drei DM Kriegszuschlag pro Flasche und storniere deshalb meine Bestellung. Wir haben hier zwar Manöver, aber keinen Krieg. Ich bitte um Nachricht, wenn bei Ihnen der Krieg zu Ende ist, damit ich meine Bestellung erneuern kann.«

Heute – im 21. Jahrhundert – existiert die Abgabe zur Unterstützung der kaiserlichen Flotte noch immer. An jedem Glas Sekt, das geleert wird, an jeder Flasche Schampus, die auf den Tisch kommt, sogar am prickelnden Apfelcidre verdient der Staat mit. Wirklich viel kommt auch heute noch nicht dabei raus. Aber was unser Finanzminister einmal hat, das gibt er nicht so gern wieder her. Und so hoffen wir halt, dass er was Besseres damit anzufangen weiß als seinerzeit der deutsche Kaiser. Nicht, dass am Ende doch wieder alles hinüber ist und auf dem Grund des Meeres landet.

---

02 2. Juli 1937
Fliegerin Amelia Earhart verschollen

Plötzlich war Amelia Earhart verschwunden, irgendwo über dem Ozean. Die Weltrekordfliegerin – 1922 war sie 4.300 Meter hoch geflogen, so hoch wie niemand je zuvor – war in Amerika schlichtweg die Heldin der Lüfte. Nun hatte die Flugpionierin den Flug um die Welt gewagt. Aber am 2. Juli 1937 wurde ihr letztes Funksignal über dem Pazifik abgefangen: »Fliegen Nord-Süd«.

---

03 3. Juli 1935
VW Käfer beginnt zu rollen

Runde Scheinwerferaugen zum Liebhaben, knubbelige Kotflügel, wahlweise mit Winker oder Brezelfenster – keiner hat so nachhaltig in unseren Herzen geparkt wie der VW Käfer. Zwar rollt er erstmals unter widrigen Umständen vom Band, aber er rollt ja weiter. Und weiter.

Autorin: Regina Fanderl

Eigentlich ist der Käfer ja ein Porsche! So geht's schon mal los. Den ersten VW-Käfer – am 3. Juli 1935 der neugierigen Öffentlichkeit präsentiert – konstruiert hat nämlich der böhmische Spengler-Sohn mit dem schneidigen Schnurrbart, Ferdinand Porsche. Zur Freude von Abermillionen von Käferbesitzern, und das über fast sieben Jahrzehnte hinweg!!! Toll!!!

Die Hintergründe sind leider nicht so trallala. Die Idee zum in der Planungsphase tatsächlich »Porsche« genannten Automobil ist nämlich auf dem Gedankengut-Misthaufen der Nazis gewachsen. Ähnlich dem »Volksempfänger« sollte der »Volksgemeinschaft« nun der »Volkswagen« beschert werden. Dabei ging's den »feinen« Herren in der Führerriege um nichts anderes als ums Renommee! Reichsdeutschland war nämlich im europäischen Vergleich völlig untermotorisiert! Während hierzulande um 1930 rund 500.000 Kraftfahrzeuge über die Straßen rollten, waren es in Frankreich mehr als eineinhalb Millionen! Von den USA gar nicht zu reden! Und was sollten die kreuz und quer durchs Land gebauten Reichsautobahnen, wenn darauf nur alle paar Stunden mal ein Fahrzeug kurvte?

Hitler blies zur Motorisierung der Massen und beauftragte die Lustbarkeitsvereinigung »Kraft durch Freude«, bei dem Projekt die Feder zu führen. Den Namen der Volksmassenorganisation sollte auch das Automobil tragen, das zu bauen die Machthaber – die ihrerseits nicht vorhatten, auf ihren komfortablen Daimler zu verzichten – dem oben genannten Porsche Ferdl aus dem böhmischen Maffersdorf übertrugen. Robust sollte es sein, verlässlich, preiswert und sparsam im Verbrauch – ein Fahrvergnügen für jedermann.

Porsche griff bei der Umsetzung teilweise auf Fremdentwürfe zurück, was seine VW-Urheberschaft später etwas verblassen ließ.

Die ersten drei Wagen, in Porsches Garage in Stuttgart zusammengebaut, basierten auf dem Prototyp der Neckarsulmer Fahrzeugvereinigung NSU. (Ein Kürzel, das heute eher Unbehagen auslöst.)

Dann wurde ordentlich die Werbetrommel gerührt: »Fünf Mark die Woche musst Du sparen – willst Du im eignen Wagen fahren!« Dem Slogan folgten mehr als 300.000 deutsche Sparer. Dumm nur, dass man den KdF-Wagen gar nicht kaufen konnte! Auf dem 1938 mit großem Getöse gelegten Grundstein im niedersächsischen Fallersleben bei Wolfsburg entstand zwar Europas modernste Autofabrik. Doch ein Jahr später montierten dort Normal- und Zwangsarbeiter statt flotten Volkswagen geländetaugliche Kübelwagen für die Wehrmacht zusammen.

Nach dem Krieg war das Auto mit der gedrungenen Silhouette genau der Wagen, den eine schwierige Zeit verlangte. Schon 1946 wurden 10.000 – nun völlig entnazifizierte – Stück gebaut, und drei Jahre später erreichten die ersten »Buckelporsche« die USA. Beetle nannten ihn die Amerikaner nach seiner Form. Auf Deutsch: Käfer. Das letzte blecherne Krabbeltier lief am 30. Juli 2003 in Mexiko vom Band. Es war Käfer Nummer 21.529.464.

---

04 4. Juli 1913
Fritz Klatte erhält Patent auf PVC

Chemiker sind oft gute Köche. Im Labor müssen sie die Zutaten exakt abwiegen und in streng festgelegter Reihenfolge zusammenrühren. Und genau wie in der Küche gibt es in der Chemie eine Resteverwertung. Wenn man schon nicht jedes Atom zu Gold machen kann, dann wenigstens zu Geld – das war schon Anfang des 20. Jahrhunderts die Devise. Machen Sie mal was Schönes daraus!, sagte man dem Chemiker Fritz Klatte bei der »Chemischen Fabrik Griesheim« und gab ihm eine Menge übriges Chlor zum Forschen. Raus kam: PVC. Das Patent beantragte Klatte auf eine zu »Hornersatz, Filmen, Kunstfäden, Lacken u. dgl. verarbeitbare plastische Masse«.

05 5. Juli 1922
Der »Nansen-Pass« wird eingeführt

Was haben Igor Strawinsky, Aristoteles Onassis und Marc Chagall gemeinsam? Dass man immer überlegen muss, wie man ihren Namen richtig schreibt? Okay, war ein guter Versuch. Aber die richtige Antwort lautet: Sie waren alle einmal Inhaber eines Nansen-Passes.

Autorin: Julia Devlin

Flüchtlinge gab es ja schon immer. Und eines der Probleme, die Flüchtlinge haben, ist ohne gültige Papiere zu sein. Das erlebten auch die Menschen, die vor Revolution und Bürgerkrieg aus Russland geflohen waren. Als ob ein Leben im Exil nicht genug Schwierigkeiten böte, entschied Lenin im Jahre 1921, allen im Ausland lebenden Russen die Staatsbürgerschaft zu entziehen. Eine Million Menschen wurden mit einem Federstrich vom Russen zum Staatenlosen degradiert. Kein mächtiger Staat mehr, der sie als seine Landeskinder anerkannte, keine wortgewandten Diplomaten, die sich für ihr Wohlergehen einsetzten. Geschützt von niemandem, gewünscht von niemandem. Denn auf einen Schlag waren ihre persönlichen Papiere wertlos geworden. Und was ist ein Mensch ohne Papiere? Ein Mensch braucht Papiere, um glaubhaft zu machen, dass er ein Mensch ist, ein Mensch, der ein Dach über dem Kopf braucht, etwas zu essen, eine Arbeit, medizinische Versorgung.

Da nahm sich Fridtjof Nansen des Problems an. Der berühmte Polarforscher war vom Völkerbund damit beauftragt worden, sich um die gestrandeten Russen beziehungsweise nun Nicht-mehr-Russen zu kümmern. Seine Vision war es, die Menschen mit Ausweisen auszustatten, auch wenn sie keine Staatsangehörigkeit besaßen. Durch sein Bemühen wurde am 5. Juli 1922 in Genf ein internationales Abkommen über diesen »Staatenlos-Pass« geschlossen, der bald nur noch »Nansen-Pass« hieß. Er wurde von den Behörden des Staates ausgestellt, in dem der Flüchtling sich aufhielt, und erlaubte ihm die Rückkehr dorthin. Er war kein machtvolles Dokument, keinesfalls ebenbürtig den normalen Papieren normaler Staatsangehöriger, immer nur ein Jahr gültig. Zu Beginn war er lediglich von 31 Staaten anerkannt, was auch das Einreisen in andere als diese 31 erschwerte oder gar unmöglich machte. Staaten mögen keine Staatenlosen. Der Schriftsteller Vladimir Nabokov, auch er zeitweise Inhaber eines Nansen-Passes, ätzte daher in seinen Erinnerungen, es sei ein minderwertiger Ausweis, was sich an seinem kränklich-grünen Papier zeige, und man werde damit wie ein Verbrecher auf Freigang behandelt.

Doch es war ein Anfang, und der war dringend nötig gewesen. Denn Flüchtlinge gab es auch damals schon immer, und so wurde die Empfängerliste des Nansen-Passes mit jeder Krise, die kam, ständig aktualisiert. So um die Flüchtlinge aus Kleinasien – auf diese Weise kam Aristoteles Onassis zu seinem Nansen-Pass. Auf die Armenier. Auf die Menschen aus den Gebieten der zerbröselten Doppelmonarchie Österreich-Ungarn. Auf die Saarländer.

Nansen erhielt für seine Bemühungen um die Flüchtlingspolitik 1922 den Friedensnobelpreis. Doch ein größeres Denkmal hat er in den Herzen zahlloser Heimatloser gefunden, die mithilfe seines provisorischen Ausweisdokumentes ein Stück ihrer Menschenwürde zurückbekamen.

---

06 6. Juli 1957
John Lennon und Paul McCartney treffen sich zum ersten Mal

Als Paul McCartney und John Lennon ihre ersten gemeinsamen Songs im Hausaufgabenheft notieren, wissen sie noch nicht, dass ihr Berufsweg sie auf die großen Bühnen bringen wird: Erst Schulkumpel, dann Beatles!

---

07 7. Juli 1843
Dampfschifffahrt auf dem Chiemsee erlaubt

Beinahe wäre Wolfgang Schmid, genannt der »Dampf-Wofei«, ein wohlhabender Unternehmer geworden. Aber halt nur beinahe. Das Problem: Die Zeit war noch nicht reif für seinen Traum. Für das erste dampfbetriebene Passagierschiff auf dem Chiemsee!

Autorin: Regina Fanderl

Dabei hat der 1805 geborene Zimmerermeister Wolfgang Schmid aus Grassau tatsächlich ein schalenförmiges Schiff aus Fichtenholz gebaut und mit modernster Technik ausgestattet. Die Dampfmaschine kam vom königlichen Hofbrunnenmeister Franz Höß in München. Der Kessel vom Kupferschmiedemeister Joseph Feßler daselbst.

Die Bewilligung zum Betrieb der Dampfschifffahrt ließ nicht lange auf sich warten, und der Wofei organisierte einen veritablen Stapellauf. Am 7. Juli 1843 stach der namenlose Schaufelraddampfer mit 60

Personen an Bord von der Feldwies in den See und nahm – »sehr langsam«, so berichteten Augenzeugen – Kurs auf die Frauen- und die Herreninsel, wo damals noch kein Märchenschloss stand.

Auch dem Wofei seine Karriere als Reeder verlief alles andere als märchenhaft. Der Rumpf seines Dampfers erwies sich als wenig stabil und musste ersetzt werden. Mangels Einnahmen kam bisweilen statt Maschinenöl nur Salatöl zum Einsatz. Und einmal soll er zur Befeuerung sogar die Sitzbänke des Schiffes verheizt haben. Am meisten aber wurmten den Wofei die Kosten für die ständigen Wartungs- und Reparaturarbeiten an der Kesselanlage. Kaum war mal Geld in der Kasse, floss es auch schon wieder zu Feßler nach München. Ein Gfrett!

Als der Kessel im Winter 1847 schon wieder in München war, wurde es dem Wolfgang Schmid zu dumm. Er zog sich aus dem Draufzahl-Unternehmen zurück und überließ Schiff und Konzession dem Kupferschmied Feßler.

Ein schwerer Fehler, wie sich herausstellte. Zwar dümpelte das Feßler-Schiff auch noch ein paar Jahre herum – aber dann begann König Ludwig II. mit dem Bau des Schlosses auf der Herreninsel! Feßler übernahm mit einem neuen Schleppdampfer die Arbeiter- und Materialtransporte. Noch mehr boomte das Geschäft des Münchner Kupferschmieds, als Prinzregent Luitpold nach dem Tod Ludwigs, 1886, das unvollendete Schloss zur Besichtigung freigab. Feßler ließ alsbald den eleganten, 500 Personen fassenden Raddampfer »Luitpold« vom Stapel. Mit der Eisenbahn kamen nun Scharen von Besuchern am Priener Bahnhof an und mussten mit Pferdekutschen an den zwei Kilometer entfernten Hafen befördert werden. Viel zu umständlich für ein ansonsten florierendes Geschäft. Die Lokomotivfabrik Krauss & Company bekam den Auftrag, eine Schmalspurbahn zu bauen. Mit dem »Bockerl« war endgültig der Grundstein gelegt für die bis heute ungebrochene Flut von Touristen zu den Chiemsee-Schiffen.

Und was wurde aus dem Dampf-Wofei, dem Pionier? Viel ist nicht bekannt. Eigentlich nur, dass es in seinem Heimatort Grassau eine Wolfgang-Schmid-Straße gibt. Immerhin.

08 8. Juli 1930

Schneefernerhaus und Zugspitzbahn eröffnet

Ein Schloss in den Wolken war es nicht, aber doch dem Himmel sehr nahe da in der Nähe des Zugspitzgipfels: Deutschlands einst höchstes Hotel. Den Gästen gefiel es. Später. Zunächst hatten die Arbeiter zu kämpfen mit Wind und Wetter auf einer Baustelle auf 2.650 Meter Höhe an einem 45 Grad steilen Hang.

Autor: Hartmut E. Lange

Gemütlich fährt man eine Stunde bergauf, steigt aus dem schicken Waggon, und wenn das Wetter mitspielt, hat man einen atemberaubenden Ausblick auf die schneebedeckten Gipfel: die Plattspitzen, den Höllenkopf, die Riffelwandspitze, den Waxenstein. – Und wenn man das gesehen hat, was macht man dann? Eine Weißwurst und ein Bier wären nicht schlecht. Aber wo?

Diese Frage haben sich auch die Männer gestellt, die sich 1928 über die Pläne zum Bau der Zugspitzbahn beugen. Und sie sind sich ziemlich schnell einig: Da oben muss ein schönes Haus hin, mit Restaurant und Betten.

Zwei Jahre später herrscht große Aufregung in Niesky, einer Zehntausend-Seelen-Gemeinde in der Lausitz. Neben dem Jubel über den besonderen Auftrag fließen auch Tränen. »Zwei Monate weg von zu Hause«, klagen junge Ehefrauen. »Na und, so was passiert nur alle hundert Jahre, und wir können dabei sein«, erwidern die Männer. »Wir bauen Deutschlands höchstes Hotel – auf der Zugspitze!«

Mit »wir« meinten sie ihre Firma, den größten Arbeitgeber der Region, die Christoph & Unmack AG, die älteste und größte Spezialfabrik für Holzbauten aller Art. Prominente Aufträge hatte die Firma schon einige, zum Beispiel in Caputh das Sommerhaus für Albert Einstein.

Nun hatte sie eine Baustelle auf 2.650 Meter Höhe an einem 45 Grad steilen Hang. Kein Problem, dachten alle, schließlich war bereits Frühsommer. Sie hofften auf einen sonnigen Arbeitsplatz mit schöner Aussicht. Doch die Lausitzer waren ziemlich überrascht von den widrigen Bedingungen dort oben, als sie Ende Mai ihre Arbeit begannen. Woher sollten sie es auch wissen? Die höchsten Erhebungen in ihrem Heimatort waren zwei Rodelberge: Sonnenhügel und Katzenbuckel, keine 20 Meter hoch.

»Meine Männer sind fast am Verzweifeln«, schrieb Bauleiter Arthur Ritschel auf einer Postkarte an seine Frau. »Seit Tagen schneit es hier oben. Morgens, wenn wir aus den Hütten treten, ist das Baumaterial weg.« Immer wieder verschwanden nämlich Balken und Bretter unter einer dicken Schneedecke.

Die Mannschaft wohnte in Holzhütten im Basislager auf 1.700 Meter, gemeinsam mit über 1.000 anderen Arbeitern, die seit zwei Jahren Bahngleise über steile Hänge und durch zähe Felswände in die Höhe trieben. Der Transport zum Bauplatz erfolgte mit mehreren Hilfsseilbahnen. Zu sechst schwebten sie in offenen Holzgondeln, die wie riesige Schweinetröge aussahen, über Baumwipfel und tiefe Schluchten.

Trotz aller Widerstände, in einer Rekordzeit von 35 Tagen errichteten die Holzbau-Spezialisten aus der Lausitz ein beeindruckendes fünfgeschossiges Hotelgebäude, mit einem Restaurant, einer modernen Küche und über 100 Betten. Am 8. Juli 1930 wurde das Schneefernerhaus eröffnet – gemeinsam mit der Zugspitzbahn. Durch die fertige Bahnstrecke konnte jetzt viel schneller Material nach oben gebracht werden. Auf allen Bauplänen wurde das Schneefernerhaus als »Provisorisches Touristenheim« bezeichnet. Wie lange dieses prächtige Provisorium existieren sollte, wurde nirgends erwähnt. Im Mai 1965 beantwortete ein gewaltiges Naturereignis diese Frage – ein schwerer Lawinenabgang beschädigte das Gebäude so stark, dass es abgerissen werden musste.

Nur ein Metallschild ist übrig geblieben. Im Sommer 2013 tauchte es auf einem Flohmarkt in Oberbayern auf. 35 Jahre hatte es neben der Eingangstür gehangen und den Gästen stolz verkündet, wer dieses riesige Gebäude, so elegant wie ein Schwalbennest, an die Felswand geklebt hatte.

Jenes Erbauerschild kehrte zurück zu den Wurzeln – heute liegt es in einer Vitrine im Konrad-Wachsmann-Haus in Niesky und erinnert in der Ausstellung »Holzbauten der Moderne« an das erste Hotel auf der Zugspitze, an das Schneefernerhaus.

---

09 9. Juli 1989
Steffi Graf gewinnt wieder Wimbledon

Die Ratgeberliteratur lehrt: Männer sind unter anderem deshalb eher Filialleiter, schneller Projektchefs, flotter Intendanten, weil sie sich lautstärker selbst vermarkten. Sprich, wo der Mann sich hinstellt: Sieh her, Welt, ich habe dies erfolgreich vollbracht – entschuldigt sich die Frau: Das war Glück, zur rechten Zeit am rechten Ort. Eigentlich wollte ich das gar nicht, und natürlich ist es sicher auch ganz bestimmt sowieso also jetzt nicht irgendwie perfekt … Ergo rät der Ratgeber: Frau, lobe dich genauso selbst, und zwar vor Publikum. *Autorin: Susi Weichselbaumer*

Probieren kann man es ja mal. Vorbilder gibt es. Aufgemerkt, Zitat: »Dass ich da heute noch einmal durchkam, nachdem ich schon 6:3 und 4:2 hinten gelegen habe und das Spiel noch rumgedreht habe, also das ist eine Superleistung von mir gewesen«, so beantwortet Steffi Graf eine Reporterfrage nach ihrem ersten Wimbledonsieg. Sie ist gerade 19 Jahre alt. Sicher reden viele seit Langem vom Wunderkind und

Ausnahmetennistalent. Doch richtig vorne in der Weltrangliste mischt die geborene Mannheimerin erst seit einigen Monaten mit. Dass sie da schon das bedeutendste Turnier der Tenniswelt gewinnt? Noch dazu gegen eine Topfavoritin wie Martina Navratilova, die eigentlich fest mit ihrem neunten Wimbledontriumph gerechnet hatte?

Große Leistung der Deutschen und ein kleiner glücklicher Netzroller am Ende, der ihr den entscheidenden Punkt bringt. Für den sie sich nicht entschuldigt. Auch keine Silbe in Sachen Glück und zur rechten Zeit am rechten Ort. »Also das ist eine Superleistung von mir«, erfährt der Sportreporter. Viel mehr gibt Steffi Graf nicht preis. Ausführliche Gespräche mit der Presse meidet sie. Macht nichts, die kurze Botschaft ist angekommen. Diese Frau hat Selbstbewusstsein.

Und das stellt sie unter Beweis, gleich im Jahr darauf, wieder im Tennis-Mekka Wimbledon. Am 9. Juli 1989 schallen die magischen Worte über den Center Court: »Game, Set, Match, Graf«. Noch mal ist Navratilova im Finale geschlagen. Keine drei Stunden später steht auch der Gewinner bei den Männern fest: Boris Becker. Das ist ein Tag fürs Geschichtsbuch, jubeln die Medien.

King Boris und Queen Steffi schreiten das Spalier der Fans ab, Arm in Arm, links der Silberteller, rechts der Goldpokal. Glorreiche Vergleiche der Journalisten lassen sie gerne zu, etwa mit den Sensationserfolgen eines Max Schmeling oder dem Wunder von Bern. Glückwunschtelegramme von Bundespräsident Richard von Weizsäcker und Kanzler Helmut Kohl nimmt man selbstverständlich lächelnd entgegen.

Lobe dich selbst, und das vor Publikum – womit wir wieder bei der Ratgeberliteratur wären. Und bestätigt sehen, es ist ganz gleich, ob Frau oder Mann: Wer der Welt zeigt, sieh her, ich bin erfolgreich, wird als Siegertyp und Führungsperson wahrgenommen. Kleine Unebenheiten in der idealen Erfolgsstory sind dabei marginal. Dass Steffi Graf kurz nach dem Matchball gegen Navratilova auf dem Platz vor lauter Anspannung in Tränen ausbricht, ist vergessen. Schwamm drüber. Respektive kein Wort darüber verloren.

Aber Achtung, je weiter der Erfolg, über den man spricht, zurückliegt, desto weniger wiegt er auf. Dass Steffi Graf später inflationär Werbung für alles macht, von der Nudel über den Teebeutel zum Deostick, kratzt an ihrem Heldinnenimage. Und der aktuelle Idolfaktor von Boris Becker – ach, manchmal ist Schweigen Gold.

10 10. Juli 1755
Lessings »Miss Sara Sampson« uraufgeführt

Als der gerade mal 26 Jahre alte Lessing das erste Bürgerliche Trauerspiel schreibt, greift er tief in die Tragiktrickkiste: Liebe und Moral und überhaupt und alles. Plus, und das ist das Neue: eine klare politische Botschaft.

---

11 11. Juli 2007
Der 2.767 Meter hohe Mullwitzkogel wird in Wiesbauerspitze umbenannt

Furtschaglspitze, Zischgeles, Gargglerin, Pflerscher Pinggl. Recht kreativ in der Namensgebung ihrer Berge waren sie schon immer, die Tiroler. Indes ein unscheinbarer Vorhügel, der Mullwitzkogel, laut Wanderführer »von keinerlei Bedeutung für Bergsteiger«, erregte am 11. Juli 2007 die Gemüter. »Ein Wurstberg«, »eine Schweinerei« hieß es da, als der Gemeinderat Prägraten im hintersten Osttiroler Virgental verkündete, der Mullwitzkogel hieße ab nun nach dem Dauerwurstfabrikanten »Wiesbauerspitze«!

---

12 12. Juli 1965
Snoopy schreibt seine erste Zeile als Schriftsteller

»Es war eine dunkle und stürmische Nacht …« So beginnt er, der Roman »Paul Clifford« von Edward Bulwer-Lytton. Der Brite erlangte im 19. Jahrhundert mit dem Historienschinken »Die letzten Tage von Pompeji« seinerzeit eine unzweifelhafte und unsererzeit eine zweifelhafte Berühmtheit: Man erfand den »Bulwer-Lytton Fiction Contest«. Ziel des Wettbewerbs: den schlechtestmöglichen Anfangssatz eines Romans zu schreiben … »Es war eine dunkle und stürmische Nacht …«

Autor: Frank Halbach

Doch ein großer Dichter ist in der Lage, auch mit einem solchen Satz ein Meisterwerk zu beginnen, ja es spornt ihn nur noch mehr an, seine Gedanken werden zu Beagles, zu Jagdhunden, von denen es heißt: »Der ausgeprägte Jagdtrieb lässt nur zwei Möglichkeiten, die Jagd zu beenden: durch Beutemachen oder aufgrund von Ermattung.«

Der Autor, von dem hier die Rede ist, erblickte das Licht der Welt am 4. Oktober 1950 auf einem Bauernhof und hat sieben Geschwister. Sein schriftstellerisches Œuvre begann er am 12. Juli 1965, indem er Bulwer-Lyttons Satz »Es war eine dunkle und stürmische Nacht« zitierte. Er hatte zu diesem Zeitpunkt schon eine Karriere als Pilot hinter sich und als englisches Fliegerass im Ersten Weltkrieg die Welt vor dem Roten Baron beschützt. Er war bereits zu einem weltberühmten Supermarktkassierer geworden – und von denen gibt es auf der ganzen Welt höchstens ein Dutzend. Und er war ein ebenso weltberühmter Eistanztrainer.

Dann begann er zu lesen: Tolstoi. »Krieg und Frieden« – in der deutschen Übersetzung 1.645 Seiten stark. Aber er las nicht einfach. Er dachte über diesen bedeutsamen Beitrag zur Weltliteratur nach. Er übte geistige Hygiene. Ein Wort. Ein Wort pro Tag. Er las ein Wort pro Tag und dachte darüber nach. Gehen wir von einer Standardseitenformatierung aus, so las und dachte er 600.425 Tage.

Nichts konnte ihn davon abbringen, nicht einmal der schreckliche Tag, als sein echter van Gogh, der in seiner Hütte hing, zusammen mit seinem Billardtisch verbrannte. Erst dann begann er zu schreiben: »Es war eine dunkle und stürmische Nacht ...«

Das Schicksal wahrer Genies besteht oft darin, verkannt zu werden. Die Erstleserin, Sally Brown, ließ kein gutes Haar an diesem Meisterwerk. Und auch der Verleger wollte das Buch nicht. Doch wem der Jagdtrieb nur die Alternative lässt, Beutemachen oder Ermattung, der gibt nicht auf ... Dem Verleger ein bisschen Geld schicken? Das sind ja nur Peanuts. Schließlich war der Autor ja auch der erste Beagle auf dem Mond.

Und so ist es schließlich gedruckt worden, das Buch des berühmtesten Beagles der Welt, der dem »kleinen rundköpfigen Jungen« Charlie Brown gehört. Ja, ganz recht, Snoopys Roman ist schließlich gedruckt worden, in der exklusiven Auflage von einem Exemplar!

---

13 · 13. Juli 1930
Erste Fußballweltmeisterschaft angekickt

Wenn man die Fußball-Rekordweltmeister aufzählt, kommt an einer Stelle immer ein gewisses Stutzen ... Brasilien, fünf Titel; Italien und Deutschland je vier, dann Argentinien mit zwei und: Uruguay, ebenfalls zwei WM-Titel. Uruguay? Tja, Uruguay war im Fußball mal eine Großmacht. Bei den Olympischen Spielen 1924 in Paris – bevor es überhaupt Weltmeisterschaften gab – schoss die uruguayische Mannschaft in vier Spielen 18 Tore und gewann Gold. Und 1928 in Amsterdam gleich noch mal. Weil aber die Olympischen Fußballspiele bei den Zuschauern so gut ankamen und weil in Südamerika schon Halbprofis kickten, entschied die FIFA, sich Ruhm und Geschäft unter den Nagel ... pardon, endlich die seit Längerem geplante Weltmeisterschaft für die besten Fußballnationen abzuhalten. Und zwar möglichst schnell, gleich 1930. Uruguay bekam den Zuschlag.

Autor: Johannes Roßteuscher

Das war praktisch, weil das Land in dem Jahr auch sein 100-jähriges Bestehen feiern würde. Die europäischen Fußballnationen reagierten auf die Vergabe verschnupft: Die meisten reisten gar nicht erst an. Lediglich die Mannschaften aus Belgien, Frankreich, Jugoslawien und Rumänien schifften sich ein, allesamt auf dem gleichen Luxusliner. Die Jugoslawen trainierten zweimal am Tag an Deck und wurden

dafür von begeisterten Mitreisenden so oft zu Ess- und Trinkgelagen eingeladen, dass Torwart Jakšić während der Überfahrt 16 Kilo zulegte. Vielleicht hatte er sich auch gezielt Winterspeck angefuttert, denn als das Schiff Montevideo erreichte, schneite es.

In Südamerika war schließlich Winter, die FIFA machte sich schon damals ungern Gedanken über das Wetter in fremden Ländern. Schon eingetroffen waren die Gegner: neun Teams aus allen Teilen Amerikas, darunter Brasilien, die USA, Mitfavorit Argentinien und Gastgeber Uruguay.

Am 13. Juli 1930 wurde das Eröffnungsspiel angepfiffen, Frankreich gegen Mexiko, bei Schneegestöber und vor nur 4.444 Zuschauern. Gespielt wurde in einem Ausweichstadion, weil das eigens für die WM errichtete Jubiläumsstadion Estadio Centenario mit 100.000 Plätzen noch eine Baustelle war. Immerhin wurde das Centenario noch während des Turniers fertig – und muss dann eine Wahnsinns-Kulisse abgegeben haben: Von vier Säulen erschallte laute Tangomusik, die Zuschauer schossen pausenlos in die Luft – wozu hatten sie schließlich ihre Pistolen dabei?

Zurück zum Eröffnungsspiel: Frankreich gewann 4:1 gegen Mexiko, und von da an lief für die Europäer nicht mehr viel zusammen. Ins Endspiel kamen, dank ihrer Spielkunst und einiger skandalöser Schiedsrichterentscheidungen, die Favoriten: Uruguay und Argentinien. Das Finale glich dann eher einem Gefecht als einem Fußballspiel. Mehrere argentinische Spieler bekamen Morddrohungen, der belgische Schiedsrichter Jean Langenus forderte 2.000 Polizisten, persönliche Leibwächter und ein Fluchtboot, das er in 15 Minuten erreichen konnte. Außerdem bestand er darauf, dass vor dem Spiel die Pistolen eingesammelt wurden; es waren insgesamt 1.600. Langenus ließ die erste Halbzeit mit einem Ball aus Argentinien spielen, die Gäste gingen dann auch mit 2:1 in Führung. Nach der Pause kam ein Ball aus Uruguay zum Einsatz – die Gastgeber drehten das Spiel und gewannen 4:2. Vermutlich hätte es sonst Tote gegeben. Der WM-Titel für die Gastgeber führte zu wochenlangen Feiern in Uruguay und dem vorübergehenden Abbruch der diplomatischen Beziehungen zwischen den beiden Nachbarländern.

14

14. Juli 1894

Georg von Neumayer erforscht Meeresströmung per Flaschenpost

Ganze drei Jahre hat es gedauert, bis die Antwort bei ihm in Hamburg eintrudelte: Seine südamerikanische Rumflasche mit Notiz darin war endlich in Australien ans Ufer gespült worden. Im Laufe seines Lebens und noch lange danach ist in seinem Auftrag noch 6.500 Mal eine Flaschenpost von Bord gegangen! Immerhin 10 Prozent der darin zusammengerollten Formulare sind dann auch in Hamburg eingetroffen.

15 — 15. Juli 1975
Apollo-Sojus-Projekt tritt in Kraft

»Die beste Zutat an einem guten Abendessen ist nichts, was du isst, sondern mit wem du es isst.« So brachte es der russische Kosmonaut Alexej Leonow 1975 auf den Punkt, als er gefragt wurde, wie sein erstes amerikanisches Abendessen im All geschmeckt hätte. Mit diesen Worten fasste er aber auch zusammen, um was es bei dem ersten – und einzigen – gemeinsamen Weltraumprogramm der USA und der Sowjetunion, dem sogenannten Apollo-Sojus-Test-Projekt, im Innersten ging: um eine kosmische Annäherung an den irdischen Konkurrenten. Erwählt dafür waren die amerikanischen Astronauten Thomas Stafford, Vance Brand und Deke Slayton sowie ihre russischen Kollegen Alexej Leonow und Waleri Kubassow.

Autor: Markus Mähner

Am 15. Juli 1975 begann das Annäherungs-Weltraumabenteuer mit dem Start eines russischen Sojus-Raumschiffs in Baikonur. Auf die Minute genau siebeneinhalb Stunden später folgte, 11.000 Kilometer davon entfernt, in Cape Canaveral, der Start eines amerikanischen Apollo-Raumschiffs. Alles verlief planmäßig. Zwei Tage später trafen sich die beiden Raumschiffe im All und koppelten aneinander. Bevor allerdings das kosmische Stelldichein stattfinden konnte, musste noch die russische Atmosphäre in der Sojus – ein erdnahes Gemisch aus Sauerstoff und Stickstoff – an den reinen Sauerstoff, den die US-Piloten bekamen, angeglichen werden. Von wegen: Wir atmen alle die gleiche Luft ...

Nach einer Stunde Luftanpassung war der große Moment endlich gekommen: intergalaktisches Händeschütteln, Lächeln für die Kameras der Live-Übertragung auf die Erde, andächtiges Lauschen auf die Ansprachen der beiden Staatschefs Leonid Breschnew und Richard Nixon, abermaliges Händeschütteln, freundliches Fähn-

chen-Tauschen, Mittagessen russisch, Abendessen amerikanisch – und alles immer live mitgefilmt für die staunenden Erdenbewohner in Ost und West, die nicht fassen konnten, dass dort kommunistische und kapitalistische Raumfahrer zusammen speisten. Allein die Raumkapseln waren so eng ausgelegt, dass schon dadurch die »Komsomolsonauten« und »Kapitalstronauten« notgedrungen auf Schmusekurs gehen mussten.

Doch bis diese äußerst kostspieligen Gelage – nicht wegen der Nahrung, eher wegen der exklusiven Lage der Tafel – zustande kommen konnten, bedurfte es einer langen Vorbereitungszeit. Denn damit bei dem pressetauglichen Schlemmen auch nichts schiefgehen konnte, wurde bereits vorher geübt. Keine Seite sollte an der ungewohnten Nahrung und den Tischmanieren des Gegenübers Anstoß nehmen. Bereits 1973 reisten Leonow und Kubassow in die USA, um sich an ihre amerikanischen Kollegen und deren Küche vorsichtig heranzutasten.
Besonders der alte Hase Alexej Leonow – er war der erste Kosmonaut, der einen Weltraumspaziergang unternommen hatte – erwies sich dabei als Publikumsliebling, der den amerikanischen Klassenfeind zu betören wusste. Seine amüsanten Sprüche und die zahllosen Bilder des Weltraum-Rendezvous tauchten später in zahlreichen Filmen auf. Darunter jener Dokumentarfilm der NASA, der das gemeinsame Mahl in der Sojus-Kapsel als »russian style« bezeichnete. Die Bilder zeigen Alexej Leonow mit einem amerikanischen Kollegen, wie sie ein konzentriertes Gemisch Astronautennahrung direkt aus der Tube in den Mund drücken. Na Mahlzeit! Doch die beste Zutat an einem guten Essen ist ja schließlich nichts, was du zu dir nimmst, sondern mit wem du es »verdrückst«.

16

16. Juli 1951

Salingers »Der Fänger im Roggen« erscheint

Wenn es etwas gibt, wo jeder »dazugehört«, dann dieses Buch, das irgendwie jeder gelesen haben muss. Man »versteht« sich so schön mit jemandem, der's auch verstanden hat. Und wer weiß schon noch den Grund, warum das Buch eigentlich so heißt? Ein missverstandener oder kreativ uminterpretierter Gedichtfetzen … es wird in dem Buch eigentlich gar nichts in the Rye gecatcht. Aber die Hauptfigur stellt sich vor, im Roggenfeld am Abgrund spielende Kinder vor dem Absturz zu bewahren. Strange.

17

17. Juli 1990

Patent auf ein Klavierbett mit eingebautem Büro

Charles Hess aus Cincinnati hat sich ein raffiniertes Kombinationsmöbel einfallen lassen. Aus einem Klavier, einem Schreibtisch und einem Bett. Hess fand das praktisch für kleine Hotelzimmer, in denen der Gast tagsüber arbeiten, abends ein wenig Klavier spielen und nachts schlafen wollte. Dass sein »verwandelbares Schlafzimmer-Klavier« tatsächlich gebaut worden ist, dass wirklich jemand nachts in einem Klavier geschlafen und am Morgen Geschäftsbriefe daran verfasst hat, davon findet man keine Spur. Klavierfreunde mag das beruhigen.

18 18. Juli 1976
Erste Turnerin der Welt erhält bei Olympia die 10,0

Ein Traum, der nicht einmal eine Minute dauert. Fantastisch gegrätscht geht es über den unteren Holm, ein gekippter Felgaufschwung am oberen, ein Umschwung, dann der Stütz – alles federleicht! Graziös fliegt sie weiter, mit unfassbarem Schwung vom unteren zum oberen Holm und wieder zurück, gestreckt bis in die Zehenspitzen. Jede Bewegung, jede Figur wirkt kraftvoll, sicher und anmutig. Faszinierend! – die blitzschnellen Handwechsel, die atemberaubend weiten Riesenfelgen und zum Schluss: der anderthalbfache Salto rückwärts. Und dann steht sie wieder auf der Matte wie eine Eins. Die erst 14-jährige Rumänin Nadia Comăneci mit der Startnummer 73 zeigte eine perfekte, um nicht zu sagen, übernatürliche Leistung am Stufenbarren. So urteilten die Kampfrichter einstimmig.

---

19 19. Juli 1812
Beethoven und Goethe in Teplitz

Die beiden promenieren untergehakt und begegnen der Kaiserin von Österreich. Goethe windet den Arm frei, tritt zur Seite, zieht den Hut, verneigt sich tief, verharrt gebückt. Ganz anders Beethoven. Der baut sich breitbeinig auf, drückt den Hut ins Gesicht, spreizt die Brust, steht da wie eingerammt. Die Kaiserin grüßt als Erste, der Erzherzog lüpft den Zylinder, Goethe buckelt, Beethoven nicht. Was für eine Geschichte! Fast schade, dass Goethes Freundin Bettina von Arnim sie erfunden hat …

---

20 20. Juli 1711
Händler und Krämer wollen länger öffnen

Teleshopping war noch nicht erfunden und im Internet bestellen ging nicht … Macht nix, meinten die historischen Münchner. Machen wir unsere Ladentüren einfach ganz lange auf! Damals ein dreistes Ansinnen: Der christliche Feiertag war zu heiligen! Schließlich aber einigten sich die Stadträte von München auf eine Ladenöffnungsvorschrift, die jedem Diplomaten noch heute Freudentränen in die Augen treibt: Man entschied, dass weiterhin an Sonn- und Feiertagen die Läden geschlossen bleiben sollten. Die Hintertür allerdings, die hatte man sich sprichwörtlich offen gehalten: Durchs Hintertürl durften auf der Rückseite der Geschäfte auch sonntags die Taler rollen.

21 21. Juli 1971
»Graffiti« taucht zum ersten Mal in der Presse auf

Im Grunde wussten wir es: Wir sind als Rebellen geboren! Alle! Logo. Sonst wären wir gar nicht da! Bloß Adam und Eva wären da, würden im Paradies herumlümmeln und ihr Dasein genießen. Ohne Mühsal wie Schmerzen der Geburt und so weiter. Aber Eva wollte es nun mal wissen. Die alte Rebellin! Hat sich damals, trotz scharfen Verbots, die Frucht vom Baum der Erkenntnis geschnappt! *Autorin: Anja Mösing*

Mal abgesehen von all den unglaublich unangenehmen Folgen, die ihre Aktion hatte, ist eines klar: Ihren Namen kennen wir noch heute! Und auch diese Ur-Rebellion muss noch irgendwo in uns stecken. Okay, bei vielen ist dieses Erbe inzwischen arg verdünnt. Rebellionsgeist ist quasi nur noch in homöopathischer Dosis erkennbar.

Aber einige Nachfahren von Adam und Eva legen es immer noch drauf an, Verbote zu übertreten. So oft wie möglich und am besten so, dass jeder das Ergebnis sehen kann.

Eine weltweite Rebellen-Clique kann heute sogar Geburtstag feiern. Denn am 21. Juli 1971 berichtete zum ersten Mal eine Zeitung über das, was sie machen. Diese Jugendlichen, die überall in der Stadt ihren Namen hinterließen: an Häuserwänden, in U-Bahnen, auf Laternenpfählen, einfach wo immer sie gingen und standen.

»TAKI 183« konnte man im Sommer 1971 in New York am allerhäufigsten lesen. Ein Journalist der »New York Times« fand den jungen Burschen, der diese Signaturen gemacht hatte, und interviewte ihn. TAKI 183 war ein 17-Jähriger, der eigentlich Demetrius hieß, aber Taki genannt wurde und in der 183. Straße von New York wohnte. Von den Jugendlichen in seinem Viertel wurde er sowieso für den King gehalten, weil keiner es geschafft hatte, seinen Namen so oft wie er an die Wände der Stadt zu schreiben. Und weil Taki noch nie dabei geschnappt worden war. Jetzt wussten auch die Leser der »New York Times« Bescheid, und die ganze Sache bekam einen Namen: Graffiti. Abgeleitet vom italienischen *graffito*, für eingekratzte Buchstaben, wie sie schon seit Jahrhunderten gern auf glatten Flächen hinterlassen wurden.

Und jetzt bedeutete Graffiti: Ruhm für Rebellion. Das war ein Geschenk. Und ein Kick! Den Besitz der Erwachsenen markieren, zuerst noch mit den gerade erfundenen, dicken Filzstiften, den Markern. Dann kamen die Spraydosen, mit denen man zeigen kann, was man draufhat: unübersehbar riesige Buchstaben, bunt und plastisch wirkend, mit politischen, humorvollen und kritischen Aussagen. Jedenfalls für den, der sie entziffern kann. Dazu gibt es kraftvolle Bilder oder Porträts. Es gibt Spezialisten, die mit Schablonen arbeiten – mal in Richtung Comic, mal in Richtung Realismus. Alles ist möglich. Und man wird dafür richtig gejagt. Von Hausbesitzern, von der Polizei. Muss seine Taschen mit den Spraydosen verstecken.

Je waghalsiger die Untergründe für ein Piece – ein komplettes Werk – sind, umso besser. Polizeiwagen und komplette U-Bahnzüge stehen bald ganz oben auf der Liste, wenn es darum geht, Ruhm und Respekt bei den Kollegen zu bekommen. Die Werke fahren immerhin durch die ganze Stadt! Ein Traum.

Einige kreative Rebellen werden vom Kunstmarkt geschluckt. Aber die meisten wollen einfach Street Art machen. Kunst für alle. Kunst, die Energie aus dem Unerlaubten zieht. Die nie aufhört. Höchstens dann, wenn Polizisten und Hausbesitzer ein neues Graffito mit Kennermiene würdigen würden, anstatt es entfernen zu lassen.

Aber das wäre fast, als hätte Gott damals zu Eva gesagt: »Komm, Liebes, lass mich auch mal abbeißen!«

22

22. Juli 2009

Längste totale Sonnenfinsternis im 21. Jahrhundert

Der Schattenstreifen des Mondes zieht über Asien: Der Kernschatten des Mondes, also das Gebiet, in das kein Sonnenlicht gelangt, verdunkelt am 22. Juli 2009 um 0:51 Uhr Universalzeit das Arabische Meer und wandert dann Richtung Osten über Indien. Die Menschen in Bhopal, Varanasi und Patna sehen die Sonne bereits kurz nach ihrem Aufgang wieder schwarz werden, für fast drei Minuten!

23 23. Juli 1976

Langweiligstes Lied der Welt stürmt Hitparade

Von den späten 1960ern bis Anfang der 80er erschienen auf den Bühnen und in den Plattenläden der Welt die Gitarrengötter. Das waren Männer mit langen Haaren, kaum 30 Jahre alt, die E-Gitarre spielen konnten, dass Hobby-Gitarristen fassungslos rätselten – was ging hier vor sich? Jimi Hendrix war einer der Ersten. Die nächsten Jahre brachten immer neue dieser rätselhaften Wesen ans Licht: etwa Carlos Santana, Jimmy Page von Led Zeppelin oder Ritchie Blackmore von Deep Purple.

Autor: Thomas Morawetz

Die Gitarrengötter setzten keine Maßstäbe, sondern hoben sie auf; und damit begann das Elend zahlloser minderjähriger Hobby-Gitarristen. Die waren damals Schüler oder Lehrlinge, mit billigen akustischen Gitarren. Beim Kauf einer E-Gitarre ging der Ärger mit den Eltern los, spätestens aber beim Kauf des Verstärkers.

Bald hatten sich die größten Herausforderungen für die Nachwuchs-Virtuosen herauskristallisiert, und die übten, übten und übten: Ritchie Blackmores Riff von »Smoke on the Water« – wie das ging, war bald raus. Nur: Es klang nie so wie auf der Platte! Oder die ersten Takte von Santanas »Samba Pa Ti« – hatte vielleicht einer aus der Parallelklasse geknackt, jetzt konnte man's auch – nur: Es klang nie so wie bei Santana! Oder – der Anfang von Led Zeppelins »Stairway to Heaven«! Und wie man den bald raushatte! Ja, den ganzen ruhigen Teil sogar, bis zum Solo. Dann war Endstation, nur leider – das davor: Es klang auch nie so wie bei Jimmy Page!!

Es gab Schauplätze, an denen sich das Leid verdichtete: Vor allem in Bussen, die von Schulausflügen zurückfuhren. Einer hatte seine Lagerfeuergitarre dabei, und das hieß, dass alle Jungs ihr Glück versuchten. Immer nur die ersten Töne. Die ganze Fahrt lang. »Smoke on the Water«, »Samba Pa Ti«, »Stairway to Heaven«. Und natürlich: Nie klang es so, wie es sollte!! Busfahrer war damals ein schrecklicher Beruf.

Kaum jemand hatte bemerkt, dass der Befreier von diesem Leid schon da war. Am 23. Juli 1976 schaffte ein neuer Gitarrenhit den Einstieg in die Schweizer Hitparade. Auf Rang 14. Der Gitarrist war ein König mit dunklen, leicht gewellten Haaren, mittel-

lang. Er trug eine schneeweiße E-Gitarre und ein weißes Gewand, bescheiden, kein Glitzerkram. Ohne orgiastisches Grimassieren lächelte er beruhigend in die Kamera – und dann legte er los:
Blibb ... blibb blibb blibb blibb ...
Blibb blibb blibb blibb ...
Blibb blibb blibb blibb ...

Die Erscheinung hieß Ricky King, der Hit »Verde«. Und der stürmte nicht nur die Schweizer Hitparden. Aber in der Schweiz schaffte der König damit sogar sechs Wochen lang Platz eins.

Gut. Ritchie Blackmore hätte zwischen dem ersten und dem zweiten Blibb 100 zusätzliche gespielt, eine Breze gegessen und den Hund spazieren geführt. Kurz: »Verde« war das langweiligste Lied der Welt. Aber gerade das war der einzige Superlativ, der den Bann der Gitarrengötter brechen konnte! Endlich war die Welt des Machbaren greifbar ... Oder besser gesagt: Endlich wäre sie greifbar gewesen. Denn – hat damals jemals jemand in einem Schulbus »Verde« gehört?

Nein. Die Hobby-Gitarreros waren zu stolz und bezahlten den Preis: Kurz darauf wurden sie vom Punk zermalmt. Jetzt brauchte man die Gitarre nicht mal mehr zu stimmen. Feierabend. Blibb.

---

24 24. Juli 1938
Erste Durchsteigung der Eiger-Nordwand erfolgreich abgeschlossen

Ein Sonntag 1938. »Unsere Sinne und Nerven sind zu abgestumpft, unsere Körper zu müde, um einen Gefühlstaumel zu gestatten«, notiert Bergsteiger Heinrich Harrer einige Tage nach seinem 26. Geburtstag. Er und sein österreichischer Landsmann Fritz Kasparek sowie die Münchner Anderl Heckmair und Ludwig Vörg haben als Erste die Eiger-Nordwand bezwungen. Sie wird auch als »Mordwand« bezeichnet, denn die letzte große Herausforderung der Alpen kostet viele Bergsteiger das Leben.

Autorin: Regina Fanderl

Wer nicht schwindelfrei ist, dem stellen sich schon beim Lesen der Tourenetappen die Haare auf: Todesbiwak, Spinne, Schwieriger Riss, Schwalbennest, Eisschlauch, Wasserfallkamin – Orte, die aus Büchern und Filmen bekannt sind. Orte, die ziemlich weit oben liegen und trotzdem ganz und gar freiwillig angesteuert werden ...

Der Kenner weiß: Die Rede ist hier von der Eiger-Nordwand in den Berner Alpen. Atemberaubende 1.800 Meter hoch. Extrem steiles, zum Teil nach innen gewölbtes Gelände. Schwierige Eispassagen. Permanente Gefahr durch Steinschlag und Lawinen. Heftige Wetterstürze! Und wohl gerade deshalb so unendlich begehrt in Kletterer-Kreisen.

Doch aller Anfang war schwer. Seit dem ersten Versuch 1935 bezahlen acht Alpinisten ihr Ansinnen, erfolgreich in die Bergsport-Geschichte einzugehen, mit dem Leben. Darunter die vier jungen, starken Burschen Rainer, Angerer, Hinterstoißer und Kurz, deren hochdramatisches Ende in der Wand der Wände 2008 mit viel Blut Schweiß und Tränen verfilmt wurde. Als es

1937 wieder ein Todesopfer gibt, heißt es: Der Berg ist unbezwingbar. Nordwand ist Mordwand.

Aber dann kommt Anderl Heckmair! Das Waisenkind aus München nimmt die letzte ungelöste Herausforderung der Alpen im Juli 1938 in Angriff. Aus den Fehlern der anderen zieht er den Schluss: Das Eis ist das Problem. Der 32-Jährige besorgt für sich und seinen Partner Wiggerl Vörg die damals noch völlig neuartigen 12-Zacker-Steigeisen mit zwei Frontalzacken. Am 22. Juli gegen drei Uhr früh brechen sie auf und treffen gegen Mittag auf die beiden Österreicher Fritz Kasparek und Heinrich Harrer, die sich nach einer Nacht im Felsen immer noch mit dem zweiten Eisfeld abmühen.

Die vier tun sich zusammen, Heckmair führt an, auf dem Kopf die Wollmütze mit den angestrickten Ohrenschützern, am Rücken 20 Kilo Ausrüstung inklusive einer Schweinshaxe. Mit traumwandlerischer Sicherheit findet er die überwindbaren Schlüsselstellen. Am späten Nachmittag des nächsten Tages tobt ein heftiges Gewitter. Die Seilschaft verbringt die Nacht auf einer kleinen vereisten Felsplatte. Es schneit Unmengen. Heckmair opfert, sturmumtost, seine Schweinshaxe. Am nächsten Morgen steigen sie trotz widrigster Umstände weiter.

Die bergsteigerische Leistung wird von den Medien und den Sommergästen der Hotels am Fuß des Eigers mit großem Interesse verfolgt.

Um 15:30 Uhr am 24. Juli 1938 haben sie es geschafft. Der Mordwand-Fluch ist gebrochen. Während sich die glückliche Bundhosen-Seilschaft mit gut durchgefrorenen Pranken in den Fäustlingen gegenseitig auf die Schultern klopft und ein Zigarettchen raucht, ist unten der Teufel los. Radioreporter trommeln Live-Reportagen über den Äther, Zeitungsschreiber hängen an den Telefonen, Filmteams streiten um die besten Plätze. Und Hitler freut sich: Vier Monate nach dem »Anschluss« Österreichs ans Reich bezwingt eine deutsch-österreichische Seilschaft den Eiger! Rückblickend ist das der Schatten, der auf diese Sternstunde des Alpinismus fällt …

Übrigens: Momentan liegt der aktuelle Eiger-Speed-Rekord über die Heckmair-Route bei zwei Stunden, 22 Minuten und 50 Sekunden.

25

25. Juli 1786

Englische Ausgabe von Münchhausen erscheint

Baron Münchhausen erzählte seine Lügengeschichten am Kamin in seinem Gutshaus, ganz privat. Das Lachen allerdings verging ihm, als einer seiner Besucher auf eigene Faust eine pompöse englische Ausgabe seiner Geschichten herausbrachte.

26

26. Juli 615

K'inich Janaab' Pakal I. wird mit zwölf Jahren Herrscher der Maya-Stadt Palenque

Klein anfangen, um ein ganz Großer zu werden. Meist klappt das nicht, manchmal schon. Zum Beispiel im Fall von K'inich Janaab' Pakal. Der startet erst als Kindkönig in der Maya-Stadt Palenque und dann groß durch. Schon als Teenager konsolidierte er die am Boden liegende Stadt, führte dann einige kleinere und durchaus erfolgreiche Kriege und ließ schließlich einige der spektakulärsten Bauwerke der gesamten Maya-Kultur errichten.

27

27. Juli 1888

Erste »Kraft- und Arbeitsmaschinen-Ausstellung« in München

In den 1880ern lebte eine viertel Million Menschen in München. Eine Statistik aus der Zeit setzt die Stadt jetzt an die Spitze des industriellen Fortschritts. Und bei den Großbetrieben geht's nicht nur um die Brauereien oder die berühmten Lokomotiven-Fabriken Krauss und Maffei. Ein Verzeichnis listet die Bürstenfabrik Pensberger genauso auf wie die Mannhardt'sche Turmuhrenfabrik, die Erzgießerei Sugg und Companie und die erste Schul-Wandtafelfabrik Deutschlands. München raucht, dampft und rattert im Rhythmus der Maschinen. Am 27. Juli 1888 eröffnet die erste Kraft- und Arbeitsmaschinen-Ausstellung für Kleingewerbe.

28

28. Juli 1841

Die »Geierwally« wird geboren

Anna Stainer-Knittel war ihr Name, und sie hatte – so erzählte man sich jedenfalls – als Mädchen zweimal junge Geier aus dem Nest geholt. Eigentlich waren es Steinadler gewesen, aber in Tirol nannte man sämtliche Greifvögel Geier. Als Romanfigur wurde sie zur »Geierwally« und ist bis heute der Trumpf des Tiroler 850-Seelendorfs Elbigenalp im Lechtal.

29 29. Juli 1900 Lenin verlässt Russland Richtung München

München, um die Jahrhundertwende. Es ist die Prinzregentenzeit, Bayerns Belle Époque. Luitpold verwaltet den Thron der Wittelsbacher, und er verwaltet ihn gut. Die Regierungsgeschäfte überlässt er meist seinen Ministern, geht lieber auf die Jagd und fördert die schönen Künste. Gelegentlich zeigt er sich auf den Straßen der Landeshauptstadt. Ehrerbietig grüßt ihn das Volk, und leutselig grüßt er zurück. Es ist eine Zeit des Friedens, des Wohlstandes, der Liberalität. Es lebt sich gut im München der Jahrhundertwende.

Autorin: Julia Devlin

Da mietet sich im Spätsommer 1900 ein Herr Meyer in Schwabing in der Kaiserstraße ein, bei einem Gastwirt. Der ist ein Sozi und führt eine Wirtschaft, »Zum Onkel« heißt sie. Da taucht auch der Herr Meyer gelegentlich auf – kein Wunder, dass es ihm in seinem dunklen Hinterzimmer zu fad wird – und bestellt sich eine Mehlspeise, zu mehr reicht's bei ihm nicht. Und im Frühjahr darauf trifft auch seine Frau ein. Na, eine Schönheit ist sie nicht gerade. Und eine Szene macht sie ihm auch gleich zur Begrüßung. Denn der Herr Meyer hat verpasst, sie vom Bahnhof abzuholen. Und wo er wohnt, das hat er ihr auch nicht geschrieben. Oder, er hat es ihr geschrieben, und die Briefe wurden abgefangen. So redet er sich jedenfalls raus. Das möblierte Zimmer ist der Frau Meyer auch nicht gut genug, und so wird etwas Besseres gemietet, in der Siegfriedstraße. Dort taucht dann noch die Schwiegermutter vom Herrn Meyer auf. So leben sie zu dritt, Schwiegermama hilft im Haushalt, der Herr Meyer und Gemahlin gehen ins Konzert oder in die Oper – großer Verehrer von Richard Wagner selig, das ist er, der Herr Meyer. Und im Hofbräuhaus das Bier lässt er sich auch schmecken.

Ja, und was macht er sonst noch so, der Herr Meyer? Wenn er nicht in der Oper ist und nicht im Hofbräuhaus? Dann, ja dann arbeitet er. An der Revolution.

Denn eigentlich heißt er gar nicht Meyer, hat man sich ja gleich denken können. Inkognito wollte er bleiben, der Herr Wladimir Iljitsch Uljanow, und die armen Münchner nicht gleich mit seinem komplizierten russischen Namen überfordern. Aber ihm war der Name wohl selber zu kompliziert, weswegen er sich schlicht »Lenin« nennt. Wieso Lenin, weiß kein Mensch. Aber das ist ihm in München eingefallen. Oder jedenfalls nennt er sich hier zum ersten Mal so, vielleicht ist's ihm ja schon in Sibirien eingefallen. Da war er nämlich in der Verbannung gewesen, bevor er am 29. Juli 1900 in St. Petersburg in den Zug stieg und in die Schweiz reiste. Und von dort über Nürnberg nach München. Also sitzt Lenin hier in seinen möblierten Zimmern und schreibt. Schreibt sein Pamphlet »Was tun?«. Schreibt seine revolutionäre Zeitung »Iskra«, auf gut Deutsch »Funke«, in München geschrieben, in Leipzig gedruckt, nach Russland geschmuggelt – um den Zaren in Russland vom Thron zu stürzen.

Schließlich hat die bayerische Polizei dann doch Wind von dem Treiben der Russen bekommen, und im April 1902 packt das revolutionäre Ehepaar seine Koffer und ab geht's nach London.

Fünfzehn Jahre später hat es dann geklappt mit der Revolution. Vor lauter Dankbarkeit haben sie ihn einbalsamiert, den Herrn Meyer. Seine sterblichen Überreste, die kann man immer noch im Lenin-Mausoleum auf dem Roten Platz bewundern. Merkwürdiger Gedanke, dass diese Mumie mal in einer bayerischen Gaststätte Mehlspeisen verzehrt haben soll.

---

30 30. Juli 1908 Ernst Haeckel schenkt Jena ein Museum

Ernst Haeckel war auf dem Höhepunkt seines Ruhms als Zoologe und Weltdeuter, als er der Universität Leipzig das »Phyletische Museum« übergab. Darin wollte er seine Sicht der Evolution verkünden, genauer Darwin so deuten, wie es nach Darwin gar nicht möglich ist. Denn nach Darwin ist die Evolution das Ergebnis von Zufällen, nach Haeckel stecke hinter all dem aber ein großes Prinzip, das Prinzip der Symmetrie.

31 31. Juli 1991 Harry Potter hat Geburtstag

Die Literatur findet Waisenkinder spannend. Klar: Keine Eltern mischen sich ein. Höchstens böse Stiefmütter. Deshalb ist das literarische Waisenhaus gut besetzt: Oliver Twist, Tom Sawyer, Aschenputtel, Peter Pan, Parzival oder Hamlet. Und: Harry Potter. Der hat heute seinen 11. Geburtstag und erfährt, wer er wirklich ist.

August

August

01 1. August 1972
Erster deutscher »Playboy« erscheint

Eine Zeitschrift für Lifestyle. Und, zugegeben, für »erotische Fotografie«: der »Playboy«. Unverwechselbar machten ihn aber nicht unverhüllte Damen, sondern ein Hase.

02 2. August 1969
Raumsonde Mariner 7 fotografiert den Mars

Am 2. August 1969 nimmt die amerikanische Sonde Mariner 7 die ersten präzisen Bilder vom Mars auf, die zeigen, wie die Oberfläche des Planeten aussieht.

03 3. August 1816
E. T. A. Hoffmanns Oper »Undine« uraufgeführt

»Undine«, die erste romantische deutsche Oper, mit einer weiblichen Titelheldin, die sich nicht so einfach als schönes »Blondchen« herumschubsen lässt.

04 4. August 1705
Johann Sebastian Bach prügelt sich auf dem Arnstädter Marktplatz

Ein musikalisches Genie kann nicht »ungeschimpfet und ungeschlagen« durch eine Stadt gehen, in der Zippelfagottisten aufbegehren und nur gepflegte Mittelmäßigkeit verlangt wird.

Autor: Xaver Frühbeis

In Arnstadt haben sie einen neuen Organisten. Vor zwei Jahren hat der junge Mann die Orgel der Neuen Kirche abgenommen, und da waren die Arnstädter von ihm und seinem Spiel dermaßen begeistert, dass sie ihm auf der Stelle einen hoch dotierten Vertrag angeboten haben. Der Name »Bach« hat eh einen guten Klang in der Stadt, seit Langem haben Männer der Bach'schen Familie immer wieder im Dienst der Stadt musiziert, und jetzt ist Johann Sebastian hier. Der Arnstädter Kirchenrat hat sich vorgestellt, dass er Orgelmusik für den Messgebrauch komponieren und mit den Musikern und Sängern proben wird. Das Problem ist, dass die Arnstädter recht konventionelle Ansichten haben, wie anständige Kirchenmusik klingen soll. Bach dagegen, mit seinen 20 Jahren, hat Flausen im Kopf. Komponiert eigenwillige Musik, über die die Ratsherren sich ärgern müssen, und hat keine Lust, mit unmotivierten Chorschülern zu arbeiten. Die »Stümper am Fagott« nennt er das, was sie sind, nämlich Stümper. Und weil die aber auch jung sind, lassen die sich das nicht gefallen und geben Kontra.

Am 4. August des Jahres 1705 geht Johann Sebastian Bach zusammen mit seiner Cousine Barbara Catharina Bach spätnachts von einem Konzert auf dem nahe gelegenen Schloss Neideck nach Hause. Der Weg führt die beiden über den Marktplatz von Arnstadt. Dort steht ein Haufen junger Männer. Es sind Musiker, die Bach unterrichtet. Einer von den Burschen, er heißt Geyersbach, geht auf die beiden zu, hält sie auf und fragt Bach, warum er ihn neulich beschimpft habe. Er habe ihn nicht beschimpft, sagt Bach. Doch, wohl, sagt Geyersbach. Einen »Zippelfagottisten« habe Bach ihn geheißen, einen, der schülerhaft rumstümpere, und das müsse er sich nicht gefallen lassen. Der Zippelfagottist gibt Bach ein paar Ohrfeigen, der wehrt sich, sie schubsen einander, Bach zieht den Degen, den hat er wegen seines Konzerts angelegt, so was gehört zur ordnungsgemäßen Kleidung bei Hof.

Geyersbach packt Bach mit beiden Händen am Arm und lässt ihn nicht mehr los, sie rangeln, drohen zu fallen, und in dem Augenblick – schreiten dann die Freunde ein. Es sei gefährlich, meint der eine, mit gezogenem Degen hinzufallen, da könne man sich was tun.

Am andern Tag erscheint Bach vor dem Kirchenrat der Stadt und zeigt seinen Kontrahenten an. Er bitte darum, dass dieser Geyersbach bestraft werde und dafür zu sorgen, dass er – Bach – in Zukunft »ungeschimpfet und ungeschlagen« durch die Stadt gehen könne. Der Rat geht der Sache auf den Grund, mehrmals werden beide Seiten verhört, und am Ende stehen beide mit Verwarnungen da. Vor allem Bach, heißt es, hätte den Geyersbach keinen Zippelfagottisten heißen sollen. Mit solchen Sticheleien würde er nur Verdrießlichkeiten heraufbeschwören. Bach solle lieber anständig mit den Chorschülern arbeiten und nicht so überkandidelte Orgelstücke abliefern. »Mittelmäßigkeit« sei gefragt, in Arnstadt. Und zu dieser Mittelmäßigkeit müsse man den Herrn Bach leider ermahnen.

Wir sehen: Arnstadt ist kein guter Ort für einen aufstrebenden Komponisten. Im Jahr drauf schon wird Bach die Stadt verlassen und sein Glück nebenan suchen, in Mühlhausen. Hier wird er Kantor, offenbar sind hier auch die Musiker besser, und so kann Bach von nun an tatsächlich völlig »ungeschimpfet und ungeschlagen« über den Marktplatz gehen.

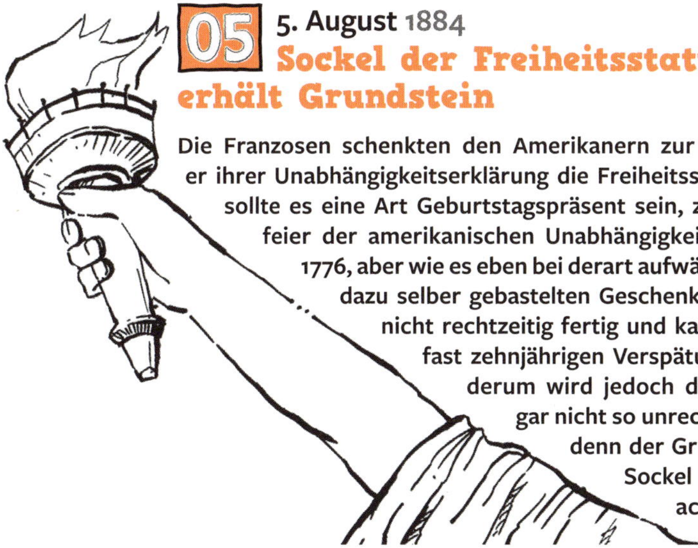

05 5. August 1884
Sockel der Freiheitsstatue erhält Grundstein

Die Franzosen schenkten den Amerikanern zur Hundertjahrfeier ihrer Unabhängigkeitserklärung die Freiheitsstatue. Eigentlich sollte es eine Art Geburtstagspräsent sein, zur Hundertjahrfeier der amerikanischen Unabhängigkeitserklärung von 1776, aber wie es eben bei derart aufwändigen und noch dazu selber gebastelten Geschenken ist: Es wurde nicht rechtzeitig fertig und kam erst mit einer fast zehnjährigen Verspätung an. Das wiederum wird jedoch den Amerikanern gar nicht so unrecht gewesen sein, denn der Grundstein für den Sockel wurde auch erst acht Jahre später gelegt.

---

06 6. August 1897
Dracula erreicht England

Eine Seefahrt, die ist lustig? Aber wie viel kann da schiefgehen. »Titanic«, »Costa Concordia« etc. Die »Demeter« kommt sicher im Hafen an. Gott sei Dank! Aber: Vor starkem Blutverlust bei Schiffsreisen muss gewarnt werden.

Autor: Johannes Roßteuscher

Da machen die Leute immer ein Getue mit ihrer Flugangst – doch wirklich riskant sind Fahrten übers Wasser. Wenn man mal bedenkt, was auf einer Schiffsreise so alles schiefgehen kann ... Seekrankheit, Sturm, Pest an Bord, Eisberg, Piraten, Bermuda-Dreieck, Decksgymnastik, Kapitänsdinner, Meuterei ... Immer noch Beispiele nötig? »Titanic«, die »Mary Celeste« ...

Und natürlich – die »Demeter«. Das Geisterschiff unter den Geisterschiffen.

Ein russischer Schoner, unterwegs von Warna am Schwarzen Meer nach Whitby in England. Eingeschifft Anfang Juli 1897. An Bord: ein Kapitän und acht Mann Besatzung – zumindest am Anfang der Reise. Außerdem Kisten mit Erde. Was es damit auf sich haben könnte, scheint niemanden an Bord zu interessieren. Jedenfalls nicht den Kapitän, aus dessen Logbuch wir die ganze Geschichte kennen.

Als dieses Logbuch gefunden wird, ist der Kapitän allerdings schon tot: am 6. August 1897. Von seinem grausigen Ende erfahren wir aus dem »Daily Telegraph«:

»Ein Suchscheinwerfer folgte dem orientierungslosen Schoner, den der Sturm vor sich herjagte – und ein Schauer überlief alle, die dem Lichtkegel folgten. Das Schiff wurde von einem Toten gesteuert! An das Steuerrad gefesselt stand eine Leiche. Bei jeder Bewegung des Schiffs wurde der herabbaumelnde Kopf auf schreckliche Weise hin- und hergerissen.«

Das besagte Logbuch fand man in der Tasche des Kapitäns, als Papierrolle in einer Flasche verwahrt.

Der »Daily Telegraph« indes muss eine sehr akribische Zeitung gewesen sein, denn er druckte das vollständige Logbuch ab.

Und so erfahren wir, dass bereits kurz nach Abreise der »Demeter« die ersten unheimlichen Dinge geschehen. Die Matrosen – ohnehin eine abergläubische Spezies – werden unruhig, bekreuzigen sich, behaupten, da sei irgendetwas an Bord. Plötzlich wird einer von ihnen vermisst. Ein anderer sieht auf dem Vordeck einen großen, dunkel gekleideten Mann, der nicht zur Besatzung gehört. Fast täglich nun verschwindet ein weiterer Matrose, neun Tage später sind nur noch der Maat und der Kapitän übrig. Der Maat scheint den Verstand verloren zu haben und springt über Bord. Um seine Seele zu retten, wie er dem Kapitän noch zuruft.

Der macht sich noch Sorgen, wie er später erklären soll, warum er die ganze Mannschaft verloren hat. Doch das hätte er sich sparen können: Kurz darauf sieht er nämlich selbst den schrecklichen Unbekannten. Im Logbuch beschreibt er die Gestalt nicht näher, aber er scheint zu ahnen, dass er es mit einem gottlosen Monster zu tun hat. Denn mit letzter Kraft bindet er sich selbst mit Seil und Rosenkranz ans Steuerruder.

Als vier Tage später die »Demeter«, gelenkt vom toten Kapitän, im Hafen von Whitby aufläuft, springt ein riesiger Hund von Deck an Land und verschwindet in der Dunkelheit. Der Hund ist, wie der Leser an dieser Stelle des berühmten Romans längst ahnt: ein Vampir, der bekanntlich die Gestalt mancher Tiere annehmen kann. Graf Dracula hat seine Schiffsreise beendet und England erreicht. Aber das ist jetzt eine andere Geschichte.

07 7. August 1876
Mata Hari geboren

Mata Hari, die berühmteste Spionin aller Zeiten – mit der Lizenz zum Nackttanz. Im Film verkörpert von Greta Garbo oder Jeanne Moreau. Da wird es doch recht unwichtig, ob sie wirklich spionierte.

---

08 8. August 1900
David Hilbert stellt 23 ungelöste mathematische Probleme vor

David Hilbert – einer der bedeutendsten Mathematiker der Neuzeit. Seine Liste von 23 mathematischen Problemen beeinflusste die mathematische Forschung des 20. Jahrhunderts nachhaltig

---

09 9. August 1173
Grundsteinlegung für den »Schiefen Turm von Pisa«

Eines der weltweit bekanntesten Gebäude und das Wahrzeichen der Stadt Pisa: der schiefe Turm, dessen Grundstein am 9. August 1173 gelegt wurde.

---

10 10. August 1861
Ignaz Semmelweis erfährt Gerechtigkeit

Ignaz Semmelweis hatte Mitte des 19. Jahrhunderts als Erster erkannt, dass Ärzte mit Leichengiften an den Händen schlechte Geburtshelfer sind. Das rettete unzähligen Müttern das Leben. Aber erst Jahre später bekommt Semmelweis ein klein wenig Anerkennung in Form eines tröstlichen Briefes von einem Arzt aus Hannover. Semmelweis resignierte und starb in geistiger Verwirrung.

11

11. August 1858
Schlacht bei den Thermopylen

300 Spartaner gegen – also auf jeden Fall sehr viel mehr Perser. Antike Helden. Da nimmt die bewundernde Geschichtsschreibung es nicht so genau mit den Zahlen. Das Blöde mit dem Heldentum allerdings bleibt der vorgeschriebene Heldentod.

12

12. August 1958
Walt Disney erschafft Lemming-Lüge

Der Zug der Lemminge: Sie begehen Massenselbstmord, lernen wir in Disneys Dokumentarfilm. Dabei war es Mord! So viel zum angeblich hirnlosen Massenverhalten der Lemminge.

Autorin: Prisca Straub

Für Alfred Brehm, den berühmten deutschen Zoologen, waren sie »ganz allerliebste Kerls«. Sogar nachdem sich ein norwegischer Lemming zornig fiepend in sein »Beinkleid« verbissen hatte, zeigte sich der Tierforscher nicht nachtragend: Was für »schmucke, behände und mutige Geschöpfe!« – Allerdings: Hin und wieder scheinen sie »alles um sich her zu vergessen« und zum »treuen Spiegelbild eines bösartigen Hamsters« zu werden.

Auch der Volksmund nennt sie »Kampfhamster«. Lemminge dulden keine Belästigung, boxen wild mit den Vorderpfötchen, zischen ärgerlich und können – angeblich – vor Wut sogar platzen. Lemminge sind offenbar gut für allerhand seltsame Geschichten. Doch das meiste von dem, was den wühlmausartigen Tierchen im Lauf der Zeit angedichtet wurde, gehört ins Reich der Legenden.

Noch heute glauben Bauern in den abgelegenen Gebirgen Skandinaviens, die wild umhertrippelnden Nager-Trupps kämen vom Himmel – herabgeregnet. Wie eine Sturzflut! Deshalb träten sie in regelmäßigen Abständen in solchen Massen auf. Überfallartig. Wie eine biblische Plage! Und tatsächlich: Ein Lemming-Volk unterliegt großen Populationsschwankungen. In Zeiten mit reicher Speisekarte – im Schnitt so alle vier bis fünf Jahre – vermehren sich die Tiere explosionsartig. Dann muss ein Teil von ihnen abwandern, um zu überleben, und plötzlich sind die Landschaften voll von hungrigen, bunt gefleckten Nagern. Dass die Tiere auf diesen Massenwanderungen allerdings zu Tausenden Selbstmord begehen? So eine Art kollektiver Freitod? Nein, das wiederum ist reiner Unsinn! Und haarsträubend ist auch, wer diese Legende höchst publikumswirksam verbreitet hat:

Walt Disney! Ausgerechnet der Experte für niedliche Tiergeschichten! Am 12. August 1958 kam »White Wilderness« in den USA in die Kinos – »Weiße Wildnis«. Der angebliche Dokumentarfilm über das Leben der Lemminge in der Arktis zeigt die Winzlinge, wie sie über eine steile Klippe in den Tod stürzen – ein endloser Taumel an pelzigen Leibern. Panisch krallen sich die Tiere an jedem Felsvorsprung fest – und fallen dennoch dem sicheren Tod entgegen. Begleitet von pompöser Orchestermusik.

Doch wer genau hinschaut, der erkennt sofort: Es tauchen immer wieder dieselben Szenen auf: geschickt aneinandergeschnittene, abstürzende Lemminge in Endlosschleife. Erst Jahre später enthüllt ein Journalist: Das Filmteam hatte die Tiere erst gekauft und dann zum Drehort transportiert. Dort inszenierten sie den Eindruck eines umherirrenden Nager-Volks. Zum Abschluss trieben sie die Tiere dann schlicht über die Klippe – um des dramatischen Effekts willen!

In der Schlusseinstellung sehen wir dann, wie die angeblich lebensmüden Pelztierchen trostlos ins offene Meer – und dem sicheren Tod entgegenpaddeln. Lemminge, so der Sprecher, lösen ihre Übervölkerung durch Massenselbstmord. Dabei konnte von freiwillig aus dem Leben scheiden keine Rede sein. Doch dieser »Naturfilm« aus der Disney-Werkstatt hat dazu beigetragen, dass Lemminge zum Inbegriff für hirnloses Massenverhalten geworden sind. Bis heute.

»Weiße Wildnis« kam beim Publikum übrigens gut an – richtig gut. Die vielleicht dreisteste Lüge in der Tierfilmgeschichte wurde in der Kategorie »Bester Dokumentarfilm« mit einem Oscar ausgezeichnet.

13

13. August 1860
Annie Oakley geboren

Die Helden des Wilden Westens: harte Männer – und Annie, die besser schießt als Buffalo Bill. Sie hat es mit ihrem Gewehr bis zur Titelfigur eines Musicals gebracht. Peng!

14 14. August 1851
Doc Holliday geboren

Die Behandlungen des Zahnarztes Doc Holliday waren meist tödlich. Denn er war nicht nur Dentist, sondern auch Deputy Marshal. Zusammen mit Wyatt Earp führte er eine der berühmtesten Praxisgemeinschaften in der Geschichte der Revolverhelden.

Autor: Frank Halbach

Man braucht als Zahnarzt eine ruhige und sichere Hand im Umgang mit Bohrer und Zange. Und früher, bevor die lokale Betäubung gang und gäbe war, musste man auch noch schnell sein. Der Zahnarzt Dr. John Henry Holliday, geboren am 14. August 1851, hatte eine ruhige Hand und er war schnell, sehr schnell. Doch der Doktor der Zahnmedizin wurde nicht aufgrund bahnbrechender Leistungen im Bereich der Wurzelbehandlung berühmt, sondern als der Mann an der Seite von Westernlegende Wyatt Earp: Doc Holliday. Als Revolverheld hat man einfach weniger Probleme mit unzufriedenen Patienten. Fällt es schon schwer, sich mit aufgerissenem Mund artikuliert zu beschweren, während einem einer an die Zahnhälse geht, verstummt der aufkeimende Protest gegenüber dem Revolverhelden zuverlässig, zügig und vor allem nachhaltig – notfalls schnell nachladen.

Holliday praktizierte nach seinem Studium ab 1872 als Dentist in Atlanta. Dort sitzt man schicksalsergeben im Behandlungsstuhl, vertraut auf die virtuose Feinmotorik des Zahnarztes; der setzt routiniert den Bohrer an – und bekommt einen Hustenanfall. Das passierte Holliday immer öfter. Die Diagnose: Schwindsucht. Klimawechsel kann da manchmal helfen. Holliday schließt die Praxis und verordnet sich trockeneres Klima. Er zieht nach Dallas. Aber Holliday braucht auch mental Luftveränderung. Wie wär's mit Glücksspiel? In diesem Metier werden die Behandelten noch viel rascher handgreiflich als beim Zahnarzt, wie wir aus zahlreichen Western wissen. Deshalb übt Holliday … Er tauscht Bohrer und Zange gegen Revolver und Messer und den Einsatz von Äther bei Patienten gegen Whiskey, den er sich selber verabreicht.

Es war zunächst nur ein bedingter Erfolg. Zwar glücken erste letale Hausbesuche, und die Patienten beschweren sich danach auch nicht mehr, wohl aber deren Angehörige. Holliday muss verschwinden. Wer weiß, was aus ihm geworden wäre, doch eines Tages, er braucht gerade für eine Mundspülung etwas Bourbon, sieht er im Saloon eine Handvoll Cowboys in heftigem Streit mit einem einzelnen Mann.

Die Halunken wollen sich einfach nicht der ihnen angedachten Therapie unterwerfen: Der Gesetzeshüter hat den Randalierern nämlich schwedische Gardinen verschrieben. Doc Holliday, mittlerweile von einer starken Allergie gegen aufmüpfige und gewaltbereite Patienten geplagt, handelt schnell – und mit sicherer Hand. Damit rettet er Wyatt Earp das Leben.

Es ist der Beginn einer lebenslangen Freundschaft und Praxisgemeinschaft. Holliday bildet sich fort: Aufbauend auf dem Doktorgrad der Zahnmedizin erlangt er den Titel des Deputy Marshals. Eine Menge Grabsteine dokumentieren Wyatt Earps und Doc Hollidays Behandlungsmethoden. Natürlich versucht man immer wieder, ihnen Kunstfehler nachzuweisen, doch die Gerichte entziehen ihnen nicht ihre Zulassung. Bei allzu langen Schlangen im Wartezimmer stellen die beiden Wyatts Brüder, Morgan und Virgil, als Assistenten ein. Wie etwa bei der Clanton-Gang, ihrer berühmtesten Operation, in Tombstone am O. K. Corral – drei Tote und drei Verletzte in 30 Sekunden.

Auch sich selbst therapierte Doc Holliday bis zum Schluss: »It's funny«, waren seine letzten Worte, während er sich sein liebstes Hausmittel verabreichte: eine innere Anwendung mit Bourbon.

15

15. August 1961
Conrad Schumann springt nach Westberlin

Wenn das Bild unscharf gewesen wäre – Conrad Schumann hätte ein anderes Leben gehabt. Aber das Foto von seinem Sprung war perfekt, und so wurde der DDR-Grenzer Schumann am 15. August 1961 berühmt. Und fahnenflüchtig.

16

16. August 1976
ABBAs »Dancing Queen« wird veröffentlicht

Ein Meisterwerk, meinte Anni-Frid. Jedenfalls ein Nummer-eins-Hit in 24 Ländern mit über sechs Millionen verkauften Singles. *Autorin: Julia Zöller*

Die beiden sehen einfach nur gut aus. NUR GUT. Mamma mia: Die eine ist blond, so blond, wie nur Schwedinnen sein können, die andere ist zwar auch Schwedin, aber kastanienbraunhaarig, und das ist auch wunderbar, weil die einen können sich dann in die Blonde verlieben, und die anderen … in die andere.

August

Aber chancenlos, denn Agnetha und Anni-Frid haben ja ihre Männer mit auf der Bühne. Nicht Freund, Lover, Gspusi, wie sonst üblich, Ehe-Männer. Agnetha hält mit Björn sogar öffentlich Händchen, und Benny gehört zu Anni-Frid ... A B B A ... ABBA.

Zurück zum Wesentlichen: Sie sehen also gut aus. Mit diesen Föhnfrisuren und den glitzerigen Augendeckeln, den Lipgloss-Lippen und diesen aber so dermaßen hautengen Hosenanzügen. Und sind so definitiv vergeben an diese einfach nur knuddeligen Kerle am Klavier und an der Gitarre.

Die Konzerte von ABBA sind bunt und fröhlich, auch wenn die 70er woanders noch wütend und politisch sind: ABBA machen netten Pop. Millionen Fans reicht das, die Journalisten nörgeln. »Vertreter des Wohlklangs«, schreibt der »Spiegel« – und meint das nicht nett.

Sogar den Schweden ist der unglaubliche Erfolg dieser schwedischen Band unheimlich. Die füllt im zwar im November ’79 das Wembley-Stadion, sechs Mal in sechs Tagen; ein ABBA-Museum gibt es in Stockholm trotzdem erst seit ein paar Jahren, und das hat Björn, das eine B in ABBA, ordentlich mitfinanziert. Aber zurück zum Wesentlichen: Bei ABBA gehen die Kostüme Ton in Ton, der Sopran Agnethas harmoniert sauberst mit dem Mezzosopran von Anni-Frid, und wenn die eine den Arm hebt, dann hebt die andere den anderen, und dann stehen sie Rücken an Rücken, und das mag jetzt total peinlich klingen, aber es ist einfach eine gute Show.

Andere große Bands wären damals wahrscheinlich lieber zur Hölle gefahren, als das zu tun, was ABBA machen: Keine Drogen nehmen. In Schweden kräftig Steuern zahlen. Oder: Seiner Majestät, König Carl Gustaf persönlich, ein Ständchen singen: »Dancing Queen«, am Abend vor der Hochzeit mit Silvia im Juni ’76.

Aaaah. »Dancing Queen«, schlussfolgern die ganz Schlauen. »Dancing Queen« war also extra für Silvia. Sicher nicht, »diggin’ the dancing queen« wäre eine totale Unverschämtheit, und ABBA unverschämt? Ausgeschlossen. »Dancing Queen« haben ABBA natürlich dem gemeinen Volk geschenkt. Seit der Veröffentlichung am 16. August 1976 adelt »Dancing Queen« auch spät in der Nacht ganz normale Frauen, wenn sie sich angetrunken endlich auf die Tanzfläche trauen. Dankbar grölen sie mit, und ihre Begleiter versuchen zu verdrängen, dass sie früher Bands mochten, die wild und politisch waren.

Ein letztes Mal zurück zum Wesentlichen: Waren ABBA, diese gottgleich Glänzenden, überhaupt aus Fleisch und Blut? Oder haben uns nur zwei schwedische Feen, bewacht von musikalischen Trollen, vorübergehend die Sinne betört?

17 17. August 1960
H. G. Wells' »Die Zeitmaschine« kommt ins Kino

Das passiert selten, dass der Film besser ist als die Vorlage, der Roman. H. G. Wells möge verzeihen, aber die Kinoversion seines Science-Fiction-Klassikers »Die Zeitmaschine« macht einfach mehr Spaß als sein düsteres Buch.

Autorin: Susi Weichselbaumer

Weena lebt – das ist der entscheidende, unterscheidende, überhaupt der Faktor: Weena lebt. Und deshalb ist die Kinoadaption besser als die Romanvorlage. Premiere hatte der Film »Die Zeitmaschine« an einem 17. August, genauer dem des Jahres 1960. Kalenderblatt Ende.

Na ja, so einfach ist es nicht. Denn: Das Buch des berühmten britischen Schriftstellers H. G. Wells – daran ist nicht zu rütteln – ist ein Klassiker; 1895 erschienen, die erste literarische Beschreibung einer Zeitreise. Der Zeitreisende, im Roman namenlos, baut sich Ende des 19. Jahrhunderts eine Maschine, um die vierte Dimension zu erkunden. Seine Freunde im wissenschaftlichen Männerzirkel sind skeptisch; der Zeitreisende ist mutig. Er landet mit seinem Gefährt im Jahr 802.701. Im Verlauf der Jahrtausende haben sich aus den beiden extremen Gesellschaftsklassen des viktorianischen Englands zwei Rassen weiterentwickelt: die oberirdisch wohnenden Eloi. Und die unterirdisch hausenden Morlocks.

Die Eloi leben scheinbar sorglos in den Tag hinein. Verweichlicht, wie die Kinder genießen sie die paradiesische Umgebung. Gearbeitet wird nicht, dafür wird sich gefürchtet: vor der Dunkelheit. Im Schutz der Nacht kriechen die Morlocks aus ihren Gängen und Höhlen. Hässliche, affenartige Wesen, die im Untergrund Maschinen betreiben, um das Leben der Eloi oben zu ermöglichen. Der Zeitreisende erkennt: Es handelt sich hier nicht – oder wohl nicht mehr – um ein Verhältnis Adel, Oberschicht versus Sklaven. Im Gegenteil: Die Morlocks halten sich die zarten, blondgelockten, schwachen Eloi wie Bauern das Vieh. Sprich, die Morlocks kommen nachts, schlachten sich den einen oder anderen Eloi – und dann Mahlzeit.

Ein Schicksal, das auch die kleine Weena ereilt. Dieses zarte, blonde, grundgute Geschöpf ist dem Zeitreisenden in bedingungsloser, zärtlicher Zuneigung zugetan. Sie ist sein einziger enger Kontakt unter den Eloi, ist niedlich, steht ihm gegen die Morlocks zur Seite, nur um von diesen

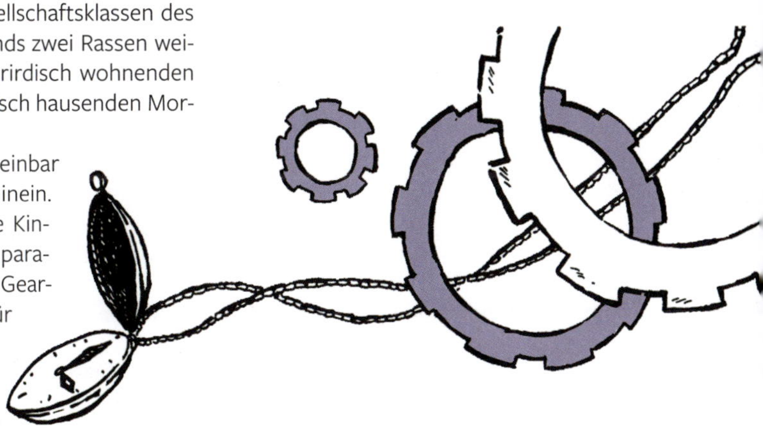

dann ganz banal verschleppt zu werden; geschultert, weggetragen, den Rest kann man sich denken. Will man sich aber nicht denken. Hier sind wir wieder beim Film!

Gut, das Drehbuch von 1960 ist weit weniger politisch als die Romanvorlage. So ziemlich alle gesellschaftskritischen Überlegungen, die Wells 1895 umtrieben, sind auf der Leinwand verloren. Aber Weena nicht!

Also darf sich der Zeitreisende nach seinem Sieg über die bösen Morlocks, bei dem er Weena und das ganze Volk der Eloi rettet, die Frage stellen: Wer bleibt bei wem?

Wer kommt mit wem? Weena, platinblond gelockt, im rosa Sommerkleidchen, hat Bedenken: »Wie tragen sie denn dort das Haar bei Ihnen, die Damen?«, will sie wissen. George, so heißt der Held im Film, kann nicht erklären, wie man einen Dutt steckt. Aber auf »Würde ich ihnen denn gefallen?«, kann er antworten: »Ja, das würdest du!« Dann kommen die Morlocks mit ihrem letzten Aufgebot dazwischen, George wählt den finalen Ausweg, besteigt die Zeitmaschine und entkommt ins viktorianische England.

Auch der Zeitreisende in der Romanvorlage kehrt kurz zurück nach Hause. Auch er zieht bald wieder los, allein, wird nie mehr gesehen. Das ist schön, das ist groß. Aber ganz ehrlich: Wie schön und groß ist es zu wähnen, wie dieser schneidige Film-George zurückfliegt zu jener liebevoll-naiven Weena. Im rosa Kleid. Um dort in der Zukunft eine gemeinsame Zukunft zu starten? Ende Kalenderblatt. Und nein, jetzt keine Diskussion darüber: Was ist das denn für ein Frauenbild? Gehen wir für den filmischen Moment davon aus: Die kleine Weena wird schon herausfinden, wie man die Haarklammern für einen Dutt steckt. Auch ohne männliche Hilfe von Zeitmaschinenerfinder George ...

---

18 18. August 1932
Zwickelerlass gegen anstößige Badebekleidung

Der Besuch einer Badeanstalt trieb einem preußischen Beamten die Schamesröte ins Gesicht. Zu deutlich malten sich Formen ab, die er nicht mal erahnen wollte! Also wurden die Deutschen zu mehr Stoff verdonnert. Dr. Franz Bracht setzte den Zwickel in Badehosen durch. Unmissverständlich und per Polizeiverordnung: »Bade mit Zwickel!« Daraufhin rückten Zwickelkontolleure den überraschten Badegästen zu Leibe, und jede Polizeidienststelle hatte nun Ansichtsexemplare von korrekter Bademode.

19 19. August 1931
Arthur Fry, Erfinder des Post-its, wird geboren

Auch aus einer eigentlich missglückten Erfindung kann man was machen. Etwa aus schlecht klebendem Klebstoff und Papier. Unsinn? Das kommt sehr darauf an. Nämlich auf das, was man auf das Post-it draufschreibt!

20. August 1960

Belka und Strelka kehren auf die Erde zurück

Mit »Sputnik 5« umkreisten sie einen Tag lang den Planeten Erde: Belka und Strelka. Gefragt, ob sie wirklich sowjetische Helden werden wollten, hat die Hunde wohl keiner.

21

21. August 1987

»Dirty Dancing« feiert Premiere

»Dirty Dancing« ist mehr als eine Romanze. Fans wissen das schon seit der Premiere. Doch jetzt gibt es Anzeichen, dass der Film mit der Wassermelone sogar das Zeug zum Zeitdokument hat! Denn der Schauplatz der Handlung ist eines dieser Hotels in den Catskill-Mountains, von denen manche bereits den »Lost-Places«-Trend inspirieren ... Sie entstanden in den 20er-Jahren des vergangenen Jahrhunderts und hatten zur »Dirty-Dancing«-Zeit ihre Blütezeit schon fast hinter sich.

22

22. August 1933

Rohrpostzuschlag für eilige Briefsendungen

Was sind »Spezialisten für innerbetriebliche Fördertechnik von materieller Kommunikation«? Rohrposttechniker! Rohrpost gab es in Berlin bis in die 70er-Jahre. Und sogar heute noch ist das Faszinosum vielerorts im Einsatz, zum Beispiel in Krankenhäusern, denn Blutkonserven kann man nicht mailen ...

23 23. August 1913
Kleine Meerjungfrau nimmt in Kopenhagen Platz

Das kleinste Wahrzeichen der Welt: die Kleine Meerjungfrau, die, an der Kopenhagener Uferpromenade sitzend, stumm selbst den schlimmsten Vandalismus erduldet.

Autorin: Prisca Straub

Ihre Blessuren sind vielfältig. Ganz mutlos sitzt die Kleine Meerjungfrau am Kai von Kopenhagen und schaut aufs offene Meer hinaus. Mit einer Metallsäge, ja sogar mit Sprengstoff ist man ihrem zarten Körper schon zu Leibe gerückt. Sie ist mit Farbe besprüht, enthauptet und ins Wasser gestürzt worden. Dabei tut die dänische Nixe nichts weiter, als in der Hafeneinfahrt auf ihrem Findling zu sitzen und den Schiffen beim Entladen zuzusehen. Seit dem 23. August 1913 hält die Kleine Meerjungfrau dort ihren blanken Bronze-Busen in den Wind – und sieht dabei so traurig aus, als würde sie jeden Moment in Tränen ausbrechen.

Verständlich, die ehemalige Meeresbewohnerin hat eine Vorgeschichte, in der ihr übel mitgespielt wurde: Hans Christian Andersen erzählt in seinem Märchen »Den Lille Havfrue« (sprich: Haufru), wie sich die Wassernixe in einen menschlichen Prinzen verliebt. Sie hat ihn vor dem Ertrinken gerettet, und nun kann sie seine schönen Augen nicht mehr vergessen. Um dem Angebeteten nahe zu sein, schließt sie mit der bösen Meerhexe einen unwiderruflichen Pakt. Sie tauscht ihren Fischschwanz gegen zwei Beine und überlässt der Hexe als Preis ihre Stimme. Dann verlässt sie ihre wässrige Heimat und wankt an Land. Doch dort, man ahnt es bereits, läuft natürlich nichts so, wie es soll: Die Kleine Meerjungfrau muss stumm und hilflos mit ansehen, wie ihr Traumprinz schließlich eine andere heiratet.

Man wünscht der exilierten Meeresbewohnerin ein bisschen Erholung. Doch leider war die Prinzen-Pleite noch harmlos im Vergleich zu dem, was an der Hafenpromenade nun über ihr Bronze-Abbild hereinbricht: Zunächst sind es nur ein paar Eimer Farbe. Dann, 1964, die erste Enthauptung:

Zu der Tat bekennt sich ein Aktionskünstler und behauptet, er habe den Touristen-Rummel um das berühmte Wahrzeichen einfach nicht mehr ertragen können! Das abgetrennte Haupt aber rückt er nicht mehr heraus. Es wird nachgegossen.

In den 80ern sägen zwei Betrunkene der Kleinen Meerjungfrau den rechten Arm ab. Wenig später wird ihr ein 18 Zentimeter langer Kehlschnitt zugefügt – offenbar ein misslungener Amputationsversuch. In den 90ern wird das Meermädchen dann erneut geköpft. Festgenommen wird ein zunächst zwielichtiger Pressefotograf, der viel Geld mit exklusiven Fotos vom Tatort verdient hatte und dann in Erklärungsnot geraten war. Weil man ihm nichts nachweisen kann, muss er aus der Untersuchungshaft entlassen werden. Täter werden nie gefasst, aber immerhin taucht der Kopf wieder auf.

Als die Nixe zu Beginn der Nullerjahre dann mit Sprengstoff von ihrem Felsen gerissen wird, verlegt die Kopenhagener Stadtverwaltung ihren Stammplatz kurzerhand ein paar Meter weiter ins Wasser. Seitdem geht es etwas ruhiger zu – doch womöglich blickt die Kleine Meerjungfrau noch eine Spur niedergedrückter in die Ferne. – Ob sie sich wohl weiterhin um ihren Prinzen grämt? Vielleicht fragt sie sich aber auch, ob sie wirklich alles richtig gemacht hat mit ihrer Wahl für die Welt der Zweibeiner.

24 24. August 1993 Marcel Duchamps Urinal beschädigt

Ein Urinal ist Kunst, hineinzupinkeln aber nicht? Eine schwierige Frage, die französische Richter zu beurteilen hatten ... Der Performancekünstler Pierre Pinoncelli vereinfachte aber den intellektuellen Drahtseilakt und haute kurzerhand auch noch mit dem Hammer auf das millionenschwere Pissoir.

25 25. August 1609 Galileo Galilei präsentiert Fernrohr

Selbst erfunden hatte er es zwar nicht, aber er bekommt trotzdem eine satte Gehaltserhöhung ... bis der Doge genau hinschaut und die Sache wieder richtigstellt. Trotzdem, was lange währt, wird endlich gut: Galileo schleift Linsen mit Kanonenkugeln rund und sieht als erster Mensch die Krater auf dem Mond ...

26 26. August 1956 Erste Ausgabe der BRAVO erscheint

Eigentlich war die BRAVO ein Magazin für Erwachsene, eine Zeitschrift für Film und Fernsehen, als die erste Ausgabe am 26. August 1956 erschien. Doch über die Diskussionen um Moral im Kino entdeckten die Macher bald ihr Herz für die Jugend – und für Aufklärungsthemen.

Autorin: Anja Mösing

Sein Fähnchen nach dem Wind zu hängen – das muss nicht unbedingt charakterlos sein. Und dumm schon gleich gar nicht. Es kann ein Konzept sein. Ein kluges und erfolgreiches sogar. Zum Beispiel wenn man etwas verkaufen will: eine Zeitschrift.

Schafft man es, die länger als ein halbes Jahrhundert erfolgreich zu verkaufen und dabei immer wieder heiß diskutiert zu werden – dann Hut ab! Die Macher von BRAVO haben das geschafft. Angefangen haben sie damit am 26. August 1956. Mittendrin im deutschen Wirtschaftswunder. Damals hieß ihr voller Titel noch »BRAVO – Zeitschrift für Film und Fernsehen«. Und so sah die erste Ausgabe auch aus: Oben stechen die fünf dicken schwarzen BRAVO-Buchstaben heraus aus leuchtendem Gelb. Darunter ist die Titelseite knallrot, und vier Fotos aus aktuellen US-amerikanischen Kinoproduktionen sind darauf montiert. Nachkoloriert, versteht sich. Denn Filme waren zumeist schwarz-weiß. Marilyn Monroe lacht uns üppig entgegen, ein düsterer Ganove erschießt aus einer Pistole quer über die Titelseite einen zu Boden fallenden Anzugträger, und Richard Widmark ist als Westernheld drauf und dran, eine dunkelhaarige Schöne zu küssen.

BRAVOs Zielpublikum waren damals noch erwachsene Leser. Alle, die an Filmstars interessiert waren. Nicht dumm, denn das Kinopublikum war damals riesig. Mehr als 800 Millionen Kinokarten wurden 1956 verkauft. Und die Auflage von BRAVO, die mit 30.000 Heften startete, konnte nach einem Jahr verdoppelt und nach zwei Jahren sogar vervierfacht werden.

Dabei schien das Rezept des Magazins gar nicht kompliziert: Im Wochenrhythmus lieferte das fünfköpfige Redaktionsteam seinen Lesern Starfotos, einen Fortsetzungsroman und Informationen für die ganze Familie. Oft in eben der Frageform, in der das Thema in Familien diskutiert wurde: »Waschmaschine oder Hochzeitsfeier?«, »Zahlt sich eine Lehre noch aus?«, gern wird auch der Kommentar eines Stars zu aktuellen Themen präsentiert. Schon in der ersten Ausgabe verteidigt Filmstar Richard Widmark die Western-Fans, die ins Gerede gekommen sind: »Die beliebte Behauptung, der ›Western‹ trage wesentlich zur Verrohung unserer Jugend bei, ist ein sehr bequemes Märchen. Gewiss, es geht rau her, es wird geboxt und geschossen. Aber wo wäre die Moral simpler und durchschaubarer? Das Gute siegt, das Böse unterliegt. Und noch nie ist einer Schurke geworden, weil er in seiner Jugend Karl May gelesen hat.«

Ganz klar, hier wird bei Erwachsenen um Verständnis für die Jugendlichen geworben. Und die BRAVO wechselte ihren Untertitel dann auch schon nach einem halben Jahr in »Die Zeitschrift mit dem jungen Herzen«. Aber so richtig ins Visier nahmen die BRAVO-Macher die jungen Leute erst zu Beginn der 1960er-Jahre. Da wurden die Leser in den Artikeln immer häufiger geduzt, und mit dem »Knigge für Verliebte« begann endlich die ruhmvolle Ära der Aufklärungs-Geschichten. Mit diesen wurde die BRAVO bei der jeweiligen Erwachsenen-Generation mindestens so berüchtigt wie beliebt bei den ständig nachwachsenden Jugendlichen.

Natürlich hat BRAVO nicht bloß ihr Fähnchen nach dem Wind gehängt, indem sie den Moralkodex nach dem jeweiligen Zeitgeist gewählt hat, die Stars nach den Moden wechselte und den Schreibstil natürlich auch. Als größtes Jugendmagazin Europas hat das Heft dabei einfach die Nase vorn. Was soll man sagen? Bravo!

27 27. August 1783
Französische Bauern erschlagen einen notgelandeten Teufelsballon

Der nach seinem Erfinder Jacques César Charles »Charlière« genannte Ballon schaffte bei seinem ersten Flug 45 Minuten in der Luft, bis ins Dorf Gonesse. Dort war er gänzlich unwillkommen.

Autor: Simon Demmelhuber

Paris steht Kopf. Seit Tagen gibt es nur ein Thema: den Aufstieg der Aerostatischen Maschine des Jacques César Charles. Das Wunderwerk bringt die Gerüchte zum Brodeln, und auch sein Schöpfer setzt allerhand Gerede in Gang: Mit »Brennender Luft« soll er in seinem Labor hantieren und insgeheim Flugschiffe bauen, die bald schon Menschen in den Himmel tragen werden.

Für den 27. August 1783 hat der Physikprofessor eine erste Probe seiner Künste angekündigt. Schon gegen Mittag ist das Marsfeld rappelvoll. 300.000 Schaulustige rempeln und schieben dichtgedrängt auf der riesigen Brache. Von den regenschweren Wolken, die im Südosten aufziehen, nimmt niemand Notiz. Alles starrt auf die Mitte des Platzes, wo sich eine fest vertäute, rot-weiß gestreifte, prallgefüllte Seidenkugel unter ruppigen Windböen duckt.

Um 17 Uhr sorgt ein Kanonenschuss für Schweigen. Aus dem Grund der plötzlichen Stille löst sich »Le Globe« zaudernd vom Boden, so als würde er seiner neuen Bestimmung noch nicht so recht trauen. Dann steigt er rasend schnell auf, schießt höher und höher. Während der Ballon über Montmartre entschwindet und die Augen der verzückten Menge mit sich reißt, tobt das Unwetter los. Doch was wiegt das, wenn man gerade ein Wunder erlebt hat und vor Glück nur noch heulen und dem nächstbesten Nachbarn schluchzend in die Arme fallen will!

In Gonesse, einem Dorf gut 20 Kilometer nordöstlich von Paris, ahnt man von alledem nichts. Hier gehört der Himmel den Vögeln, Engeln und Heiligen. Wenn sonst etwas fliegt, dann allenfalls böse Geister und andere Satansgesellen. Gegen 18 Uhr bricht genau dieses diabolische Gelichter über Gonesse herein. Etwas Bedrohliches, Lasterhaftes, Unheilkündendes stößt aus den Wolken herab. Etwas, das flattert, zuckt und zappelt, das wie gepeitscht hin- und herschießt, sich dreht und wälzt, als hätte es den Teufel im Leib.

Immer näher kommt das Grauen, trudelt und stürzt, schlägt vor einem Schuppen auf, bläst und röchelt wie im Todeskampf, schnaubt ein letztes Mal, stinkt wie Schwefelpfuhl und Höllendunst, fällt zusammen, bleibt reglos inmitten stockstarrer Bauern liegen.

Vom Tumult alarmiert, eilt jetzt der Pfarrer herbei, mahnt zu Ruhe und Besonnenheit, besprengt den erschlafften Balg dennoch mit Weihwasser und bannt das Böse im Namen des Herrn. Derart geistlich gestärkt, wagt sich der Mutigste vor, sticht prüfend mit der Gabel auf das Ungetüm ein. Als die Gegenwehr ausbleibt, halten sich die enthemmten Bauern für den durchlebten Schrecken schadlos. Mit Sensen, Sicheln, Dreschflegeln, Knüppeln hauen und prügeln sie auf den Teufelsdreck ein, schleifen die kläglichen Fetzen zuletzt am Schweif eines Pferdes unter johlendem Triumphgeschrei über Äcker und Felder.

So schäbig, so ruhmlos endet der Flug des ersten Wasserstoffballons der Welt. Wirklich aufgehalten haben die verstörten Bauern von Gonesse die neue Zeit jedoch nicht. Zwei Monate darauf heben Pilâtre de Rozier und der Marquis d'Arlandes in einer Montgolfiere als erste Menschen vom Erdboden ab, Jacques César Charles folgt ihnen knapp eine Woche später in luftige Höhen.

28 28. August 1957 Strom Thurmond spricht 24 Stunden lang

Ein Filibuster ist typisch amerikanisch: Einfach so lange reden, bis der politische Gegner mürbe ist. Natürlich braucht es dafür eine gute Kondition – die hatte US-Senator Strom Thurmond.

29 29. August 1952 Der Kinofilm »Casablanca« hat in Deutschland Premiere

Der »beste Liebesfilm aller Zeiten«, voller Zitate, die zu den bekanntesten der Filmgeschichte gehören. »Play it again, Sam!«

30 30. August 1797 Frankenstein-Tag

Frankenstein – und sein Monster. Schaurig, gruslig und moralische Fragen unserer Gegenwart vorwegnehmend. Alljährlich wird der beiden Romangestalten gedacht, am Geburtstag ihrer Mutter: Mary Shelley.

Autorin: Justina Schreiber

Der kleine William, von seinen Eltern zärtlich »Willmouse« gerufen, entwickelt sich prächtig. Gott sei Dank. Mary Godwins erstes Kind, ein Mädchen, starb kurz nach der Geburt. Nun gilt ihre Sorge dem neuen Nachwuchs. Allerdings nicht ungeteilt. William ist gerade einmal vier, fünf Monate alt, als die junge Mutter eine echt gruselige Geschichte zu schreiben beginnt.

Die Geschichte des größenwahnsinnigen Wissenschaftlers Viktor Frankenstein, der glaubt, eine herrliche neue Spezies kreieren zu können. Und sich furchtbar irrt. Kaum belebt, tötet sein aus Leichenteilen zusammengesetzter Prototyp als erstes Opfer seinen kleinen Bruder. Und der hieß ... William, genauso wie der kleine Sohn der Autorin. Gruseliger geht es wohl nicht. Als wäre das Leben des süßen »Willmouse« entsetzlich bedroht. Ist es im Prinzip auch. Bei der hohen Kindersterblichkeit damals. Trotzdem irritiert die Vorstellung, dass die Schöpferin der Verderben bringenden Kreatur gerade frisch dem Wochenbett entstiegen ist.

Man weiß, dass Mary Godwin Depressionen plagten und dass sie Träume hatte, in denen die kleine Clara von den Toten

auferstanden zu sein schien. Aber musste das Baby deshalb gleich zu einem derart unansehnlichen Dämon mutieren? Gewiss setzte Mary der Konkurrenzkampf in ihrer Dichter-Clique unter Druck. Es ist eine der beliebtesten Making-of-Storys, wie im verregneten Sommer 1816 am Genfer See vier junge Leute darum wetteiferten, wer den besten Schauerroman schreibt. Aber die beiden spätromantischen Dichter Lord Byron und Percy Shelley, Marys Liebhaber und zukünftiger Ehemann, wandten sich bald wieder anderen Themen zu.

Nur Lord Byrons Leibarzt John Polidori gab wie sie nicht vorzeitig auf und verfasste die erste Vampir-Erzählung der Weltliteratur. Doch dass der damals 19-Jährigen der Siegerkranz gebührte, steht fest, seitdem sie sich als Verfasserin des zunächst anonym erschienenen Frankenstein-Romans outete.

Heute begehen traditionsbewusste Horrorfans Mary Shelleys Geburtstag am 30. August mit der andächtigen Lektüre ihres berühmten Werkes, das die modernen Debatten zu Genmanipulation und Klonforschung vorwegnahm.

Die 1797 geborene Tochter des Sozialreformers William Godwin und der frühen Feministin Mary Wollstonecraft zeigte die Kehrseite utopisch-idealistischen Fortschrittglaubens. Wie sich vermeintlich gute Ideen zu Katastrophen auswachsen können, weil es, sobald sie sich in der Welt realisieren, zu unbeherrschbaren Kettenreaktionen kommt. Ein Zombie verlangt wider Erwarten nach Liebe! Und wehe, wenn sie ihm verweigert wird! Ja, die Geister, die man rief. So viel auch zum dialektischen Verhältnis von Natur und Zivilisation, von Schicksalsmacht und Machbarkeitswahn. Der Tod holte sich den kleinen William übrigens dann doch noch. Von Mary Shelleys Nachkommenschaft war einem einzigen Kind ein längeres Leben beschieden. Neben Frankensteins Monster natürlich, das unsterblich wurde.

31

31. August 1888
Erstes Opfer von Jack the Ripper

Er wurde nie gefasst, seine Identität ist bis heute Anlass für Spekulationen: Jack the Ripper. Die Geschichte des Mörders wurde zu einem Durcheinander aus Wissenschaft, Verschwörungstheorien und volkstümlichen Erzählungen.

September

01 1. September 1994
Letzte Wandertaube ihrer Art stirbt im Zoo von Cincinnati

Martha ist schon lange eine Berühmtheit. Doch als sie stirbt, ist sie unermesslich einsam. Ohne Umschweife hängt man sie sogleich kopfüber an ihren orange-roten Füßen auf, versenkt sie in einen Bottich mit Wasser und friert sie ein. Schlank, anmutig, keine 30 Jahre alt – konserviert in einem 140-Kilo-Eisklotz, so tritt Martha ihre letzte Reise an. Nach Washington – wo eifrige Präparatoren-Hände auf ihren zarten Körper warten. Denn Martha, die Wandertaube, war die Letzte ihrer Art.

Autorin: Prisca Straub

Wo immer Marthas Vorfahren einst auftauchten, verdunkelte sich der Himmel, sogar am helllichten Tag. Ein kilometerlanges, rauschendes Knäuel aus schieferblau und purpur blitzenden Vogelleibern – und immer auf der Suche nach Nahrung: Eicheln, Bucheckern, Beeren, Obst und Getreide. Wo die gewaltigen Schwärme einfielen, hinterließen sie restlos leergefressene Felder und verwüstete Wälder – der Boden zentimeterdick bedeckt mit einer ätzenden Schicht aus glitschigen Exkrementen. Kein Wunder, dass die Landbevölkerung dem Treiben der Wandertauben zwischen Minnesota und Pennsylvania nur wenig abgewinnen konnte.

Farmer und Jäger holten die Schrotflinten aus dem Schrank, wenn die gefiederten Wirbelstürme am Horizont erschienen, und feuerten blindwütig drauflos. Sie schlugen die Tiere mit langen Stöcken aus der Luft, wenn sie besonders niedrig flogen. Die Wandertaube wurde abgeschlachtet und gegessen, in unvorstellbaren Stückzahlen – ein millionenfaches Gemetzel. Und weil das zarte und besonders fette Fleisch der Jungtiere so begehrt war, holte man auch die Küken systematisch von den Bäumen: Die riesigen Brutkolonien wurden ausgeräuchert, bis der verzweifelte Nachwuchs in Panik aus den Nestern sprang und nur noch eingesammelt werden musste. Wochenlang stand auf dem Speisezettel dann nichts anderes als Wandertauben-Fleisch.

Anfang des 20. Jahrhunderts war die unfassbar große Population so gut wie erledigt. Die ungeheuren Schwärme – ausgerottet. Letzte Überreste der Spezies existierten zwar noch in Zoos, hatten dort aber keine Lust zu brüten: Wandertauben ertragen weder Enge noch Einsamkeit und kommen ohne ihre Artgenossen einfach nicht in Balzstimmung.

Auch Martha nicht: Sie lebte noch jahrelang im Zoo von Cincinnati, Ohio. Doch die Männchen, die man ihr als Begleitung in den Käfig setzte, verendeten traurig, ohne für ein frisches Gelege gesorgt zu haben. Hohe Belohnungen wurden ausgesetzt, um neue Gefährten für Martha zu finden – vergeblich. Als sie ihre hübschen roten Augen für immer schloss und am 1. September 1914 von der Stange fiel, blieb nichts anderes zu tun, als ihren Körper fürs Naturkundemuseum auszustopfen. Vor der verlassenen Pagode errichtete der Zoo ein Denkmal, eine bronzene Martha mit gelüfteten Schwingen, so wie kurz vor dem Abheben.

Für ihre Artgenossen hatte es nur Schrotkugeln gegeben. Doch für Martha, die Allerletzte ihrer Art, gab es auf einmal eine Ehrenstatue – und sogar einen Namen.

02 2. September 1900

Einführung des Aufklärungsunterrichts an Schulen

»Die animalischen Zustände und Bedürfnisse müssen im Zaum gehalten, die Triebe in die Unterwerfung gezwungen werden. Dabei soll der Sexualkundeunterricht helfen.« Das bestimmt die Obrigkeit vor über 100 Jahren: Am 2. September 1900 veröffentlicht das preußische Schulministerium einen Erlass. Darin werden die Lehrer an staatlichen Schulen aufgefordert, Aufklärungsunterricht abzuhalten – eine Premiere im deutschen Kaiserreich. *Autorin: Birgit Magiera*

Die Jugend soll besser geschützt werden vor Geschlechtskrankheiten und unsittlichem Verhalten. Reinheit und Unschuld gilt es so lange wie möglich zu bewahren. Vor allem auch vor den Lüsten wider die Natur, die körperliche Schäden und seelische Verwüstungen anrichten können. Nach gängiger damaliger Lehrmeinung führt die Selbstbefleckung zu Hirnerweichung und Rückenmarksschwund. Zur Therapie bleiben die Hände über der Bettdecke!

Besondere Gefahren sehen Pädagogen und Staatsdiener in den durch die Industrialisierung schnell wachsenden Städten: An den Straßenecken lauern die Huren, in den Hinterhöfen der Tripper. Sexualunterricht in Schulen um 1900 soll nicht die Entwicklung der Jungen und Mädchen unterstützen, sondern helfen, gesellschaftliche Probleme in den Griff zu bekommen.

Das deutsche Kaiserreich bevormundet nicht nur seine jugendlichen Untertanen. Ebenfalls im Jahr 1900 wird die sogenannte Lex Heinze erlassen: ein Gesetz zur Wahrung der Sittlichkeit, auf Initiative des Kaisers persönlich. Der vorbestrafte Berliner Zuhälter Gotthilf Heinze steht für alles, was im damaligen Sinne als unsittlich gilt. Mit dem neuen Paragrafen im Reichsstrafgesetzbuch sollen öffentliche Darstellungen unsittlicher Handlungen zensiert werden. Alles, was das allgemeine Schamgefühl verletzen könnte, steht unter Strafandrohung. In München muss daraufhin der berühmte Künstler Franz von Stuck die Figur einer nackten Amazone aus seinem Vorgarten entfernen.

Und in der Satirezeitschrift »Simplicissimus« wird darüber gewitzelt, welche Unterhosen man den griechischen Statuen in der Antikensammlung anziehen könnte.

In den folgenden Jahrzehnten wechseln sich sexuell freizügige und strengere Zeiten ab: Das Berlin der wilden 20er-Jahre feiert ungezügelte Lebens- und Liebeslust auf Transvestitenbällen und in schwul-lesbischen Nachtclubs. Unter den Nationalsozialisten soll die Jugend dann ausschließlich zum Zweck der rassisch korrekten Fortpflanzung kopulieren.

Auf eine unübersichtliche Nachkriegszeit mit Männermangel und fremden Besatzungssoldaten folgen die prüden 50er-Jahre: Radikale Konservative zünden Kondomautomaten an und werfen Stinkbomben vor Kinos, in denen der Film »Die Sünderin« läuft – mit einer nackten Hildegard Knef auf der Leinwand – Skandal.

Die sexuelle Revolution der 60er-Jahre trägt ihren Namen zu Recht. Und seit Ende der 70er hat jedes Schulkind in Bayern ein Anrecht auf Sexualerziehung. Die entsprechende Leitlinie des Kultusministeriums sieht vor, dass »die Kinder und Jugendlichen darin unterstützt werden, ihre eigene Geschlechtlichkeit anzunehmen und zu bejahen«.

Über 100 Jahre nach Einführung des ersten Aufklärungsunterrichts klingt das deutlich entspannter als die »zu unterwerfenden animalischen Triebe« aus den Vorgaben vom 2. September 1900.

---

03 3. September 1189
Richard Löwenherz zum König gekrönt

Selbstdarstellerei ist das Hauptgeschäft dieses Kollegen, vordere Mitte rechts, Großraumbüro. Dauernde überbordende Oden an die freudvoll ureigene Unfehlbarkeit. Dabei feiert er Erfolge – wenn überhaupt – am Kicker im Aufenthaltsraum, nicht am – ureigenen – Eckschreibtisch. Trotzdem, die Chefschaft würdigt. Geschicktes Selbstmarketing nennt sich das Ganze wohl. Gekonnt haben das schon Kandidaten vor dem Kollegen. König Richard I. war so einer. *Autorin: Susi Weichselbaumer*

Tatsächlich sind auch hier die Startbedingungen eher Großraumbüro. Richard ist – nur – Sohn Nummer drei von König Heinrich II. von England. Mama ist Eleonore von Aquitanien, wo Richard denn auch erzogen wird. Was er am Hof

dort lernt, weiß keiner genau. Später gibt er sich aus als von den Troubadouren und deren Dichtung höchst beeinflusst, und das von Schulkindesbeinen an. Als seine Brüder sich gegen den Vater stellen, weil der nicht sagen will, welchem der Prinzen die effektive Herrschaft in was für einem der Gebiete dereinst dann wenn einmal oder vielleicht schon gleich zukommen werden wird, mischt Richard mit. Auf allen Seiten und gegen jeden. Die Männer der Familie raufen es schließlich aus. Auf dem Schlachtfeld. Der Vater stirbt, Brüder auch. Richard wird am 3. September 1189 in Westminster zum König von England gekrönt.

Pomp und Brimborium. Feierlichkeit. Jubel. Publikum. Richard I. lässt sich zelebrieren am Tag der Thronbesteigung. Und kaschiert damit, wie wenig familienfreundlich er da eigentlich hingekommen ist. An diesen Posten dessen, wessen Besitzungen in England und Frankreich ihn zum mächtigsten Mann der Zeit machen, gleich hinter Kaiser Friedrich Barbarossa.

Was er auch nicht öffentlich erwähnt, das Wetter auf der Insel geht ihm auf die Nerven. Die englische Sprache beherrscht King Richard kaum – wie Historiker inzwischen belegen. Der Herrscher parliert auf Französisch und erklärt wortgewandt, warum er los muss – ins Abenteuer.

Kreuzzug zur Rückeroberung Jerusalems von den Truppen des Sultans Saladin. Dagegen kann kein frommer Untertan daheim etwas haben. Unterwegs enthalten sich die meisten Einheimischen denn genauso eines kritischen Kommentars. Kreuzfahrer Richard wütet derart, dass man ihm den Beinamen »Löwenherz« gibt. Er selbst wird das je nach Kontext auch als Kompliment deuten in Richtung warmherzige herzliche Großherzigkeit.

Ein beherztes Ende hat es jedenfalls mit jedweder Herzensgüte, als Richard in der Ferne erfährt, was sein kleiner Bruder in England mittlerweile treibt. Johann soll in der Abwesenheit des Großen die Insel verwalten und richtet es sich augenscheinlich dauerhaft ein auf dem Thron. Heute würde man sagen: Er betreibt geschickte Netzwerkbildung. Richard bläst erbost den Kreuzzug ab, unterschreibt schnell einen Frieden mit Sultan Saladin, will zurück und dem kleinen Thronbesetzer gehörig Bescheid geben – gerät aber in Österreich in Gefangenschaft. Der gesamte europäische Hochadel hat genug von dem Selbstdarsteller Löwenherz, der Bündnisse wie Eheversprechen eingeht und bricht, wie er lustig ist. Die Lösegeldforderungen sind immens, Stellvertreter Johann hält ergo lieber weiter das Zepter, als dem Richard die Hand zu reichen. Mama Eleonore schließlich verkauft alles, vom Staatswald über die Schrankwand bis zum Silberbesteck, um ihren Buben freizubekommen. Was gelingt. England ist zwar nun reichlich pleite, aber Löwenherz schafft es, sich zurück ins Herz seiner Untertanen zu parlieren. Als weiser, kluger, tugendhafter, höchst ritterlicher König der Herzen geht er in die Annalen ein. Selbstdarstellerei ist vielleicht doch kein so schlechtes Hauptgeschäft.

---

04 4. September 1949
Erfindung der Currywurst

»Unsere Herta war's!«, rufen die Berliner. Die Imbissbudenbesitzerin Herta Heuwer – aus Berlin-Charlottenburg. Genau 104 Tage nach der Verkündigung des Grundgesetz schüttete sie Worcestersauce, Tomatenmark, Currypulver und noch etliche, strengstens geheim gehaltene Gewürze zusammen und über eine Brühwurst aus Schweine- und Rindfleisch. Zehn Jahre später ließ sie das Soßen-Rezept unter dem Namen Chillup-Soße patentieren.

---

05 5. September 2009
Pipilotti Rists »Pepperminta« hat Premiere

Hautporen wie Gebirgskrater, Brustwarzen wie Himbeeren – die Videokünstlerin Pipilotti Rist liebt nackte Tatsachen und schrille Ideen. Am 5. September 2009 hatte ihr Film »Pepperminta« Premiere.

---

06 6. September 1780
Goethe krakelt »Wanderers Nachtlied« an Jagdhüttenwand auf dem Kickelhahn

Man kann es sich nicht immer aussuchen, wann und wo einen als Dichter das Genie streift. So passiert Goethe auf einer Bergtour ein später weltberühmtes Gedicht. Er ritzt es schon mal in die Hüttenwand.

07

7. September 1888
Baby Edith Eleanor als erstes Kind im Brutkasten

Anfangs belächelte man die Idee des französischen Geburtshelfers Etienne Tarnier. Jener hatte um 1880 nach dem Vorbild von Wärmeboxen zum Ausbrüten von Hühnereiern einen Brutkasten für unreife Menschenbabys entworfen. Während in Frankreich noch verschiedene Patente ausprobiert wurden, baute der New Yorker Arzt Dr. William Deming das erste Gerät in den USA. Am 7. September 1888 hatte es seinen ersten Einsatz: An diesem Tag kam Edith Eleanor McLean zur Welt. Sie wog nur 1.106 Gramm – selbst für heutige Verhältnisse ein extremes Leichtgewicht: Babys unter 1.500 Gramm gelten bis heute als Risikofälle. Edith hatte Glück: Sie überlebte mithilfe des Brutkastens.

08

8. September 1961
Erster Band der »Perry Rhodan«-Reihe erscheint

Major Perry Rhodan, die Lichtgestalt der amerikanischen Raumfahrt, ist einfach durch nichts zu erschüttern. Auch durch das fremde Raumschiff nicht, das er bei seiner ersten Reise auf den Mond überraschenderweise dort antrifft. Es gehört den Arkoniden, einer Großmacht der Milchstraße. Die Arkoniden sind hier gestrandet, und statt einen Ausweg aus ihrer Misere zu suchen, hängen sie matt und krank rund um die Uhr vor futuristischen Fernsehern ab. Eben mal zum Mond und retour auf die Erde, um mal rasch die Welt zu retten, ehe es zurück geht gen All … Heftroman für Heftroman wieder kein Problem für einen wie Perry Rhodan.

09

9. September 1947
Erster Computer-Bug dokumentiert

Ach wie schön ist es doch, im 21. Jahrhundert zu leben! In einer modernen und hochtechnisierten Welt – in der Computer »mitdenken« können und uns die lästigen, niederen Arbeiten abnehmen und wir uns konzentrieren können auf das Erhabene und Große.

Autor: Markus Mähner

Lang schon müssen wir nicht mehr dran denken, die Seitenspiegel unseres Autos einzuklappen, wenn wir geparkt haben. Das übernimmt der Bordcomputer für uns. Er misst auch die Innentemperatur und regelt selbstständig die Klimaanlage nach, wenn es ihm zu heiß oder zu kalt ist. Wenn wir an einer Ampel stehen, schaltet er den Motor

auf Stand-by, um Benzin zu sparen. Ja, bald sollen die Autos sogar selbstständig fahren, sodass wir uns voll und ganz auf das Erhabene und Große konzentrieren können!

Manchmal allerdings machen auch Computer Fehler. So zum Beispiel geschehen bei der Marssonde »Mars Polar Lander« im Jahr 1999. Als die die Landebeine ausfuhr, dachte die kluge Bordsoftware mit und entschied: Wir sind da. Also: Motor aus – wie beim Auto an der Ampel. Nur leider stand die Sonde nicht auf festem Boden, sondern war noch weit im Orbit. Als sie kurz drauf mit 80 Stundenkilometern auf der Marsoberfläche aufknallte, war es auch um den Bordcomputer geschehen!

Ähnliches ist – nur mit zweifacher Überschallgeschwindigkeit – dem Bordcomputer des US-Kampfjets F-16 zugestoßen. Denn als er zum ersten Mal den Äquator überflog, drehte er kurzerhand den Flieger auf den Kopf. Für ihn logisch – denn »stehen da unten nicht alle auf dem Kopf?« So zumindest interpretierte er das Minuszeichen vor den Breitengraden. Glücklicherweise geschah dies noch am Flugsimulator – bevor eine einzige F-16 vom Boden abhob.

Der Grund für diese einfältigen Handlungen ist häufig nur ein minimaler Fehler im Programm. Oft nur ein fehlendes Leerzeichen oder ein falsches Satzzeichen.

Punkt statt Komma zum Beispiel. Ein Minus bei den Breitengraden kann schon mal einen Kampfjet-Piloten Kopf stehen lassen! Im Durchschnitt hat heute jedes Programm alle 4.000 Zeilen einen Fehler – einen sogenannten Bug, also Käfer. Diese alle zu finden ist nahezu unmöglich.

Wie einfach war das noch 1947, als der allererste dokumentierte Computer-Bug entdeckt wurde. Das war bei dem Riesencomputer MARK II – und zwar am 9. September 1947, einem heißen Spätsommertag. Deswegen standen auch die Fenster im Computerraum offen und eine Motte kam herein und verklemmte sich in einem der tausend Relais. Die Maschine spuckte auf einmal ganz offensichtlich falsche Ergebnisse aus. Das wunderte die Fachleute, und sie machten sich auf die Suche. Als sie den Schädling entfernt hatten, rechnete MARK II wieder wie 'ne Eins – allein um die Motte war's geschehen!

Jedoch wohnt sie nun Tür an Tür mit dem amerikanischen Präsidenten: im Smithsonian Museum für Amerikanische Geschichte auf der Constitution Avenue in Washington, D. C. – ausgestellt als der erste leibhafte Computer-Bug; obwohl sie ja eigentlich eine Motte ist und kein Käfer!

MARK II stand übrigens im Dienst der US-Navy und sollte ballistische Daten für Raketensteuerungen berechnen. Natürlich entschieden damals noch Menschen, was mit diesem Ergebnis anzustellen sei. Gut so, somit wurde auch keine Rakete in den falschen Acker gelenkt! Ach wie schön wär es doch, noch mal im 20. Jahrhundert zu leben – als Computer noch dumm waren und nicht »mitdenken« konnten!

10 10. September 1811
Berzelius schlägt Schrift für chemische Elemente vor

Irgendwo zwischen 4 waagerecht und 15 senkrecht, da gibt es in jedem Kreuzworträtsel diese zwei Buchstaben. Leichtes Spiel für die Rätselmacher: Eine Frage – über hundert mögliche Antworten. »Chemisches Element« heißt die Zauberformel. Und die Lösung, ganz nach Bedarf: Br oder Ag, Wo oder Mb. Vieles geht natürlich auch mit Autokennzeichen. Aber bei Pt, Zn oder Ti, da muss wirklich die Chemie ran.

Autor: Hellmuth Nordwig

Die hat es sich früher viel leichter gemacht: Mit vier Elementen sind die alten Griechen ausgekommen. Feuer, Wasser, Luft und Erde: Damit hat zum Beispiel Aristoteles die stoffliche Seite der Welt erklärt, und das nicht mal schlecht. Man muss sich das ungefähr so vorstellen: Bier – das sind 85 Prozent Wasser, 10 Prozent Luft (nämlich der Schaum) und 5 Prozent Feuer (heute sagen wir Alkohol dazu). Die Alchemisten waren dann die Ersten, die über Substanzen nicht nur philosophierten, sondern auch Experimente anstellten. Vorgeblich ging es den Alchemisten darum, Gold herzustellen, nach dem bekanntlich alles drängt. In Wahrheit lieferten ihre »mannigfachsten« Versuche einen profunden Überblick über die Spielarten der Materie: Rubinglas, Phosphor, Schießpulver, Porzellan, Zinnober und Salmiak – das waren greifbare Ergebnisse ihrer Jahrhunderte währenden Arbeit. Im 18. Jahrhundert genügten vier Elemente nicht mehr, um all das zu erklären: »Erde« gab es offenkundig in einer »merkurialischen«, »glasartigen« oder »brennbaren« Ausprägung. Zudem hatten die Meister in ihren Hexenküchen Apparate ersonnen, mit denen sie Gase genauer erforschten.

Und siehe da: Auch die »Luft« ließ sich in mehrere Bestandteile zerlegen, und dem »Wasser« ging es nicht besser. Folgerichtig nannten sich die Alchemisten nunmehr »Scheidekünstler«. Kurz und gut: Das Weltbild stand auf dem Kopf, und in Frankreich war auch noch Revolution.

Mitten in diesem Durcheinander ordnete ein Pariser Gemeinderat namens Jean-Henri Hassenfratz die Welt der mittlerweile 24 Elemente neu. 1793 schlug er ein System aus Kreisen, Halbkreisen, Strichen und Buchstaben vor. Zu kompliziert, fand der Engländer John Dalton, der nur mit gemusterten Kreisen auskommen wollte. Hätte er sich durchgesetzt, wäre heute jede chemische Formel ein Bild, an dem Wassily Kandinsky seine Freude gehabt hätte.

Dass daraus nichts wurde, hat der schwedische Arzt Jöns Jakob Berzelius zu verantworten. Er nahm sich die Elemente noch einmal genau vor, fand derer 46 und verkündete am 10. September 1811: Jedes davon bekommt einen oder zwei Buchstaben. Oft stand der lateinische Name Pate für das Symbol, wie bei »argentum« für Silber, kurz Ag. Und schnell war klar: Es gibt sogar noch viel mehr Elemente, und da sind Buchstaben einfach praktischer als Bilder. Was fürderhin also in Mineralien, Salzen und Erzen entdeckt wurde, bekam einfach ein neues Kürzel – und gut 50 Jahre nach Berzelius war das Schema fertig, das wir heute Periodensystem nennen.

Da hießen die Scheidekünstler längst Chemiker und tauften die Elemente, wie es dem Zeitgeist gerade passte: Br ist vom griechischen Wort für Gestank abgeleitet, V von dem Frauennamen Vanadis, angeblich eine Göttin. Die Elemente, die als letztes ihren Namen bekamen, sind wohl Oganesson und Moscovium. Kreuzworträtsel-Fans dürfen sich die Kürzel Og und Mc merken.

11 11. September 1908 Anfang vom Ende des Fahrstuhlführers

Fahrstuhlführer – sogar zum Aufzugfahren brauchte man einst beherzte Profis, bis die Reise nach oben plötzlich ohne Liftboy auskam. Mit dem 11. September 1908 fand ihn sogar die deutsche Baupolizeiverordnung überflüssig.

12 12. September 1990 Fußball-Pleite Österreich – Färöer-Inseln

Eigentlich war Torkil Nielsen von den Färöer-Inseln Holzhändler, doch am 12. September 1990 musste er in der Fußballnationalmannschaft der kleinen Inselgruppe gegen den Gast Österreich spielen. Und er traf! Beim Torschuss war er ganz allein tätig, was ihm entgegenkam, denn er ist eigentlich einer der besten Schachspieler der Färöer. Aber bei gerade mal 50.000 Einwohnern müssen einige Positionen eben in Personalunion ausgeübt werden. Der schachspielende Holzhändler also schoss die Färöer-Inseln in der 62. Minute zum Sieg.

13. September 1813
Einsturz der Schwanenbrücke in München

Menschen sterben aus den unterschiedlichsten Gründen. Die am weitesten verbreiteten Ursachen sind wohl Krankheit und Altersschwäche. Eine zugegeben eher seltene Todesursache ist die Neugier, oder vielmehr: die Sensationsgier. So wie damals bei über hundert Menschen, die am 13. September 1813 in München ums Leben kamen. Die Frage ist, ob die Sensationslust im Katalog der offiziell gültigen Todesursachen mit aufgeführt ist, ob sie also ein Arzt in den Totenschein überhaupt eintragen darf.

Autorin: Birgit Magiera

Die Katastrophe jedenfalls, die an diesem 13. September 1813 am frühen Abend so viele Menschen das Leben kostete, würden eher sachlich veranlagte Charaktere übertiteln mit »selber schuld«. Das mag herzlos erscheinen, liegt aber wohl recht nah an der Wahrheit, denn die späteren Opfer waren eindringlich gewarnt: durch den Kutscher eines Brauerei-Wagens, der deutlich das Schwanken der Brücke gespürt hatte. Und auch die Pferde des Fuhrwerks begannen über der Mitte des Flusses unruhig zu tänzeln – ein eher ungewöhnliches Verhalten bei schwerfälligen, muskelbepackten Kaltblütern.

Es ist das erste heftige Hochwasser in diesem Herbst. Im Gebirge hat es viel geregnet, und aus dem Karwendel kommt die Isar schlammig hervorgeschossen wie ein wildes Tier, das wütend versucht, aus seinem engen Flussbett auszubrechen. Die Flößer haben vor der Wucht der Wassermassen längst kapituliert, Treibholz und einzelne Baumstämme tanzen auf den Wellen und bleiben an Brückenpfeilern hängen.

An den Floßländen in München haben sich mehrere Baumstämme losgerissen und vor der Kohleninsel ein Wehr zerstört. Eine Reparatur kommt bei dem hohen Wasserstand und der starken Strömung nicht in Frage. Außerdem sind sämtliche Arbeiter damit beschäftigt, vom Hochwasser abgerissene und unterspülte Uferbereiche neu zu befestigen. Besorgt und fasziniert zugleich beobachten die Münchner die seit Tagen tobenden Wassermassen.

Auf der Schwanenbrücke in die Au hinüber drängen sich rund zweihundert Menschen. Der Fluss hat in seiner Wucht das Fundament des Kaiserwirtshauses halb weggerissen – drüben am rechten Isarufer. Von der Brücke aus hat man den besten Blick auf das Gebäude: Alle warten gespannt darauf, das Haus in die Fluten stürzen zu sehen. Besagter Bierkutscher fährt zwischen den Schaulustigen hindurch, brüllt nach links und rechts, versucht die Menschen von der Brücke zu treiben – keiner beachtet ihn. Währenddessen haben die Wassermassen nicht das Wirtshaus am Ufer, sondern das Fundament zweier steinerner Brückenpfeiler komplett unterspült. Mit einem Mal krachen gleich mehrere Bögen zusammen. Die Menge auf der Brücke hat keine Chance: Alle stürzen ins Wasser, über einhundert Menschen ertrinken oder werden von herabfallenden Holzteilen erschlagen.

Es ist die schlimmste Hochwasser-Katastrophe, die München je erlebt hat. Erst Jahre später beginnt der Architekt Leo von Klenze mit dem Bau einer neuen, prächtigeren Brücke, die zu Ehren des Königs »Ludwigsbrücke« heißt.

Im Jahr 1899 stürzt dann noch einmal eine Isarbrücke im Stadtgebiet ein – weiter flussabwärts. Diesmal kommt Gott sei Dank niemand ums Leben. Das Unglück geschieht jedoch wieder an einem 13. September. Abergläubische Münchner überqueren die Isar an diesem Datum möglichst nicht. Sicherer erscheint da heutzutage die Unterquerung, mittels S- und U-Bahn.

---

14 14. September 1752

In England kommen elf Tage spurlos abhanden

1582 macht Papst Gregor XIII. dem Zeitschlamassel in Europa ein Ende. Der Statthalter Christi tilgt die Überschusstage und befiehlt der Christenheit, in diesem Jahr vom 4. sogleich auf den 15. Oktober zu springen. Die katholischen Länder fügen sich der päpstlichen Reform, die protestantischen verweigern den Kalendergehorsam. Mit am längsten, exakt 170 Jahre lang, sperrt sich England gegen das römische Zeitdiktat. Doch damit wird das Zeitmanagement im Handel mit dem Kontinent immer verzwickter, das Jonglieren mit unterschiedlich datierten Verträgen, Fälligkeiten, Zahlungs-, Liefer-, Markt- und Messeterminen entgleist mehr und mehr. Am Ende siegt purer Pragmatismus, das Parlament befiehlt den kollektiven Kalendersprung: Elf Tage müssen weg, dazu soll auf Mittwoch den 2. nahtlos Donnerstag der 14. September 1752 folgen. Das Volk ist darüber not amused.

15 15. September 1896

William Crush veranstaltet ein Eisenbahnunglück

In Amerika, dem Land, in dem man um grandiose Einfälle nie verlegen ist, hat vor Jahren ein Mann namens Crush ein großes Spektakel veranstaltet. Crush war Angestellter der Kansas-Texas-Eisenbahngesellschaft. Der ging es eher mittelprächtig, die Wirtschaft des Landes lag darnieder, und die Leute gaben ihr weniges Geld für andere Dinge aus als zum Eisenbahnfahren. Doch eines Tages hatte William Crush eine Idee. Ihm war aufgefallen, dass – wo immer auf den Gleisen ein Unglück passiert war – die Leute zuhauf hinrannten, um sich die Sache zu besehen.

Autor: Xaver Frühbeis

Man müsste, dachte Crush, so ein Unglück absichtlich herbeiführen. Einen Zusammenstoß, ohne dass jemand dabei verletzt werden würde. Das Ganze würde man ausgiebig bewerben, von nah und fern würden Menschen herbeieilen, alle würden mit dem Zug anreisen, und zwar mit dem seiner Eisenbahngesellschaft. Der Eintritt würde frei sein, umsonst auch Musik und Erfrischungen, das Einzige, was die Leute zahlen müssten, wären die Fahrkarten zum Ort des Geschehens. Crushs Chef war von dem Einfall begeistert. Und so hat man im Sommer 1896 begonnen, mitten in der Prärie von Texas vier spezielle Kilometer Gleis zu verlegen. Ein riesiges Zelt wurde errichtet, Zuschauertribünen aufgebaut, Plätze für Reporter und Fotografen abgetrennt, Erfrischungsstände. Es war für alles gesorgt. Crush nannte den Ort »Crush«, nach sich selbst. Ein »Crush« ist im Amerikanischen zwar auch noch ein »Menschenauflauf«, aber das ist sicher reiner Zufall.

Zu Werbezwecken fuhren zwei ausrangierte Dampflokomotiven durch das Land.

Die eine: rot angemalt, die andere: grün, jede 35 Tonnen schwer. Das waren die Loks, die bei dem Ereignis mit voller Geschwindigkeit frontal aufeinander zufahren würden. Die Reise zu dem Spektakel war billig, zwei Dollars bloß pro Kopf und Nase, von egal woher innerhalb Texas, aber: mit der Kansas-Texas-Eisenbahngesellschaft. Die Zeitungen berichteten täglich, und die Leute kauften wie wild.

Am Vormittag des 15. September 1896 trafen 40.000 Menschen am Ort des Geschehens ein. Gegen fünf Uhr nachmittags ritt William Crush auf das Gleis und schwenkte weithin sichtbar seinen Hut. Die beiden Teams setzten die Loks in Bewegung, nach der Hälfte der Strecke sprangen sie von den Zugmaschinen ab, die – immer mehr Fahrt aufnehmend – aufeinander zurasten. Die Fotografen brachten sich in Stellung, das Publikum drängte nach vorn, Polizei mühte sich, die Menschen zurückzuhalten, und dann – krachten die Loks mit 70 Stundenkilometern frontal aufeinander.

Vorab hatten Experten gesagt, außer kaputten Loks würde da nicht viel passieren. Aber: Sie hatten sich geirrt. Bei beiden Maschinen explodierten die Heizkessel, Eisenteile wurden mit großer Wucht mitten in die Zuschauermenge geschleudert, eine Panik brach aus, es gab Tote und Verletzte. Die Überlebenden kletterten auf den Wracks herum, um sich Andenken zu sichern. Crush selbst wurde auf der Stelle gefeuert. Aber als man tags darauf merkte, dass die Empörung der Presse gering war – und vor allem: als man die Einnahmen gezählt hatte –, hat man Crush gleich wieder eingestellt.

Heute grasen an dem Ort, an dem die »Great Crush Collision« stattfand, friedlich die Kühe. Und eine Gedenktafel aus Metall erinnert daran, dass dieses Land Amerika um grandiose Einfälle nie verlegen ist.

---

16 16. September 1978
Die Dreharbeiten zu »Das Leben des Brian« beginnen

»Judäische Volksfront« oder »Volksfront von Judäa«? »Stechus Kaktus« oder »Schwanzus Longus«? Kaum ein Film hat so viele geflügelte Worte geprägt – und zugleich kräftig Kritik erfahren. Dabei macht sich der lustige Film gar nicht über die Bibel lustig, sondern vielmehr über die lustigen Bibelfilme. So ähnlich beteuerten das Monty Python immer wieder, aber die Kritiker waren einfach zu kritisch.

---

17 17. September 1859
Joshua Norton macht sich zum Kaiser der USA

Er meinte es völlig ernst: Am 17. September 1859 ernannte sich Joshua Norton in San Francisco zum Kaiser der Vereinigten Staaten von Amerika. Die Zeitungen druckten es ab, und weil niemand so recht widersprach, brachte es Kaiser Norton der Erste zu einiger Berühmtheit.

Autor: Xaver Frühbeis

Ein wuchtiger Brief, am 17. September 1859: »Ich, Joshua Norton, aus Algoa Bay am Kap der Guten Hoffnung und seit neun Jahren und zehn Monaten in San Francisco, Kalifornien, lebend, nehme die Forderung einer großen Mehrheit der Bürger vorweg und ernenne mich hiermit selbst – zum Kaiser und Herrscher der Vereinigten Staaten.«

Solches schrieb der beispiellose Mann an die Zeitungen von San Francisco. Und die druckten es ab. Seit diesem Tag hatten die Vereinigten Staaten von Amerika nicht nur einen Präsidenten, sondern auch noch einen Kaiser.

Joshua Norton, genannt »Norton der Erste«, stammte aus England, geboren irgendwann um 1820. In Südafrika war er aufgewachsen, und als er nach San Francisco kam, hatte er 40.000 Dollar im Gepäck. Ein Geschenk seines Vaters, damit wollte er Geschäfte machen. Norton stieg in den Reishandel ein, der große Gewinne versprach, aber das Schicksal war ihm nicht gewogen, aus den Gewinnen wurden Verluste, und bald war Norton bankrott. Von da an war er – etwas merkwürdig.

Norton bezog ein kleines Zimmer in der Commercial Street und verbrachte seine Tage damit, in den Straßen von San Francisco auf und ab zu spazieren, angetan mit einer alten, abgetragenen Soldatenuniform. Und weil jeder seinen Selbsternennungsbrief in den Zeitungen gelesen hatte, wussten die Bürger der Stadt: Hier spaziert unser Kaiser. Die Leute mochten ihn, und Norton der Erste mochte sie. Er wechselte freundliche Worte mit ihnen, kümmerte sich darum, dass so weit alles in Ordnung war, und ab und zu verfasste er ein kaiserliches Dekret.

»Jeder, der nach ausdrücklicher Warnung bei der Benutzung des schrecklichen Wortes ›Frisco‹ – anstatt ›San Francisco‹ – ertappt wird, hat dem kaiserlichen Schatzamt zur Strafe die Summe von 25 Dollar zu entrichten.«

Norton der Erste regierte per Zeitungsmeldungen. Was immer er seinem Volk an Erlassen zukommen lassen wollte, schrieb er an die Zeitungen, und die druckten es ab. Zuweilen mischte er sich sogar in ausländische Angelegenheiten ein und beriet etwa die Königin von England in verzwickten politischen Angelegenheiten. Zu Hause hatte er – vergeblich – versucht, den amerikanischen Kongress abzuschaffen. Jetzt, wo es ihn, den Kaiser, gab, war der ja nicht mehr nötig. Aber dieses Politikervolk hörte einfach nicht auf ihn.

Dafür war er in San Francisco umso beliebter. Noble Restaurants ließen ihn umsonst bei sich speisen, und in die Fenster hängten sie ein Schild: »Hier diniert der Kaiser der USA!« Norton hatte seinen kostenlosen Logenplatz in Konzerten und Theatern, und weil seine Uniform tatsächlich ein wenig abgewetzt aussah, spendierte ihm die Stadtverwaltung eine neue. Norton der Erste freute sich und versetzte die Stadträte allesamt in den Adelsstand.

Als an einem kalten Abend im Januar 1880 Joshua Norton, der Kaiser der Vereinigten Staaten von Amerika, in den Straßen der Stadt unvermutet zusammenbrach und sein Leben aushauchte, versetzte das die Menschen von San Francisco in tiefe Trauer. »Le Roi est mort – der König ist tot« schrieb der »San Francisco Chronicle« auf seiner Titelseite. Eine Gruppe reicher Unternehmer spendierte eine würdige Beerdigung, 30.000 Menschen säumten die Straßen, der Leichenzug, hieß es, sei über zwei Meilen lang gewesen. Über 20 Jahre lang hatte Norton der Erste regiert, und nie wieder hatten die USA einen sanfteren und friedliebenderen Kaiser gehabt.

18 18. September 1954

Grzimeks »Kein Platz für wilde Tiere« wird erstmals als Serie vorabgedruckt

»Kein Platz für wilde Tiere!« lesen die Deutschen am 18. September 1954 in der Zeitschrift »Revue«. Dr. Bernhard Grzimek, mittlerweile Frankfurter Zoodirektor, berichtet den Leserinnen und Lesern vom fernen, schönen und bedrohten Afrika. Jeder glaubt ihm das – doch das ist ihm natürlich zu wenig. Grzimek nimmt kurzerhand einen Privatkredit auf und fliegt samt Sohn Michael und Kameras zu Dreharbeiten: »Kein Platz für wilde Tiere – der Film« gewinnt den Goldenen Bären bei den Filmfestspielen in Berlin. Ein Flop hätte Grzimek ruiniert.

---

19 19. September 1876

Teppichkehrer wird zum Patent angemeldet

Über die Stange hängen, klopfen, husten, klopfen, ausbeuteln – so war das bis zum 19. September des Jahres 1876, als ein Herr namens Melville B. Bissell ein Gerät zum Patent anmeldete, mit dem man Teppiche dort reinigen konnte, wo sie lagen. Ein enormer Fortschritt: Geschickt angeordnete Rollbürsten beförderten den Schmutz in eingebaute kleine Kästchen, die später ausgeleert wurden – der Teppichkehrer war geboren. Entstanden ist das Gerät übrigens deshalb, weil Bissell, der Eigentümer eines Chinaladens in Michigan, immer Kopfweh bekommen hatte von dem staubigen Stroh, in das die Waren eingepackt waren. Seine Frau hatte das nicht länger mit ansehen können und hatte mit ihm zusammen die kleine mechanische Reinigungsmaschine erfunden, die sich in den USA bald gut verkaufte.

---

20 20. September 1958

Tommy Steele als erster Rock 'n' Roll-Musiker bei Madame Tussauds aufgestellt

Es gibt ja Gitarristen, die bisweilen ihre Gitarre anzünden. Jimi Hendrix war so einer. Es gibt aber auch Gitarristen, denen würde so etwas im Traum nicht einfallen. Bei denen sitzt dann ein Feuerwehrmann samt Eimer Wasser in der ersten Reihe – für den Fall, dass die Gitarre von selbst zu brennen anfängt.

Autor: Johannes Roßteuscher

Klingt nach sehr feurigem Gitarrenspiel – wer könnte gemeint sein? Paco de Lucia? Jimmy Page? Eric Clapton? Die richtige Antwort: Tommy Steele, ein damals 19-jähriger Ex-Seemann, war der Erste, der 1956 in einem Londoner Theater mit Stromgitarre auftreten wollte. Und weil die Chefs befürchteten, dass so ein Instrument mit Kabel dran womöglich mitten in der Show in Flammen aufgehen könnte – riefen sie erst mal die Feuerwehr. Tommy Steele jedenfalls, der 19-jährige Ex-Seemann, war nicht nur der Erste, der im Theater mit feuergefährlicher Gitarre auftrat; Tommy Steele war der Erste, der überhaupt auf einer englischen Bühne eine Rock 'n' Roll-Nummer sang. Und das verhalf ihm zu einer heute kaum mehr vorstellbaren Blitzkarriere. Zitat Tommy Steele:

»Es war das erste Mal, dass man Rock 'n' Roll in Großbritannien vorgesetzt bekam. Und weil es noch keiner gesehen hatte, konnte man auch keine Fehler machen.«

In der Tat. Mit lustiger blonder Haartolle, ein paar Hüftwacklern und Dauerlächeln hatte Tommy Steele viel mehr vom Lieblings-Schwiegersohn als vom echten Rock 'n' Roller. Sein Aufstieg verlief nichtsdestoweniger kometenhaft: Tommy singt in einem Pub in Soho »Blue Suede Shoes«, ein Talentscout kommt vorbei, schleift ihn zur Plattenfirma – am nächsten Tag nimmt er dort die erste Single auf:

»Rock with the Caveman«, ein Lied so brav wie Tommys Lächeln. Ergebnis: Platz 13 der britischen Charts. Er legt ein paar Nummern nach, die dritte Single schafft es auf Platz eins: das zugegebenermaßen saucool vernuschelte »Singing the Blues«. Tommy Steele gilt jetzt als englische Antwort auf Elvis Presley, und Großbritannien hat einen Rock 'n' Roll-Star. Über den sogleich ein Film ins Kino kommt, mit ihm selbst in der Titelrolle.

Am 20. September 1958, da ist Tommy Steele noch keine 22, bekommt er als erster Rock 'n' Roll-Musiker überhaupt eine Wachsfigur bei Madame Tussauds. Und sieht damit seine Karriere als vollendet an: Mit 24 verabschiedet er sich vom Rock 'n' Roll und entdeckt seine wahre Berufung: das Musical. Gemeine Menschen sagen: das seichte Musical.

Die nächsten Jahrzehnte singt und lächelt sich Tommy Steele durch zahllose Hauptrollen, wird Doctor Dolittle und Ebenezer Scrooge, tanzt sogar mit Gene Kelly und Fred Astaire. Statt der englischen Antwort auf Elvis Presley – die er nie war – ist er jetzt die englische Antwort auf Peter Alexander – rund 60 Jahre lang. Vielleicht liegt das am Rock 'n' Roll-Leben, das er nie geführt hat. Zitat: »Einmal hat mich jemand auf einer Party überredet, eine Cola mit Aspirin zu trinken. Der Effekt war allerdings null.« Man nimmt ihm die Geschichte sofort ab.

21 21. September 1903
August Oetker bekommt Patent auf Backpulver

Dass aus einem harten Teigklumpen im Ofen nicht von alleine ein weiches luftiges Brot wird, weiß der Mensch, seitdem er bäckt. Als August Oetker sein Zusatzmittel »Backin« patentieren ließ, war er also nicht der Erste, der sagte, da muss noch was mit rein in die Rührschüssel. Aber er war es, der es in alle Küchen trug. Nachdem seine Frau mit ihren Backexperimenten die ideale Menge Pulver für 500 Gramm Mehl ermittelt hatte, verkaufte er es in portionierten Päckchen zu je zehn Gramm mit seinem Namenszug samt Doktortitel und Backrezepten auf der Rückseite. Von seiner neuen Fabrik aus versorgte er bald das ganze Deutsche Reich.

---

22 22. September 1869
Richard Wagners Oper »Das Rheingold« uraufgeführt

»Weia! Waga! Woge, du Welle! Walle zur Wiege! Wagalaweia! Wallala weiala weia!« Au weia! So fängt es an. »Das Rheingold«, der Vorabend zu Richard Wagners vierteiligem Musikdrama »Der Ring des Nibelungen«. »Wallala! Lalaleia! Leialalei! Heia! Heia! Haha!« Von wegen »Haha«. Zu lachen gibt es da wenig, denn es geht um Macht, und es geht um Liebe. 16 Stunden lang! *Autor: Frank Halbach*

Wie schon der Monaco Franze festgestellt hat, wer das »Rheingold« nicht gesehen hat, kann den Rest des »Rings« nicht mehr recht verstehen. Das ist doch eine Motivation. Schließlich dauert das »Rheingold« gerade mal zweieinhalb Stunden und hat keine Pause, in der man was sagen müsste, »was irgendwie interessant klingt, aber so dass keiner versteht, verstehst? Dann san nämlich die andern die Deppen, und das ist das Wichtigste, verstehst? Dass man nicht selbst am Schluss der Depp ist, sondern die andern.« »Heia! Heia! Hahei!«

Der Depp im »Rheingold« ist der Nibelung Alberich. Um ihn wogen schwimmend – »Wallala, Leiala, Leialalei« – drei schicke Rheintöchter herum. Welcher Mann kann da schon widerstehen, auch wenn er nur ein Zwerg ist? Widerstehen können aber die Rheintöchter, heijaheija, die Alberich recht unattraktiv finden. Viele Frauen stehen eben nicht auf kleine Männer, da hilft auch der kräftige Bariton nichts. Und Frauen können manchmal so fies sein: Die Rheintöchter wollen nicht nur keinen Sex, sondern sie machen sich über Alberich auch noch nach Strich und Faden lustig. Jetzt müssen die ganzen aufgestauten Hormone irgendwohin:

Alberich wird wild wahnsinning wütend, raubt das Rheingold und, weil ihn eh keine mag, verflucht er die Liebe, denn nur so kann man aus dem Gold den Ring der Macht schmieden, der gemäß Packungsbeilage ungefähr so funktioniert wie der vom dunklen Lord Sauron im »Herr der

Ringe«, der Ring, dessen Macht keiner widerstehen kann.

Nicht widerstehen konnte auch der Kini. Denn obwohl Richard Wagner mit dem »Ring« noch gar nicht fertig war, wollte Ludwig II. unbedingt hören und sehen, »Wagalaweia! Wallala weiala weia«, was schon fertig war. Daher fand die Uraufführung des »Rheingolds« keineswegs im fränkischen Bayreuth statt, sondern im Königlichen Hof- und Nationaltheater München, am 22. September 1869. Und der Bayernkönig, der der Versuchung nicht widerstehen konnte, die Aufführung gegen Wagners Willen anzuordnen, sieht, wie Alberich den unwiderstehlichen Rheintöchtern nicht widerstehen kann, aber sie ihm, und so das Verhängnis seinen Lauf nimmt. »Weiala weia!«. Auweia.

Dann passiert eben das, was passieren kann, wenn Frauen einen Mann zum Deppen machen. Vicco von Bülow, alias Loriot, hat nicht umsonst darauf hingewiesen: Hätte wenigstens eine der drei Rheintöchter Alberich erhört, hätte man sich drei weitere aufwendige Opern sparen können.

---

23 | 23. September 1884
Lochkarte zum Patent angemeldet

Das 20. Jahrhundert beginnt ungewöhnlich früh, und zwar genau am 23. September 1884. Da meldet der Amerikaner Herman Hollerith seine Lochkartenmaschine zum Patent an. Ahnungslos schickt er damit die Menschheit ins digitale Zeitalter. Loch oder »Nicht-Loch« – das kann so entscheidend sein ... wie 1 oder 0.

24. September 1906
Devils Tower – das erste »National Monument« der USA

Am 24. September 1906 hat sich US-Präsident Theodore Roosevelt um die Mythologie der Kiowa verdient gemacht. Er hat den Devils Tower, den Teufelsturm, zum ersten National Monument der USA gemacht. Als teuflisch gilt der Berg freilich nur den Weißen, weil er so schwer zu besteigen ist, für die Kiowa bezeugt er eine mythische Flucht in den Himmel.

---

25. September 1820
Ampère entdeckt Gesetz über Kraftwirkungen zwischen stromdurchflossenen Leitern

Immer wenn Strom fließt, entsteht um den Draht herum ein Magnetfeld. Und deshalb verhalten sich zwei Drähte, die an Batterien angeschlossen sind, genau wie Magnete: Sie ziehen sich an oder stoßen sich ab. Je nachdem, mit welchen Batteriepolen sie jeweils verbunden werden. Am 25. September 1820 führt André-Marie Ampère dieses Schlüsselexperiment in der Akademie der Wissenschaften in Paris vor. Am Abend schreibt er stolz einen Brief an seinen Sohn: »Voilà, eine neue Theorie des Magneten.«

---

26. September 1957
Musical »West Side Story« feiert Premiere

Überbordende Liebe und unfassliche Tragik, dazu Musik neu und anders – richtig glauben wollte an dieses Projekt keiner, und selbst Leonard Bernstein hatte Angst, »West Side Story« könnte floppen. Aber eine Sekunde nach dem Schluss springt das Premierenpublikum schon auf, schreit, klatscht, trampelt. Bernstein wartet ab, bis er auf die Bühne geht – erst beim 17. Vorhang kommt der Komponist aus den Kulissen.

---

27. September 1547
Cervantes geboren

Miguel de Cervantes, geboren am 27. September 1547, überlebte grausame Schlachten und brutale Gefangenschaft. Seinen Roman schrieb er aber nicht über sein Leben, sondern über den menschlichen Helden »Don Quijote«. *Autorin: Susanne Tölke*

Mitten in einer Zeit, in der man die Krüppel verlachte wegen ihrer Gebrechen, in der man Delinquenten auf den Marktplätzen verbrannte zur Schaulust des Pöbels, in der man Ketzer mit dem glühenden Eisen zur Aussage brachte, mitten in einer Zeit der Grausamkeit erschien in Madrid das große Buch der Menschlichkeit: »Die Abenteuer des sinnreichen Junkers Don Quijote de la Mancha«. Natürlich belachten die Leser vor allem die derben Scherze, denen Don Quijote und sein Knappe auf ihren Fahrten ausgesetzt waren, zum Beispiel jener, bei der ein Dutzend Handwerker den dicken Sancho auf eine Bettdecke werfen und diese dann auf- und abschnellen, wie man es sonst zur Fastnacht mit den Hunden tut! Und wie Don Quijote und Sancho Pansa einen angeblichen Heiltrunk angedreht bekommen und sich dann winden vor Bauchschmerzen und ihren Mageninhalt einander ins Gesicht speien – na, ist das komisch!

Es gab sogleich nach Erscheinen des Buches Don-Quijote-Masken auf dem Markt zu kaufen, mit denen sich wiederum allerhand Unsinn treiben ließ. Ein köstlicher Spaß, wie der törichte Ritter immer wieder auf die Nase fiel und feste verdroschen wurde, und sein Pferd und sein Schildknappe auch!

Es dauerte ziemlich lange, bis der Roman den Geruch einer derben Satire loswurde. Es waren die Schriftstellerkollegen, denen die Augen aufgingen. Henry Fielding, dann Gogol, Dostojewski, Flaubert – sie erkannten, dass in Don Quijotes Wappen nicht die Torheit, sondern das Erbarmen und die Güte steht. Und nicht nur das: Don Quijote ist der erste moderne Roman, ein Roman über Wirklichkeit und Wahrnehmung. Seine Botschaft lautet: Jeder von uns ist ein Don Quijote, der sich die Wirklichkeit selbst konstruiert. Zugleich – und das macht die Qualität des Buches aus – legt Cervantes den Mechanismus der Selbsttäuschung offen.

Wer war der Mann, der solch ein subtiles Meisterwerk verfasste? Wir stellen ihn uns unwillkürlich als einen Schöngeist vor, als Gelehrten, als Intellektuellen.

In Wirklichkeit aber war Cervantes, der am 27. September 1547 in Alcalá nahe Madrid zur Welt kam, genau jener tollkühne und tapfere Ritter, der Don Quijote gern gewesen wäre. In der Seeschlacht von Lepanto, Türken gegen Spanier, erhält der 24-Jährige zwei Büchsenschüsse in die Brust, der dritte zermalmt die linke Hand. Vier Monate liegt er im Lazarett von Messina, bis die Wunden ganz ausgeheilt sind. Anstatt als Invalide nach Spanien zurückzukehren, nimmt er noch an drei Schlachten teil, bis er – mittlerweile 28 Jahre alt – mit einem Empfehlungsschreiben des obersten Feldherren Don Juan d' Austria von Neapel aus sich nach Spanien einschifft. Seeräuber kapern die Galeere und verkaufen Cervantes nach Algier. Er wird in Ketten gelegt, man erwartet – aufgrund seines Empfehlungsschreibens – ein Lösegeld von der Familie.

Fünf Jahre muss er warten, dreimal versucht er zu fliehen. Beim ersten Mal gibt es Peitschenhiebe, beim zweiten Mal droht die Hinrichtung. Er wagt es noch ein drittes Mal, diesmal werden seine Helfer gepfählt. Er selbst wird mit 200 Stockhieben bestraft. Alle Spanier, die die Gefangenschaft von Algier überlebten, berichten später darüber, dass sein Mut und seine Zuversicht sie aufrechterhalten hätten.

Als er endlich freigelassen wird, weil seine Familie das Lösegeld zusammengekratzt hat, muss er feststellen, dass ihm sein Empfehlungsschreiben in Spanien gar nichts nützt. Wer will schon einen Invaliden einstellen, der noch nicht einmal Offizier gewesen ist, sondern nur einfacher Soldat? Da setzt er sich hin und schreibt den »Don Quijote«, jenes unvergleichliche Meisterwerk über den Verteidiger der Schönheit, des Edelmuts, der Reinheit und der Ritterlichkeit. Selbst Goethe, der mit Lob und Anerkennung für Dichterkollegen recht sparsam war, hatte ihn in seinem Ministerschreibtisch liegen: »Cervantes hält mich über den Akten wie ein Korkwams den Schwimmer.«

28

28. September 1987

Erste Folge von »Raumschiff Enterprise: Das nächste Jahrhundert«

Damals wurde die moderne Zukunft neu erfunden: die Abenteuer des neuen Raumschiffs Enterprise, das 100 Jahre nach Captain Kirk unterwegs ist, um fremde Welten zu entdecken ...

29

29. September 1932

Lunch atop a Skyscraper

Sie ist eine der berühmtesten Fotografien der Welt: Elf Bauarbeiter machen Mittagspause – auf einem Stahlträger in 260 Metern Höhe über der Skyline von Manhattan.

Autorin: Prisca Straub

Ein warmer Herbsttag in New York City, Zeit für die Mittagspause. Auf den Baustellen hoch über der Stadt legen die Männer ihre Werkzeuge aus der Hand – auch auf dem Rohbau des Rockefeller Center, 69. Etage: Elf verschwitzte Arbeiter nehmen Platz – in schwindelerregender Höhe auf einem schmalen, scheinbar frei schwebenden Stahlträger. Sie tragen dicke Arbeitshandschuhe und Schiebermützen, sie plaudern, sie rauchen, sie öffnen ihre Lunchpakete. Die Füße baumeln beiläufig in 260 Meter Höhe über dem Straßenniveau. Doch die abgrundtiefe Kluft ist keinem von ihnen einen Blick wert. Im Hintergrund: die Skyline Manhattans, der Central Park, der Hudson River. Diese halsbrecherische Verschnaufpause gehört offenbar zu den normalsten Dingen der Welt.

Lange Zeit wurde über das ungezwungene Schwarz-Weiß-Foto gemunkelt: »Lunch atop a Skyscraper«, geschossen am 29. September 1932, könne nichts anderes sein als eine Fotomontage. »Mittagspause auf einem Wolkenkratzer«? Elf junge Männer in billigen Lederschühchen, ohne Helm – vollkommen ungesichert? Ausgeschlossen! Heute weiß man: Die Aufnahme ist echt! Denn erstens: Die original-belichtete Glasplatte ist zwar beschädigt, aber erhalten – und zweitens: Es existieren eine ganze Reihe ähnlicher Aufnahmen aus derselben Serie: Arbeiter in allen Variationen, die sich an Stahlseilen über gähnende Abgründe hangeln. Auch die drei Fotografen, bei denen man das Projekt in Auftrag gab, sind abgelichtet – in perfekt sitzenden Anzügen, die Foto-Ausrüstung auf den Rücken geschnallt. Kurzum: »Mittagspause auf einem Wolkenkratzer« ist mit Sicherheit kein Fake. Nur die Beiläufigkeit der Situation ist gestellt. Eine arrangierte Mittagspause also, eine Auftragsarbeit. Für Publicity-Zwecke. Das Foto erscheint wenige Tage später in der Sonntagsausgabe der »New York Herald Tribune« – und die PR-Aktion ist wohl platziert: Rockefeller Plaza Nummer 30, das heutige Comcast Building, ein ambitioniertes Gebäude aus Stahl, Glas und Granit, das Symbol für den beispiellosen Bauboom, der die Stadt in schwindelerregende Höhen wachsen lässt. Hier wird an der Zukunft gebaut!

Die Arbeiter werden entsprechend gut bezahlt. Das Schweißen in mörderischer Höhe ist ein begehrter Job, gerade für Einwanderer, die jetzt reichlich in die Stadt drängen. Das Risiko ist Teil des Geschäfts – pro zehn Stockwerke ist ein abgestürzter Arbeiter in die Bilanz einkalkuliert.

Um die Identitäten der Männer auf dem Stahlträger zu ermitteln, hat man übrigens jahrzehntelang so einiges unternommen. Unzählige Nachkommen meinen nämlich, auf der beliebten Fotografie einen Onkel, einen Opa, einen Vater zu erkennen. Unstrittig ist: Die meisten von ihnen kommen aus Irland. Sie haben die verregneten Kartoffeläcker ihrer Heimat hinter sich gelassen, jetzt bauen sie die Skyline New Yorks. Was wohl aus ihnen geworden ist? Zumindest von den Männern, die auf dem Foto zweifelsfrei wiedererkannt wurden, scheint keiner abgestürzt zu sein. Gut zu wissen, wenn man das berühmte Bild zu Hause als Poster hängen hat.

---

30 | 30. September 2004
Erstes Foto von einem Riesenkalmar

Die Welt ist voller Ungeheuer. Sie halten sich im Verborgenen auf, beobachten, was geschieht, und warten. Warten so lange, bis endlich die passende Beute vorbeikommt. Dann schlagen sie zu, blitzschnell und gnadenlos. Das Opfer hat keine Chance.

Autorin: Carola Zinner

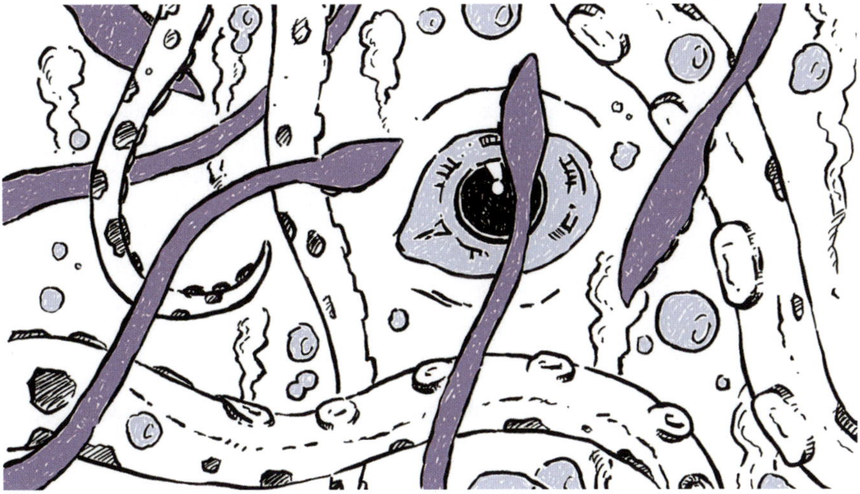

Schon vor Jahrhunderten erzählten Seefahrer von Begegnungen mit Monstern draußen auf dem Meer. Sie waren gefährlicher und bösartiger als alles, was man bisher kannte. Mit meterlangen Armen umschlangen sie die Schiffe und zogen sie unter Wasser. Beweisen ließ sich die Existenz der riesigen Tintenfische zwar nicht, aber das hatte nicht viel zu sagen in einer Zeit, in der es in fernen Ländern nur so wimmelte von Wesen wie Einhörnern, Drachen oder Riesenhasen, die aufrecht auf zwei Beinen hüpften und ihre Jungen in einem Beutel vor dem Bauch trugen. Das Meeresungeheuer war nur eines der vielen schrecklichen Wunder einer großen weiten Welt.

Mitte des 19. Jahrhunderts dann wurde es zum ersten Mal wissenschaftlich dokumentiert. Anhand von Resten, die im dänischen Jütland angespült wurden – einem Schnabel, einer Handvoll Saugnäpfe und einer Kalkschale aus dem Inneren des Körpers – rekonstruierte ein Forscher Größe und Aussehen des Riesenkalmars und gab ihm einen Namen: Architeuthis – Herrscher der Tintenfische.

Darüber hinaus aber blieb alles recht rätselhaft. Das wenige Wissen über den Architeuthis bezog sich auf die Überbleibsel toter Tiere, die angeschwemmt oder in Treibnetzen gefangen wurden; nicht einmal hundert Funde weltweit waren genug, um zweifelsfrei zu belegen, dass es den Riesenkalmar überhaupt wirklich gab.

Im September des Jahres 2004 aber wurde alles anders. Damals gelang es zwei japanischen Forschern, den geheimnisvollen Tiefseegiganten in freier Wildbahn zu fotografieren.

Genau besehen war es mit der Freiheit allerdings nicht recht weit her, das Tier hing nämlich am Haken eines Köders. Und damit genau dort, wo die Wissenschaftler es schon ewig haben wollten. Zwei Jahre lang schon hatten sie vor Japans Küste eine kilometerlange Angelschnur im Meer ausgelegt, an der neben diversen Ködern auch eine automatische Kamera befestigt war, die alle 30 Sekunden ein Bild schoss. Zwei Jahre lang alle 30 Sekunden ein Bild, das sind rund zwei Millionen Bilder.

Am 30. September des Jahres 2004 dann endlich der Erfolg: die Fotos mit dem ersehnten Motiv. Ein Riesenkalmar legt seine langen Arme um einen der Köder – und verfängt sich prompt am Haken. 80 Minuten lang wird das Tier fotografiert, wie es um sein Leben kämpft. Dann gelingt es ihm, sich loszureißen. Zurück bleibt einer seiner Arme. Und das ist ein Glücksfall, finden die Forscher, denn damit gibt es neben den Fotos auch einen handfesten Beweis für ihren Triumph. Das fünfeinhalb Meter lange Tentakel kam in die Tiefkühltruhe und wurde bei passender Gelegenheit hervorgeholt, um die Aggressivität und Kraft des seltenen Ungeheuers zu belegen.

Ob es den Verlust des Armes überlebt hat, hat die Forscher nicht interessiert. Sein möglicher Tod, sagten sie, sei ein kleines Opfer, verglichen mit unserem Wissenszuwachs. Und der ist wirklich enorm. Erstens nämlich ist die Existenz des Riesenkalmars hiermit für alle Zeiten zweifelsfrei bewiesen. Und zweitens weiß man nun mit Sicherheit, dass er nicht das größte Ungeheuer ist auf der Welt. Das ist vielmehr ganz eindeutig – der Mensch.

Oktober

Oktober

01 1. Oktober 1977 Erster Welt-Vegetarier-Tag

Früher mussten die Heiligen helfen. Um die Idee zu verbreiten, dass der Mensch künftig fleischlos essen soll, hätte man die Schutzpatrone der Tiere anrufen müssen. Heute hat man den Welt-Vegetarier-Tag.

02 2. Oktober 1950 »Peanuts« erscheint zum ersten Mal

Charles M. Schulz' Hauptfigur in »Peanuts« ist der charlie-brownigste aller Charlie Browns. Die Komik und Verwundbarkeit der Peanuts machten sie zum Welterfolg.

03 3. Oktober 2007 Riesenspinne vor Londoner Kunsthalle

An »Maman«, ihrer Mutter, hängen zarte Erinnerungen für Louise Bourgeois. Ihr widmete die Künstlerin tonnenschwere Riesenspinnen zum Andenken. Eine spreizt sich am 3. Oktober 2007 vor der Londoner Tate Modern auf.

04 4. Oktober 1454 Agnes Schwanfelder erfindet das Götzzitat

»Schwäbischer Gruß« sagt man, wenn man nicht sagen will »Leck mich am ...« – na Sie wissen schon. Dabei liegt Bamberg doch gar nicht in Schwaben. Denn dort wurde das Götzzitat erfunden.

Autor: Simon Demmelhuber

Manchmal muss es sein. Manchmal geht es nicht anders. Wenn alles Übrige gesagt ist, wenn eine See von Plagen, der Zeiten Spott und Geißel, wenn der Übermut der Ämter und verschmähter Liebe Pein uns beutelt, hilft nur eins: die zwiegewölbte Heck- und Leck-Offerte, das rückwärtige Besuchsangebot. Nichts sonst deckt eine ähnlich regenbogenbunte Fülle seelischer Befindlichkeiten ab, nichts sonst taugt mehr zur Notentlüftung des inneren Hochdruckkessels.

Wem aber danken wir die wogenglättende Wohltat, wer hat uns den Hausschatz zu ewigem Nutz und Frommen vermacht? Nein, Goethe war's nicht. Na ja, schon auch, aber später. Die wahre Quelle liegt tiefer und weder in Frankfurt, Wetzlar noch Weimar. Sie sprudelt im giebelstolzen, vieltürmigen, fachwerkprangenden Bamberg des Spätmittelalters.

Dort geht es an einem Montag des Jahres 1454 stracks auf Mitternacht zu. Feuer und Licht sind sorgsam verwahrt, die braven Bürger schlafen, Stille überwölbt die schlummernde Stadt. Da beginnt es in einer Gasse des Gärtnerviertels plötzlich zu brodeln. Stimmen wabern, zündeln, lodern. Ein kreischender Sopran und ein polternder Bass verbeißen sich ineinander. Das Gezänk schwillt an, man schenkt einander wacker ein, tischt großzügig auf, zetert, geifert, lässt nicht locker, tritt nach. Ein letztes, gipfelndes Crescendo, ein nachtrotzendes Knurren und Raunzen, dann endlich Ruhe!

Das nächtliche Spektakel hat ein Nachspiel: Der Bass wähnt sich gekränkt, die Sache muss vor den Richter! Zuvor ist allerdings amtlich zu prüfen, ob die von Hans Schwab, Chorherr zu St. Gangolf, gegen die Witwe und Marktfrau Agnes Schwanfelder erhobene Beschuldigung zurecht besteht. Zur Klärung dieser Frage lädt das Stadtgericht etliche Augen- und Ohrenzeugen des Geschehens vor. Die zu strengster Wahrheit ermahnten Bürger bestätigen zunächst einvernehmlich, dass besagte Agnes Schwanfelder, eine stadtbekannte Schandbappen, den Geistlichen Herrn von sich aus übelst angegangen und schändlich beleidigt habe.

Die Schwertgoschen hat den Kläger in der Tat einen verluderten Pfaffen, Almosendieb, Hurer, Prasser und auch den Bankert einer Nonne und eines entlaufenen Mönchs geheißen. Ferner trifft zu, dass die Ruchlose dem hochwürdigsten Herrn antrug, ihm derart auf die Platte zu scheißen, dass es ihm über beide Backen herab ins Maul rinnen möge. Und wahr ist weiß Gott auch, dass sie dem Pfaffen zuletzt – Abschied nehmend und selbst durch geschlossene Fenster deutlich vernehmbar – zurief, »er sollt sie doch im Arsche lecken!«

Allmächd! Da ist sie, die hinterbackenweisende Universalaufforderung: Erstmals urkundlich fassbar, beglaubigt, verbrieft, gesiegelt zu Bamberg am 4. Oktober 1454, gestiftet von der Schwanfelderin seligen Gedenkens, geadelt durch Götz und Goethe, geheiligt durch Sitte und Tradition. Na dann: Alles Gute zum Geburtstag, Bamberger Gruß!

05 5. Oktober 1950
Geburt eines jungfräulichen Zahnkarpfens

Kein Mensch hat sich gewundert, als am 5. Oktober 1950 in einem Londoner Labor ein Zahnkarpfen geboren wurde – bis der Fisch kurze Zeit später ganz ohne Gefährten Nachkommen produziert hatte.

06 6. Oktober 1967
Death of a Hippie

Der Summer of Love ging zu Ende: Am 6. Oktober 1967 wurde der Hippie symbolisch zu Grabe getragen. Denn Hippiesein wurde von vielen nur noch imitiert, nicht gefühlt.

07 7. Oktober 1937
Rätselhafter Tod von UFA-Star Renate Müller

Hitler war hingerissen von der Schauspielerin Renate Müller, die so schön das blonde Mädel gab. Er lud sie ein – der Anfang vom Ende ihrer Karriere. Im September 1937 stürzt Renate Müller aus dem Fenster, sie stirbt am 7. Oktober.

08 8. Oktober 1792
Hochzeit gibt Idee für 4711

Als der Kölner Kaufmann Wilhelm Mülhens heiratete, soll auch die Geburtsstunde für 4711 Kölnisch Wasser geschlagen haben. So will es die Legende, doch der könnte der schale Geruch der Unwahrheit anhaften.

09 9. Oktober 1846
Julius Maggi geboren, Saucen-Erfinder

Der Industrielle Julius Maggi, geboren am 9. Oktober 1846, wollte seinen Arbeitern etwas Gutes tun. Er erfand nahrhafte industriell vorgefertigte Suppen und vor allem die weltberühmte Maggi-Sauce.

Autorin: Anja Mösing

Schnell geht es nicht. Aber schön ist es schon. So ein Holzofen-Feuer zu entzünden, um dann, wenn endlich die nötige Hitze erreicht ist, darauf zu kochen. Ein Genuss! Aber müssten wir täglich das Wasser für unseren Morgenkaffee auf diese Art zubereiten? Da ginge aber Zeit ins Land! Und diese Zeit haben wir im Alltag nicht. Schon lange nicht mehr. Genau genommen seit den Tagen der industriellen Revolution: Wer seine Arbeitskraft sechs Tage die Woche für zwölf Stunden täglich in den Dienst einer Firma steckte, der konnte sein Herdfeuer nicht am Brennen halten.

Den Arbeiterinnen des 19. Jahrhunderts machte aber nicht nur das Herdfeuer Schwierigkeiten, das außerdem viel teures Holz verschlang. Vor allem waren es die beengten Verhältnisse: Wer mit neun Personen in einem Zimmer wohnte, der tat sich schwer, dort auch noch die traditionellen und gehaltvollen Speisen aus Roggen oder Dinkel zu kochen.

Kurz: Um Ernährung und Gesundheit der ärmeren, hart arbeitenden Stadtbewohner stand es schlecht. Beängstigend schlecht! Im Gegenzug gab es mehr und mehr Ideen, wie man dieser größer werdenden Bevölkerungsgruppe zu Gesundheit verhelfen könnte. Da gab es den Vorreiter Graf Rumford, der Ende des 18. Jahrhunderts die nahrhafte Rumfordsuppe für die Armenküchen erfand. Der Chemiker Justus Liebig entwickelte für unterernährte Babys Mitte des 19. Jahrhunderts eine Suppe für Säuglinge und für Hausfrauen in Zeitnot das Fleischextrakt. Auch die Armen- und Schrebergärten sollten als Selbstversorger-Gärten die Gesundheit der Bevölkerung verbessern.

Und selbst die Fabrikbesitzer – obwohl ihre Fabriken ja sozusagen die Wurzel des Übels waren, mit den allzu oft menschenunwürdigen Arbeitsbedingungen, horrenden Arbeitszeiten und mickrigen Löhnen –, selbst Fabrikbesitzer brachten einige Produkte auf den Markt, die die Gesundheit der Arbeiter verbessern sollten. Der bekannteste unter ihnen ist Julius Maggi, geboren am 9. Oktober 1846 – der Mann, der auch die Maggi-Sauce erfand.

Die braune Würzsauce, die jahrzehntelang auf keinem deutschen Wirtshaustisch fehlte, war zunächst nur ein Nebenprodukt des umtriebigen Julius Maggi. Eigentlich war sein Ziel, eine kräftigende, eiweißhaltige Suppe zu entwickeln, die industriell so vorgefertigt war, dass die Hausfrauen nur noch wenig Zeit brauchten, um sie auf den Tisch zu bringen. Und das gelang ihm auch: Der wohlhabende Mühlenbesitzer aus der Schweiz wurde mit Tütensuppen, Suppenwürfeln und vor allem mit seiner Maggi-Würzsauce berühmt.

Aber sein Erfolg wäre kaum so durchschlagend gewesen, hätte Julius Maggi die Ideen der Werbung nicht so prächtig zu nutzen gewusst. Er ließ einen Markenartikel designen: die markante Maggi-Flasche, die 1887 auf den Markt kam. Noch vor der Odol- oder der Coca-Cola-Flasche! Und Julius Maggi ließ Öffentlichkeitsarbeit betreiben: Er machte den jungen und damals noch unbekannten Autor Frank Wedekind zum Chef seiner Werbeabteilung. Und Wedekind reimte köstliche Werbesprüche wie diesen:

»Das wissen selbst die Kinderlein,
mit Würze wird die Suppe fein.
Drum holt das Gretchen munter,
die Maggi-Flasch herunter.«

Die Werbung half, die Maggi-Sauce bei den wohlhabenderen Städtern einzubürgern. Aber die geplagten Arbeiter konnten sich Maggi-Produkte damals trotzdem nicht leisten. Sie konnten höchstens für Herrn Maggi arbeiten.

10

10. Oktober 1859

Männerbund »Schlaraffia« gegründet

Etwas seltsam benehmen sie sich schon, die Mitglieder des Männerbundes »Schlaraffia«, aber ein Standesdünkel ist ihnen fremd. Am 10. Oktober 1859 wurde der erste Schlaraffen-Club in Prag gegründet.

11

11. Oktober 1931

Hans Hörbiger stirbt, Vater der Welteislehre

Das ganze Weltall außer den Sonnen besteht aus Eis! Hans Hörbigers Welteislehre hat kaum Anhänger gefunden, doch die Nazis fanden sie plausibel. Dafür konnte Hörbiger allerdings nichts mehr.

12

12. Oktober 1986

Internationaler Tag der Frustrationsschreie

Ein kurioser Feiertag, der ganz im Zeichen der Frustbewältigung steht: der Internationale Tag der Frustrationsschreie.

13

13. Oktober 1792

Der Grundstein zum Weißen Haus wird gelegt

Das Weiße Haus: Immerhin die Residenz und der Amtssitz des Präsidenten der Vereinigten Straßen von Amerika – doch der Ärger beim Bau war der gleiche wie bei jedem anderen Bauherren.

14

14. Oktober 1809

Berchtesgaden kommt zu Bayern

Berchtesgaden war bettelarm und ausgeplündert, als es am 14. Oktober 1809 an Bayern kam. Dann entdeckten die Wittelsbacher den Ort für ihre Sommerfrische – der erste Schritt Berchtesgadens zum Urlaubsparadies.

15 15. Oktober 1940
»Der große Diktator« wird uraufgeführt

Heute darf man über Hitler auch lachen. Können tut man es schon seit 1940. Dank Charlie Chaplin. Und man hofft: Der »Gröfaz« hat damals wirklich vor Wut in den Teppich gebissen.

Autorin: Justina Schreiber

Charlie Chaplins Tramp machte es populär, das Zweifingerbärtchen. Ob Adolf Hitler den Komiker also kopierte, als er sich gegen Ende des Ersten Weltkriegs die Spitzen seines Kaiser-Wilhelm-Bartes stutzte, angeblich damit die Gasmaske besser passte? Dazu die in die Stirn fallende dunkle Haarsträhne, die an eine verrutschte schwarze Melone denken ließ! Nicht nur die physiognomischen Parallelen überraschen. Hitler war beinahe auf den Tag genauso alt wie Chaplin. Der britische Stummfilmstar und der österreichische Gefreite, der es bis zum gefürchteten Diktator brachte, Chaplin und Hitler waren Kippfiguren. Der eine gut, der andere böse – je nachdem, von welcher Seite man darauf blickte.

Sogar den Nazis fiel ja auf, dass der Komiker wie das Zerrbild ihres Idols beziehungsweise ihr Idol wie das Zerrbild des Tramps wirkte. Sie diffamierten den weltberühmten Schauspieler als »so langweiligen wie widerwärtigen Zappeljuden«, der eigentlich Karl Tonstein hieße – was definitiv nicht stimmte, von Chaplin aber nicht dementiert wurde. Vielmehr empfand er es als Ehre, für einen Juden gehalten zu werden. Er selbst wiederum sah in Hitlers Selbstdarstellung in der Tat eine lächerliche Imitation seiner eigenen medialen Inszenierung. Er sei »in obszöner Weise komisch«, sagte er.
Keine Frage, dass sich der deutsche Reichskanzler mit seinem (Zitat Chaplin!) »absurden Schnurrbart, den ungekämmten strähnigen Haaren und dem widerwärtigen dünnen kleinen Mund« für eine Satire förmlich anbot. Von 1937 bis 1939 arbeitete der Komiker, der zwei Millionen Dollar privates Vermögen in das Projekt investierte, wie besessen an dem Drehbuch. Es sollte sein längster Film werden. Er feilte noch an der Geschichte des namenlosen jüdischen Friseurs, der zunächst vom Diktator Adenoid Hynkel verfolgt und später mit ihm verwechselt wird, als Hitler mal eben schnell Österreich einheimste. Kurz nachdem der totalitäre Führer dann überraschend Polen überfallen hatte, begannen die Dreharbeiten.

Und als Chaplins Film »Der große Diktator« am 15. Oktober 1940 in New York endlich Premiere feierte, hatte dessen lebendiges Vorbild bereits die Niederlande, Belgien, Luxemburg und Paris besetzt.

Jetzt gaben auch Hollywoods Mächtige, die noch lange nach dem deutschen Markt geschielt hatten, ihre Vorbehalte gegen Chaplins antifaschistisches Engagement auf. Seine spielerische Dekonstruktion dieses gefährlichen Verrückten, den er vielleicht besser als manch anderer verstand, fand plötzlich unzählige Sympathisanten. So kam es, dass Hitlers unersättlicher Machthunger indirekt auch die Kinokassen in den USA füllte. Aber den entsetzlichen Lauf der Geschichte konnten weder Chaplins glänzende Parodie noch der ganz persönliche Friedensappell stoppen, den sich der – in Personalunion – Schauspieler, Autor, Regisseur und Komponist des Films in der Schlussszene erlaubte.

Der Gröfaz habe nach einer privaten Vorführung des »Großen Diktators« vor Wut in den Teppich gebissen, hieß es. Viel wahrscheinlicher ist allerdings, dass ihn sein Gefolge vor dem entlarvenden Blick in den Spiegel bewahrt hat.

16 16. Oktober 1923 Patent für die erste automatische Armbanduhr

Die Zeit läuft und läuft. Aber damit auch die Uhr am Handgelenk lief und lief, musste man sie aufziehen. Bis John Harwood die Automatikuhr erfand.

17 17. Oktober 1956 Der 13-jährige Bobby Fischer besiegt Meister im Schach

Als 13-Jähriger gewann Bobby Fischer eine bedeutende Schachpartie. Wie nah Genie und Wahn beieinanderliegen können, zeigte seine weitere Biografie.

18 18. Oktober 1954 Weltweit erstes Transistorradio angekündigt

Mit »See it! Hear it! Get it!« angekündigt, kam im November 1954 – rechtzeitig zum Weihnachtsgeschäft – das erste kommerzielle Transistorradio auf den Markt.

19 19. Oktober 1959 Geburt der Diskothek in Aachen

Am 19. Oktober 1959 eröffnete in Aachen die erste Disco, in der der Plattenspieler Hits aus dem Radio zum Tanzen spielte. Gute Idee. Erster Discjockey war ein Opernsänger. Nicht so gute Idee.

Autorin: Susi Weichselbaumer

Begebenheiten aus der bayerischen Historie: Ein erster Abend in der Aiblinger Eisdisco. Zutritt ab 13. Nicht Uhr, sondern Jahren. Sie ziehen zu bunten Lichtern und »I've been looking for freedom« die gleichen Kreise wie beim Nachmittagseislauf. Der Typ an ihrer Hand ist glührot im Gesicht und spricht nicht. Ist er schüchtern? Gibt er sich geheimnisvoll? Wie er wohl heißt? Um Punkt fünf Minuten vor viel zu früh neun holt sie der Papa ab – vor allen Leuten. Darauf redet sie nichts mehr – mit ihrem Vater. Der interpretiert dieses Schweigen falsch. Und zwar als Überforderung ob ersten Erfahrens diskothekären Geschehens. Warum man bei solchen Veranstaltungen als Frau früh gehen muss, nicht trinken darf, was einem einer hinstellt, und nie wo mitfahren soll, führt er aus an Beispielen aus der Rubrik »Im Fasching in Rott in der Sporthalle. Damals«. Die Mutter springt ihm bei und erinnert an – im Ansatz verwegene – Abende beim »Tanz in Wanglbach«. Auch damals.

Franzkarl Schwendinger würden solche Discogeschichten sicher freuen. Der Restaurantbesitzer hat die Disco nämlich erfunden. In Aachen. 1959. Die Idee dahinter ist simpel: Statt wie üblich Live-Bands spielen zu lassen, könnte man doch Schallplatten auflegen mit bekannten Liedern aus dem Radio. Schwendinger tauft seinen Laden in »Jockey Tanz-Bar« um und eröffnet am 19. Oktober 1959 die vermutlich erste Diskothek der Welt mit Plattenmusik, die eben keine Kapelle ersetzen soll, sondern den Hitparaden folgt. Allerdings tut sich der für den Premierenabend engagierte Opernsänger aus Köln schwer – weder seine Musikauswahl noch die gediegenen Kommentare kommen beim Publikum an. Eigentlich will der Nachwuchsreporter einer Aachener Zeitung nur über die Veranstaltung berichten. Jetzt schnappt sich Klaus Quirini das Mikrofon des Opernsängers, und gleich die erste Ansage löst Beifallsstürme aus: »Meine Damen und Herren, wir krempeln die Hosenbeine hoch und lassen Wasser in den Saal, denn ein Schiff wird kommen mit Lale Andersen.«

In der Folge wird Klaus Quirini Deutschlands erster moderierender Discjockey. Sein Pseudonym: »DJ Heinrich«; nach dem Schlager von Trude Herr »Oh, Heinrich, ich hab ja dich«. Mit einem gewaltigen Schweizer Plattenspieler und einem Shure-Mikrofon heizt Heinrich ein.

Aus der »Jockey Tanz-Bar« wird der später legendäre »Scotch Club«, mit dunklen Holzmöbeln und Sitzgarnituren in Schottenkaro. Udo Jürgens, Peter Maffay, The Rattles und Giorgio Moroder beginnen hier ihre Karriere. Frank Elstner und Udo Lindenberg müssen schon mal draußen bleiben. Die Türsteher kennen keine Gnade: Herren nur mit Krawatte, Damen bloß im Petticoat oder Rock.

Damit wären wir beim eigentlichen Disco-Prinzip: Die einen gehören rein, die anderen nicht. Die Frage ist bloß, wann einem das selber auffällt. Denn irgendwann ist es rum. Alle sind jünger. Das »Flip 2000« heißt von heute auf morgen »Party Parc« – mit »c« –, und man fragt sich, warum eigentlich mit »c«? Und fährt vorbei. Ein paar Jahre später ist das »c« weg, ein Gebrauchtwagenhändler drin. Der Typ an ihrer Hand hat jetzt einen Namen. Der Vater gemahnt trotzdem zur Vorsicht. Väter gemahnen immer zur Vorsicht. Dafür braucht es eigentlich keine Discogeschichten.

20 20. Oktober 1974
Derrick ermittelt zum ersten Mal

Er ermittelte in München – aber irgendwie auch weltweit. Auf den Fidschis, in Japan, China, Italien, der erotischste aller Kommissare. Eine Frechheit, dass er nie befördert wurde: Derrick.

Autorin: Regina Fanderl

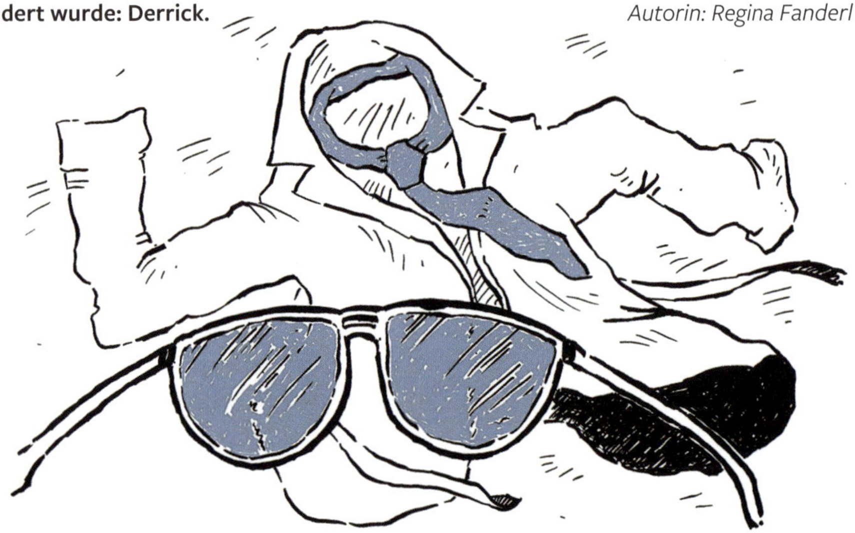

Derrick? Klar, das war doch ...? Genau: »Harry, hol schon mal den Wagen.« Hat das nicht immer dieser Haupt- oder Oberinspektor im feinen Zweireiher, der mit den Tränensäcken gesagt? Jaja! Derrick! Krimiserie. ZDF. Sicher, sicher! Lange her!

In der Tat lange her. Am 20. Oktober 1974 läuft die erste Folge. Über 30 Millionen Zuschauer sitzen vor den Bildschirmen und wollen wissen, ob Fließband-Drehbuchautor Herbert Reinecker nach dem langlebigen »Kommissar« noch mal so ein Coup gelingen kann.

Es geht in dieser ersten Folge um den Lustmord an einer Hauswirtschaftsschülerin. Schon nach ein paar Minuten ist der Täter bekannt. Ein älterer Lehrer mit schwarzen Lederhandschuhen und irrem Blick, der noch bei der Mama wohnt. Die Frage ist nicht mehr: »Wer war der Täter?«, sondern »Wie tickt der Täter?«. In den restlichen 53 Minuten kann der Zuschauer in aller Ruhe – und mit dem schönen Gefühl, es besser zu wissen – beobachten, wie es Derrick und seinem Gehilfen Harry Klein gelingt, ihn zu entlarven.

Für das Drumherum sorgen Mitschülerinnen des Opfers in Miniröcken mit Postern von Costa Cordalis über den Betten. Walter Sedlmayr als böser Kioskbesitzer. Eine düstere S-Bahn-Station, die noch über einen eigenen Bahnhofsvorsteher verfügt. Und ein seltsamer Hausmeister mit Hut, der am Abend spärlich bekleidete Internatsmädchen in ihre Zimmer scheucht. Das waren ja Zeiten, damals!

Gänsehaut vermitteln vor allem ein vernebelter Waldweg und die unheimliche Musik aus der Feder von Les Humphries.

Die Kritiken danach sind – sagen wir mal vorsichtig – nicht gerade ermutigend für Reinecker, Tappert, Wepper und die anderen.

»Ein ziemlicher Reinfall« schimpft die »BILD am Sonntag«, »Horst Tappert leicht deppert« reimt die Schweizer »Weltwoche«. Die »Würzburger Mainpost« dagegen lobt den gerade in puncto Spannung äußerst gelungenen Einstand.

Tatsächlich schließen die Zuschauer das Ermittlerduo mit der Zeit immer tiefer ins Herz. »Derrick« avanciert zum Dauerbrenner: Fast ein Vierteljahrhundert lernt der Durchschnittsmensch jeden Freitag, dass das Böse immer und überall und gerne auch in Münchner Vorstadtvillen lauert.

Auch international entwickelt sich »Derrick« zum Bestseller. In rund hundert Länder wird die Serie verkauft, darunter auch nach Japan, China, Kenia und auf die Fidschi-Inseln. Italienerinnen wählten Tappert zum erotischsten Mann des Jahres, und echte Kriminalbeamte wollen, dass Derrick und sein Hiwi endlich befördert werden.

Aber erst in der 281. und allerletzten Folge wäre der Oberinspektor beinahe ein hohes Tier bei Europol geworden – hätte ihn nicht ein feiger Verbrecher vorher erschossen.

Harry Klein geht in den Ruhestand, und sein Darsteller Fritz Wepper muss sich bis heute als »Wagenholer« derblecken lassen, obwohl Tappert diesen Satz nachweislich nie gesagt hat.

Die grandiose Idee, einen Auto-Abhol-Service für Gerne-Trinker »Harry holt den Wagen« zu nennen, hatte ein anderer!

21

21. Oktober 1992
Madonnas Bildband »SEX« erscheint

Die Rechnung der Pop-Diva geht auf: Es hagelt Hass und Häme. Stürme der Entrüstung brechen los. Öffentliche Büchereien erhalten ein Ankaufsverbot. Keine zwei Tage später ist die gesamte Auflage restlos vergriffen. Dabei wäre die Sache höchstens ein Skandälchen wert gewesen ...

22

22. Oktober 1207
Till Eulenspiegel lehrt einen Esel das Lesen

Till Eulenspiegel hatte sich als wohl erster Experimentator des Problems der Lesefähigkeit von Tieren angenommen. Am 22. Oktober 1207 führte er in Erfurt den entsprechenden Versuch mit einem Esel vor. *Autor: Herbert Becker*

Ein Wort, das man erst im Zusammenhang mit der Pisa-Studie gelernt hat: »Leseverständnis«. Leseverständnis zu besitzen bedeutet, geschriebene Texte verstehen, nutzen und über sie reflektieren zu können, um eigene Ziele zu erreichen, das eigene Wissen und Potenzial weiterzuentwickeln und am gesellschaftlichen Leben teilzunehmen. Davon, dass man sich sprachlich elegant ausdrücken können müsste, ist in dieser Definition nicht die Rede. Sie sagt auch nichts darüber aus, wann man einen geschriebenen Text tatsächlich verstanden hat und was es genau bedeutet, über ihn zu reflektieren.

Eine weitere bislang ungeklärte Frage ist diejenige, wie viel Leseverständnis Tiere mitbringen. Eine frühe, an der Universität Erfurt durchgeführte Untersuchung scheint darauf hinzuweisen, dass die hier vorhandenen Fähigkeiten stark unterschätzt werden. Dass dieses, an einem Esel vorgenommene Experiment bereits am 22. Oktober 1207 stattgefunden hat, mindert seine wissenschaftliche Bedeutung nicht. Zu denken gibt allerdings etwas anderes: Die einzige Quelle, aus der wir etwas über den seinerzeitigen Test erfahren, ist der im Jahre 1510 erschienene Schwankroman »Ein kurtzweilig Lesen von Dil Ulenspiegel«. Dessen Verfasser Hermann Bote jedoch unterschlägt aus einem nicht einsehbaren Grund die Tatsache, dass die Universität Erfurt erst 1392, also 185 Jahre nach der Untersuchung, gegründet wurde.

Jedenfalls soll im Erfurt des Jahres 1207 Folgendes geschehen sein: Till Eulenspiegel hatte mit der Behauptung, jeglicher Kreatur in kurzer Zeit das Lesen und Schreiben beibringen zu können, einiges Aufsehen erregt. Die Professoren der Universität forderten ihn nun auf, seine pädagogischen Fähigkeiten an einem Esel zu demonstrieren. Dem kam Eulenspiegel nach, indem er Hafer zwischen die Seiten eines Buches streute und dieses in eine Futterkrippe legte.

Der Esel blätterte, um an das Fressen zu kommen, mit dem Maul eine Seite nach der anderen um, und als er keinen Hafer mehr fand, rief er »I-A, I-A« – woraufhin Eulenspiegel dem Rektor erklärte, dass sein Schüler einige Vokale bereits kenne.

Gut, die Note eins im Fach Leseverständnis würde das Tier für diese Leistung wohl nicht bekommen, immerhin aber hat es gezeigt, dass es in der Lage ist, einen geschriebenen Text zur Verfolgung eigener Ziele zu nutzen. Es hat sich zwar nicht mit dem aufgehalten, was zwischen den Zeilen stand, aber es hat hübsch etwas zwischen den Seiten herausgelesen und – wer weiß? – vielleicht sogar darüber reflektiert. Und das ist im Vergleich mit dem, was mancher Germanistikstudent von heute zustande bringt, nicht wenig.

Es ist nämlich ein Irrglaube, anzunehmen, dass etwa ein Teilnehmer an einem Hauptseminar über Thomas Mann, der, sagen wir, ein Referat über die »Buddenbrooks« halten soll, die Schwarte tatsächlich liest. Dem könnte man noch so viel Hafer zwischen die Seiten streuen – er würde das Buch nicht anrühren. Der trägt stattdessen eine Inhaltsangabe vor, die er sich aus dem Internet heruntergeladen hat, und hinterher fragen ihn die anderen Seminarteilnehmer, ob sie nicht ein Handout von seinem Referat haben könnten! Ein Handout – das ist eine Fotokopie vom Text des Referierenden.

Es ist nicht zu vermuten, dass Till Eulenspiegel, der sich mit dem »I-A, I-A« des Esels zufriedengegeben hat, dieses Verfahren akzeptieren würde. Aber es ist müßig, darüber zu spekulieren. Eulenspiegel hat – wenn überhaupt – ein paar Jahrhunderte vor der Erfindung des Kopiergeräts gelebt. Die erste Fotokopie wurde nämlich erst 1938 gemacht, und zwar auch an einem 22. Oktober, von dem New Yorker Physiker Chester Floyd Carlson.

Gewiss, Mr. Carlsons Erfindung hat der Menschheit einiges an Arbeit erspart. Das Leseverständnis allerdings hat sie ganz gewiss nicht gefördert.

23

23. Oktober 4004 v. Chr.
Gott vollendet die Schöpfung der Welt!

Erzbischof James Ussher wurde einst durch eine Vielzahl theologischer und historischer Schriften bekannt, am berühmtesten jedoch durch seine Weltgeschichte, in der er den Tag der Schöpfung datiert hat. *Autor: Simon Demmelhuber*

Ja, so geht die Rechnung auf! Jetzt reicht die Kette hinab bis auf den Urgrund der Zeit. Jetzt kann James Ussher seine Geschichte der Menschheit schreiben: die ganze Geschichte, in lückenloser Jahresreihe vom ersten Welttag an.

Das ist nichts Neues. Schon viele Gelehrte haben vor ihm versucht, die Zeugungs-, Krönungs-, Königs-, Lebens- und Sterbejahre des Alten Testaments zusammenzuzählen. Doch keine zwei kommen zum selben Ergebnis, keiner kennt das Schöpfungsdatum.

Damit gibt sich Erzbischof Ussher nicht zufrieden. Das Oberhaupt der Kirche von Irland ist ein Präzisionsfanatiker. Er duldet kein Ungefähr: Zehn Jahre braucht er, um das Zifferndickicht zu roden. Zuletzt zählt er exakt 3.442 Jahre vom Schöpfungstag bis zur Zerstörung Jerusalems. Dann stürzt er ins Nichts. Die hebräische Bibel endet abrupt mit dem babylonischen Exil. Aber wann war das? Und wie viele Jahre vergehen danach bis zu Christi Geburt?

Der Bischof steckt fest. Sein Zeitstrang hat ein loses, frei schlackerndes Ende und lässt sich nicht straffen. Das Stück bis zur Zeitenwende fehlt. Niemand weiß, wie groß die Lücke ist. Aber aufgeben? Nie und nimmer. Schließlich lohnt eine versteckte Kleinigkeit im 2. Buch der Könige das ausdauernde Ackern. Die bisher unbeachtete Stelle berichtet beiläufig, wie Babylons König Ewil-Merodach im Jahr seiner Thronbesteigung den König von Juda begnadigt.

Endlich! Die Brücke ist geschlagen: Da Ewil-Merodach der Sohn und Nachfolger Nebukadnezars ist, muss der Vater im selben Jahr gestorben sein. Mithilfe babylonischer, griechischer, römischer Quellen legt

er 562 vor Christus als Sterbejahr Nebukadnezars fest.

Nun hat er den Hebel, um seine Annalen in die Angeln zu hieven: 3.442 Jahre bis zum Tod Nebukadnezars plus 562 Jahre bis zur Zeitenwende. Macht summa summarum 4.004!

Aber Ussher will mehr: Er will den Monat, den Tag, die Stunde. Dazu nutzt er die große Schultafel des Himmels, auf der Gott seine Geheimnisse im Lauf der Gestirne festgeschrieben hat. Der Erzbischof ist gewitzt genug, die himmlische Botschaft richtig zu lesen: Weil die Zeit zugleich mit dem Licht beginnt, muss ein jährlich wiederkehrendes Himmelsereignis auf den Schöpfungsmoment weisen. Dafür kommen nur die Tagundnachtgleichen im Herbst und Frühjahr in Frage. Aber welche ist es? Ussher wählt das Herbstäquinoktium: Denn waren nicht die Früchte reif, als der Herr Adam und Eva in den Garten Eden setzte? Und ruhte Gott nicht am siebten Tag, der seither als Sabbat heilig ist? Da dieser erste Sabbat, wie jeder Sabbat seitdem, ein Samstag ist, fällt die Schöpfungsstunde zwingend auf einen Sonntag vor oder nach der Tagundnachtgleiche im Herbst.

Das ist der Schlussstein, das Gebäude steht: Denn dieser Sonntag lässt sich mit Keplers astronomischen Tafeln exakt berechnen: Und so kann Ussher schließlich verkünden: Am 23. Oktober 4004 vor Christus setzt Gott zur Mittagsstunde die Sonne im Scheitel des Himmels auf ihren Thron und spricht: »Es werde Licht!«

---

24 24. Oktober 1857
Erster Fußballverein der Welt gegründet

In der Geschichte des Fußballs spielt der FC Sheffield eine ganz besondere Rolle: Er ist der älteste Fußballverein der Welt. Der Weinhändler William Prest und der Rechtsanwalt Nathaniel Creswick, beide Mitglieder des örtlichen Kricket- und Leichtathletikvereins, dachten sich die sogenannten »Sheffield Rules« aus, und die wurden zur Grundlage unserer heutigen Fußballregeln. Nur noch ohne Videobeweis ...

---

25 25. Oktober 1995
Erster Weltnudeltag

Kein Tag ohne irgendeine fette Überschrift: Welthungertag, Weltspartag, und heute eben: Weltnudeltag. Den gibt es seit dem 25. Oktober 1995. Fragt sich nur, was man mit ihm anfangen soll.

Autorin: Julia Zöller

Den Weltnudeltag braucht kein Mensch. Den Weltnudeltag hat eine Versammlung großer Pastaproduzenten zum 25. Oktober 1995 als PR-Gag eingeführt, seitdem ist die Gesellschaft einmal pro Jahr aufgefordert, mehr Nudeln zu essen. Konkret also: heute.

Welttage sollten sich eigentlich um Probleme kümmern: Hunger, Aids, Klima, oder

wenigstens an bedrohte Tierarten erinnern, zum Beispiel die Mopsfledermaus.

Nudeln haben allerdings weder ein Problem, noch sind sie extrem selten. Es gibt sie viel zu oft: Weil nichts anderes mehr da ist, weil die Kinder nichts anderes essen, weil einem nichts anderes einfällt. Pesto kommt eigentlich von *pestare*, »zerstampfen«; angesichts der Ausbreitung der öligen Soße erscheint eine Verwandtschaft zwischen Pesto und einer schrecklichen Seuche durchaus denkbar.

Natürlich tut man der Nudel mit solch gehässigen Worten unrecht, und Generationen italienischer Mammas kommen die Tränen. Wasser kochen, Spaghetti rein, Glas auf, Pampe drauf ... Non si fa così!

Anelli, Bigoli, Cotelli, Ditalini, Ruote, Sedanini, Trinette, Stelline ... so gehen Nudeln ... Ringe, Korkenzieher, Fingerhütchen und Sternchen – liebevoll geknetet, durch die Nudelmaschine gedreht und perfekt al dente aus dem Wasser gehoben. Schön auf dem Teller angerichtet und mit einer von 99 stundenlang eingekochten perfekten Saucen schmackhaft veredelt.

Aber auch das ist nicht der Nudel Kern, denn die Nudel ist keine italienische Erfindung. Und nein: Marco Polo hat sie auch nicht aus China mitgebracht. Als der im 13. Jahrhundert unterwegs ist, kochen zwar die Chinesen schon lange ihre Reisnudeln.

Aber auch auf Sizilien liegt die Pasta schon im Topf, nur heißt sie damals noch nicht Pasta, sondern itriya, und das ist arabisch. Könnte also sein, dass die Araber die itriya-Nudel mitgebracht haben, als sie im 9. Jahrhundert Sizilien besetzten, quasi als Gegenleistung.

Wahr ist: Einmal gekocht ließen sich die Italiener die Nudel nicht wieder nehmen, zumal Hartweizen auf süditalienischen Böden ausgesprochen gut wächst und der dünne Teig in der heißen Sonne ausgesprochen gut trocknet. Rezepte für Maccheroni, Tortelli oder Lasagne stehen schon in Kochbüchern aus dem 14. Jahrhundert.

Eine frühe deutsche Annäherung an Pasta – und es geht nicht um Spätzle, Eier- oder Dampfnudeln – schildert natürlich der große Universalgelehrte und Geheimrat von Goethe: »Die Makkaroni ... werden meist nur in Wasser abgekocht, und der geriebene Käse schmälzt und würzt zugleich die Schüssel«, schreibt Goethe 1787 bei seinem Besuch in Neapel. Historische Schlussfolgerung: Geschmolzener Käse war offenbar das Pesto des 18. Jahrhunderts. Am Weltnudeltag wesentlich interessanter aber die historische Esstechnik: Mit den Fingern beherzt in den Teller greifen, Kopf in den Nacken, Mund auf, und dann mit den Spaghetti gut zielen. Unbedingt nachmachen, gleich heute. Dann wäre der Weltnudeltag zwar immer noch sinnlos, aber wenigstens dionysisch.

26 26. Oktober 1984
»Terminator« kommt in die Kinos

Einer der einflussreichsten Science-Fiction-Filme der 1980er-Jahre und dazu ein Kultfilm: »Terminator«. Keine Frage: He'll be back! *Autorin: Anja Mösing*

Wie prickelnd! Wie unvorstellbar! Und wie unmöglich: Den besten Kumpel nehmen und ihn einfach zurückschicken. In die Vergangenheit. Damit er nicht nur bester Kumpel ist, sondern auch noch der eigene Vater wird. Paradox.

Aber verdammt gut. Besonders in der Science-Fiction!

Und klar: In der Science-Fiction geht es natürlich immer um viel mehr als so ein Familien-Klein-Klein. In der Science-Fiction geht es um alles: Um die Zukunft der Menschheit! Drunter macht es diese Filmgattung nicht.

Zukunft ist für uns Menschen ja von Haus aus ein heikles Thema. Ganze Religionen bemühen sich, uns zu helfen, die Angst vor Leben und Tod zu überwinden und immer möglichst das Richtige zu tun. Faustregel: Je nachdem was man so anstellt, geht es für uns später paradiesisch oder höllisch aus.

Science-Fiction-Filme gehen da gern ins Detail. Sie gießen unsere Ängste vor der Zukunft gleich in richtig große Kinobilder. Mitte der 1980er-Jahre hat James Cameron das mit wenig Geld so gut gemacht, dass ein Meilenstein entstand: »Terminator« – so heißt der Film und auch eine teuflische Maschine in Menschengestalt. Großartig besetzt mit einem Bodybuilder aus Österreich, der zuvor sieben Mal den Titel »Mr. Universum« geholt hatte: Arnold Schwarzenegger. Als der »Terminator« am 26. Oktober 1984 in den USA in die Kinos kam, war eine Angst allgegenwärtig: ein zufällig ausgelöster Atomkrieg, der alles Leben auf der Erde zerstört. Damals so akut wie heute die weltweiten Folgen des Klimawandels.

Im »Terminator« ist der Atomkrieg bereits passiert. Ausgelöst mit Absicht: von computergesteuerten Maschinen. Die beherrschen in der Gegenwart des Jahres 2029 die Erde. Es herrscht ewiges Dunkel, Ödnis, nur sehr wenige Menschen haben überlebt, und die hausen im schlammigen Untergrund.

Aber sie rebellieren gegen die Herrschaft der gigantischen Maschinen. Die sind vom hartnäckigen Guerillakampf so gestört, dass sie den Rebellen-Anführer John Connor auf Science-Fiction-Art ausschalten wollen: Sie schicken eine als Mensch getarnte Maschine in die Vergangenheit, programmiert nur darauf, seine Mutter Sarah Connor zu töten, bevor sie ihn überhaupt zur Welt bringt. Zeitreise kein Problem! Aber für die Menschen der Zukunft auch nicht mehr! Darum schickt der Rebellenführer kurzerhand seinen besten Kumpel und Kämpfer zurück in die Vergangenheit, als Beschützer seiner Mutter.

Wie die zwei Kämpfer aus der Zukunft tatsächlich vom Himmel fallen und in den Alltag der Kellnerin Sarah Connor einbrechen, die noch nicht mal ahnt, dass sie je einen Sohn bekommen würde, schon gar keinen Retter der letzten Menschen, das traf den Nerv des 80er-Jahre-Publikums total. Wer den Film gesehen hat, kennt heute noch mindestens einen der 17 Sätze, die Schwarzenegger als Terminator zu sprechen hatte: »I'll be back« – »Ich komme wieder.« Und so war's! Als gute Maschine, programmiert quasi als kämpfender Engel, fällt Schwarzenegger in »Terminator 2« wieder auf die Erde: Dialog-Merksatz: »Hasta la vista, baby!«

27 27. Oktober 1881
Vorläufiges Ende von Pinocchio

Am 27. Oktober 1881 ließ Carlo Collodi seine Romanfigur Pinocchio sterben. Die Kinder protestierten heftig, also wurde die Holzpuppe wieder zum Leben erweckt.

28 28. Oktober 1869
Periodensystem der Elemente veröffentlicht

Es war schon schwer, chemische Elemente überhaupt zu entdecken. Aber wie sollte man sie logisch anordnen? Nach einem intellektuellen Streifschuss von John Newland, der das Oktavsystem in der Musik als Parallele wähnte, gelang es schließlich Dmitri Iwanowitsch Mendelejew, die Bausteine der Welten in einen passenden Kasten zu sortieren.

29 29. Oktober 1923
Erste Rundfunksendung in Deutschland

»Achtung, Achtung« – so unterhaltsam begann die erste Rundfunksendung in Deutschland, am 29. Oktober 1923. Das Studio war akustisch optimiert durch Pferdedecken, Seidenpapier und Scheuertücher.

30 30. Oktober
Der ewig ruhelose Jack O'Lantern

Den Teufel austricksen – das ist Jack O'Lantern gelungen. Doch leider hat Jacks Plan dann doch einen entscheidenden Haken. *Autor: Johannes Roßteuscher*

Viele von uns stellen sich die Frage, ob man den Teufel – wenn man ihn mal trifft – überlisten soll oder lieber nicht. Ehrlich gesagt: Die Antwort wissen wir auch nicht.

Aber wenigstens kennen wir einige wahre Geschichten, an denen man das Problem gut studieren kann.

Zum Beispiel die Geschichte von Jack, dem irischen Trinker. Der war ein recht lasterhafter Typ: wie schon erwähnt ein Trinker und auch noch ein Falschspieler.

Eines Nachts, es ist Herbst und schon etwas kühl, kommt Jack, leicht schwankend aus dem Pub. Direkt vor dem Pub aber wartet der Teufel auf ihn: »Hey Jack, deine Zeit ist um. Mitkommen!«

Der Teufel macht nicht gern viele Worte.

Jack, auf der Stelle nüchtern, kneift ein Auge zusammen, mustert den Teufel kurz und ersinnt in Sekundenschnelle einen Plan. »In die Hölle? Das ist weit, oder? Bin völlig ausgehungert. Das schaff ich nie.« Jack verlangt, dass ihm der Teufel den letzten Apfel, der im nächsten Baum einsam am obersten Ast hängt, herunterholt. Er selbst: zu alt, zu schwach und auch noch betrunken. Der Teufel, der keine Lust hat auf lange Diskussionen, klettert hinauf.

Aber jetzt Jack, von wegen alt und schwach: Blitzschnell zieht er sein Messer und schnitzt ein Kreuz in den Stamm des Apfelbaums. Der Teufel ist festgesetzt. Und flucht, dass sich Jack bald die Ohren zuhalten muss.

Jack, der auch kein Unmensch ist und wegen des pausenlosen Gefluches schon um sein Seelenheil fürchtet, bietet dem Zeternden an, ihm wieder herunterzuhelfen: Bedingung: Er muss nicht in die Hölle. Jetzt nicht und auch in Zukunft nicht.

Der Teufel geht notgedrungen darauf ein. Jack verdeckt mit zwei Händen das Kreuz im Stamm, der Teufel klettert schnell herunter und macht sich übel gelaunt auf den Heimweg. Jack geht zur Feier des Tages gleich ins Pub zurück.

Noch ein paar Jahre lebt er fröhlich so weiter, bis er eines Abends, wieder im Herbst, im Pub vom Stuhl kippt. Nicht betrunken, sondern tot.

Umgehend macht er sich auf zur Himmelspforte. Auf dem Weg malt er sich schon aus, was man dort oben wohl trinkt. Aber Petrus denkt gar nicht daran, ihn einzulassen. Stattdessen liest er Jack dessen Sünden vor, setzt sein berühmtes abweisendes Gesicht auf ... Dann eben Richtung Hölle. Am Eingang steht der Teufel persönlich. Den kennt Jack immerhin schon. Doch das ist kein Vorteil. »Du darfst hier nicht rein. Wir haben einen Pakt, wenn ich dich erinnern darf.«

Jetzt ist Jack verunsichert. War seine List etwa doch nicht so schlau wie gedacht? Jack grübelt. Wo soll er jetzt hin? Luzifer hat fast ein bisschen Mitleid. Aber Pakt ist Pakt. Satan geht in die Hölle hinein und kommt mit einem Stück glühender Kohle zurück, damit Jack in der Dunkelheit wenigstens ein bisschen Licht hat. Und damit sich Jack nicht gleich die Finger verbrennt, schenkt er ihm auch noch eine ausgehöhlte Rübe, in der Jack die Kohle tragen kann.

Und seither zieht Jack zwischen den Welten hin und her. In den Himmel darf er nicht, und in die Hölle kann er nicht. Nur um die Zeit seines Todestages, am 30. Oktober, kann man ihn sehen. Manche sagen auch, das Ganze habe sich einen Tag später zugetragen, aber das kann nicht sein, denn da ist Reformationstag, und Jack ist natürlich Katholik. Der Teufel übrigens auch. Die Rübe ist längst zusammengeschrumpelt,und Jack hat sie durch einen Kürbis ersetzt, weil der mehr hermacht. Außerdem hat er sich mit den Jahren einen Künstlernamen zugelegt: Jack O' Lantern. Er scheint fast Gefallen gefunden zu haben an seiner Daseinsform. Was uns allerdings in der Eingangsfrage: Soll man nun den Teufel überlisten oder nicht? auch nicht weiterhilft.

---

31 — 31. Oktober 1926
Der große Zauberer Houdini stirbt

Auch die größten Zauberer sind nicht unverwundbar – wie selbst der berühmte Houdini auf tragische Art und Weise erfahren musste. Der berühmte Entfesselungskünstler ließ sich auch gerne mit der Faust auf die eisenhart angespannten Bauchmuskeln schlagen ... aber einmal war er nicht drauf gefasst. Ein sich verkomplizierender Blinddarmriss kostet ihn das Leben.

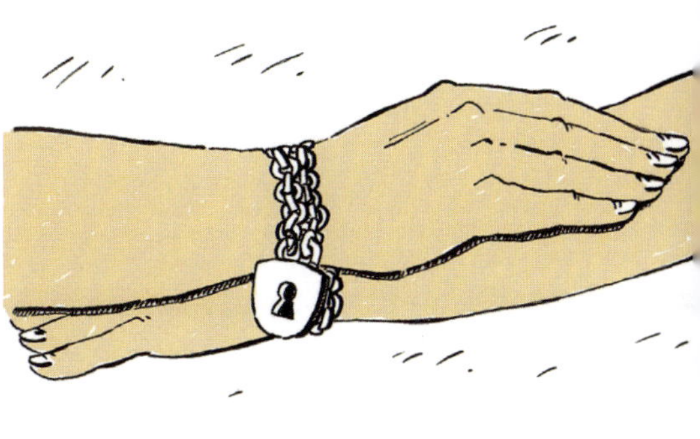

November

01 1. November 2017
Erfundenes Londoner Restaurant erhält Bestnote

Es soll ein Mega-Fake werden: Die eigene, abgewrackte Gartenlaube soll zu Londons bestem Restaurant werden! Und zwar ohne je ein einziges Gericht serviert zu haben. Oobah Butler ist Mitte zwanzig, platinblond – und bescheuerte Einfälle hat er mehr als genug. Seine Idee dieses Mal: Londons Freaks und Hipstern den Mund wässrig machen. Alles, was Oobah zunächst dafür braucht, ist ein Prepaid-Handy und eine Website für ein erfundenes Szene-Restaurant: »The Shed at Dulwich«, ein exklusiver Schuppen für ein reizüberflutetes und längst gelangweiltes Publikum – irgendwo im Süden Londons. Bald kann sich Butler nicht mehr vor Reservierungen retten, das nicht existierende Lokal bekommt sogar bemerkenswerte Restaurantkritiken.

---

02 2. November 1988
Erster Computerwurm ins Internet gesetzt, »Morris-Worm«

Einen Versuch ist es wert, dachte sich Student Robert T. Morris und ließ einen Wurm aufs Internet los, der sich schneller und hartnäckiger verbreitete als gedacht ... Einzige Lösung: Das Internet abschalten. Also wurden alle 60.000 Rechner vom Netz genommen, einzeln vom Wurm befreit und erst dann wieder angeschlossen. Zum Glück hat das geklappt. Und Robert T. Morris wurde für eine ganz neue Kategorie Straftat als Allererster in der Geschichte der amerikanischen Justiz zu drei Jahren auf Bewährung und einer Geldstrafe verurteilt. Seiner Karriere hat das nicht geschadet – er wurde Professor am MIT.

---

03 3. November 1958
DDR bringt Plaste auf den Weg

Butterdose, Zitronenpresse und stapelbares Tafelgeschirr – leicht und bruchfest. Aber nicht aus Porzellan – sondern aus Kunststoff! Porzellan imitierendes Plastik war in der DDR eine Frage des politisch korrekten Lebensstils: »Plaste und Elaste aus Schkopau« galt als formschön, zweckmäßig und fortschrittlich: »Vergesst die tausend kleinen Dinge nicht!«, mahnte ein Ratgeber junge Paare, die dabei waren,

einen eigenen Plattenbau-Haushalt zu gründen – und präsentierte Vorratsdosen, Gewürzbehälter und Eierbecher, von glasklar bis leuchtend orange. »Plastikgeschirr auf der gedeckten Tafel, selbst wenn Gäste kommen!« Das zeugte von der rechten sozialistischen Gesinnung.

Autorin: Prisca Straub

Der Siegeszug der »kleinen Alltagsbegleiter« aus dem »Zauberreich der Chemie« kam nicht von ungefähr: Auf der Chemiekonferenz in Leuna mit Auftakt am 3. November 1958 hatte SED-Parteichef Walter Ulbricht die Losung ausgegeben: »Chemie gibt Brot, Wohlstand und Schönheit«. Das Ziel: den westdeutschen Klassenfeind bei der Produktion von Konsumgütern zu überflügeln. Und weil es der DDR an nahezu allen herkömmlichen und natürlichen Werkstoffen mangelte – Baumwolle, Holz, Glas, Metall –, wurde die schöne, neue Plaste-Welt zur Überlebensfrage des Sozialismus.

Schon wenige Jahre später umfasste die Plastifizierung so gut wie alle Lebensbereiche: Der DDR-Mustergenosse kaufte Geschirr im Plaste-Fachgeschäft, lebte in Schichtmöbeln und trug Polyester-Mode. Die Fernsehshows priesen die Überlegenheit der neuen Materialien: »Mit dem Plast auf Du und Du!« Zeitschriften gaben Tipps für den richtigen Umgang: »Seien Sie nett zu den Plasten! – Also: Nicht mit Scheuersand reinigen! – Und erhitzen? Nicht über 60 Grad!« Wer seine Suppe lieber aus Keramik löffelte, Baumwolle am Leib hatte und sich mit Holzmöbeln umgab, erregte leicht den Argwohn der Stasi.

Trotzdem hatten die Alleskönner aus Kunststoff nie einen wirklich guten Ruf – und das, obwohl sogar namhafte Designer Hand angelegt hatten. Warum? Weil die Kunststoff-Schraubverschlüsse so häufig zu Bruch gingen und der gepunktete Saftbecher leicht unangenehm roch? Oder weil die Feinstrumpfhose »Dederon« – ein Produktname, der von »D-D-R« abgeleitet war – eben doch nicht so fein war wie das westliche Konkurrenzprodukt aus Perlon? Eins ist zumindest sicher: Die »farbenfrohen Leichtgewichte« waren teuer erkauft und die Industriestandorte Leuna, Buna und Schkopau berüchtigt. Die braunkohlebasierte Chemie hatte sie in eine einzige Giftküche verwandelt und Flüsse und Grundwasser nachhaltig verseucht. Menschen kurbelten ihre Autofenster hoch, wenn sie durch die Region fuhren. Wäsche wurde von der Leine geholt, wenn der Wind ungünstig stand. Der rußige Rauch lastete schwer auf der DDR.

Inzwischen hat der Westwind den Gestank vertrieben. Gras wächst über den Umweltkatastrophen von damals. Zander und Hecht ziehen wieder flussaufwärts. Und die »tausend kleine Dinge«? Einst hatten sie staatstragende Funktion und kündeten von Stolz und Optimismus der jungen DDR. Vom Pathos der Plaste ist nicht viel übrig geblieben. Doch halt: Ostalgiker und sogar Museen reißen sich inzwischen um Apfelreiben und Nachttöpfe, die die Zeiten heil überstanden haben. Zum Verwenden heute – viel zu schade!

---

04 4. November 1879
Patent auf die Registrierkasse

James Ritty aus Dayton, Ohio, betrieb einen Saloon. Doch immer wieder verschwand Geld aus der Kasse ... Wenn Ritty nicht dank seines diebischen Personals pleitegehen wollte, musste er sich etwas einfallen lassen. Und er ließ sich was einfallen: Am 4. November 1879 meldete er seine Erfindung, die Registrierkasse, zum Patent an. Nur wenn der Verkauf einer Ware zuvor eingegeben worden war, sprang die Geldschublade auf, und so ließ sich der Umsatz genau kontrollieren. Doch damit nicht genug. Mit jedem Aufspringen der Schublade ertönte ein Klingeln!

---

05 5. November 1813
Schopenhauer zieht wieder zur Mutter

Johanna Schopenhauer hatte sich ein gutes Leben eingerichtet – mit Dichtern, Salons und Hausfreund. Alles hätte so schön sein können, wenn nicht ihr mürrischer Sohn Arthur wieder eingezogen wäre. Der 25-Jährige nörgelte ständig an ihrem Hausfreund herum, die Mutter war beleidigt. Aber das war auch Arthur, und zwar schon längst. Seine Doktorarbeit mit dem Titel »Über die vierfache Wurzel des Satzes vom zureichenden Grunde« hatte sie mit der Frage quittiert: »Das ist wohl was für Apotheker?«

06 6. November 1971 Die erste Greenpeace-Aktion

Sie kommen in finsterer Nacht, im Morgengrauen oder auch am helllichten Tag. Sie schleichen sich an, auf leisen Sohlen, in wendigen Booten, klettern behände an Seilen hinauf. Für die einen sind sie die Ninja-Krieger unseres Planeten, für die anderen die schlimmsten Plagegeister: die Frauen und Männer von Greenpeace! Sie sprühen Babyrobben mit Farbe an, um ihr Fell für die Modeindustrie wertlos zu machen, klettern mit Protestplakaten auf Ölbohrinseln und reiten auf Walen, um diese vor den Harpunen der Jäger zu schützen. Seit 1971 kämpft die politische Non-Profit-Organisation Greenpeace gegen Atomenergie, Regenwaldabholzung, Gen-Gemüse und Tierquälerei. Am Anfang stand ein Mann, dem all das völlig wurscht war: Kapitän John Cormack.

Autorin: Isabella Arcucci

Er war der Besitzer eines schrottreifen Fischkutters namens »Phyllis Cormack«. Als eine Gruppe Männer aus den USA und Kanada ihn im September 1971 fragte, ob er bereit sei, sie gegen gute Bezahlung mit seinem verrosteten Schiff von Kanada zur Insel Amchitka im Südwesten Alaskas zu bringen, wo sie den unterirdischen Atombombentest der amerikanischen Regierung stoppen wollten, kam Cormack das gerade recht. Auch wenn er sich bald sicher war, dass die Jungs einen ziemlichen Schuss in der Birne hatten ... Nicht nur, dass die selbsternannten Weltretter seekrank wurden, kaum dass sich der alte Kutter in Bewegung gesetzt hatte. Sie diskutierten auch über Zeug, das dem grimmigen Seebären Cormack völlig abstrus erschien. Über den Weltfrieden, über durch Bombenexplosion ausgelöste Tsunamis, die spirituelle Einheit von Mensch und Kaktus, darüber, dass den armen Seeottern auf Amchitka von der Wucht der Atombombenexplosion das Trommelfell platzen könnte, und – besonders erbittert – über die Frage, wer heimlich die letzte Tafel Schokolade aus der Kombüse weggefressen hatte. Nur, ob ihre wagemutige Aktion sie statt nach Amchitka nicht geradewegs ins Gefängnis bringen könnte, darüber machten sich die elf Männer kaum Gedanken. Als schließlich die US-Küstenwache den Kutter anhielt, fürchteten jedoch alle das Schlimmste.

Doch die Gruppe kam nur mit einer Geldstrafe davon, wegen Nichteinhaltung der Zollvorschriften bei Einreise in US-amerikanisches Gewässer. Trotzdem: Die »Phyllis Cormack« musste zurück nach Kanada. Den Atombombentest hatte die amerikanische Regierung vorsorglich verschoben. Ein Teil der alten Besatzung machte sich mit einem neuen Schiff auf den Weg. Aber sie kamen zu spät. Die Männer waren noch auf hoher See, als am 6. November 1971 die Amerikaner auf Amchitka die Bombe zündeten. Dennoch hatte die Gruppe, die sich später »Greenpeace« nannte, dank intensiv betriebener Pressearbeit, ihren ersten Erfolg zu verzeichnen. Weite Teile der US-amerikanischen und kanadischen Bevölkerung unterstützten ihren Protest. Die amerikanische Regierung geriet leicht unter Druck ... Und zumindest auf Amchitka sollte nie wieder ein Seeotter die Detonation einer Atombombe mit anhören müssen!

07 7. November 1957
Der erste Trabant

Die Ausstattung war spartanisch; wenn es krachte, bekam er keine Beule, sondern splitterte; und er sorgte für Witze, die man nur über Dinge macht, die man in Wahrheit liebt. Die Sicherheit einer geschlossenen Fahrgastzelle erlebten die DDR-Bürger ab 1957, als der erste Trabi vom Band rollte.

08 8. November 1925
Otto Feick erhält Patent auf Rhönrad

Was für ein geniales Teil, und was für ein Pech, dass die Nazis das Ding so super fanden: Ein deutsches Patentrad, auf dem gut durchtrainierte Männer und Frauen synchron herumrollen, passte den Organisatoren der Olympischen Spiele 1936 in Berlin derartig gut ins arische Weltbild, dass sie gleich 120 Rhönradturner buchten. Das hat dem schönen Gerät so das Image versaut, dass es in den USA heute noch »German Wheel« heißt. 1959 starb sein Erfinder verarmt in seiner Heimat, der Rhön.

09 9. November 1914
Hedy Lamarr wird geboren, eine echte Doppelbegabung

Wer hätte das gedacht? Das Mädchen mit der Stupsnase, das da am 9. November 1914 in der Wiege lag, sollte einmal als Hedy Lamarr eine umwerfende Schönheit werden, ein Hollywoodstar und eine Torpedo-Fachfrau gegen Hitler. Und Handys gäbe es ohne sie vielleicht auch keine.

Autorin: Brigitte Kohn

Als Hedwig Kiesler am 9. November 1914 zur Welt kam, war sie eine Enttäuschung. Die Eltern hätten lieber einen Buben gehabt und fanden das Baby mit dem runden Gesicht und der winzigen Nase nicht sehr hübsch. Das sollte sich ändern. Hedy wuchs zum schönsten Mädchen Wiens heran, ging nach Amerika und wurde unter dem Künstlernamen Lamarr die Hollywood-Ikone der Vierzigerjahre. Reiche Amerikanerinnen rannten den Schönheitschirurgen die Türen ein, weil sie auch eine Hedy-Lamarr-Nase haben wollten.

Heute erinnern sich nur noch die Älteren an sie, an ihre Rolle in »Samson und Delilah« zum Beispiel, einem farbenprächtigen Monumentalschinken aus dem Jahre 1949 mit ein wenig Bibelkunde und vielen lüsternen Blicken. Später stahlen ihr kurvenreichere Schönheiten wie Sophia

Loren und Gina Lollobrigida die Show. Im Vergleich zu ihnen wirkte Lamarr altmodisch unnahbar. Für eine Frau, der immer die Aura der Fremdheit anhaftete, fand sich in Hollywood keine rechte Schublade. Man verpasste ihr schmeichelhafte, aber einfallslose Etiketten wie »schönste Frau der Welt« und so weiter, aus denen Lamarr sich nicht viel machte. »Jedes Mädchen kann glamourös sein«, sagte sie. »Alles, was du tun musst, ist rumstehen und dumm schauen.«

Dumm war Hedy nicht, sondern blitzgescheit und risikofreudig. Ihre Karriere begann in Österreich mit einem Paukenschlag: In dem Film »Ekstase« springt die 18-Jährige splitternackt in einen Waldsee und liebt sich mit einer männlichen Zufallsbekanntschaft in einer Hütte. Die Kamera richtet sich auf Hedys Gesicht und fängt den ersten Orgasmus der Filmgeschichte ein. Der Regisseur habe den Effekt hervorgerufen, indem er sie mit einer Sicherheitsnadel in den Hintern pikste, erzählte sie später.

So oder so, im Jahre 1933 war das ein Riesenskandal, aber nicht der Grund für ihre Abreise nach Amerika. Die Gründe hießen Adolf Hitler, den die jüdischstämmige Hedy aus Leibeskräften hasste, und Fritz Mandl, ihr erster Ehemann, ein reicher Waffenhändler, der sie tyrannisierte und mit Hitler und Mussolini Geschäfte machte. Mandl liebte es, sich mit ihr zu schmücken, wenn Geschäftspartner zu Gast waren und über Waffentechnik sprachen, über Torpedos beispielsweise. Womit er wohl nicht rechnete, war, dass Hedy sehr genau die Ohren spitzte. Vielleicht nahm sie auch ein paar geheime Unterlagen mit, als sie vor ihm floh.

Jedenfalls kannte sie sich aus mit Torpedos, und sie wusste, dass die Alliierten im Kampf gegen Hitlerdeutschland eine höhere Trefferquote brauchten. Gemeinsam mit dem Filmkomponisten George Antheil entwickelte sie eine abhörsichere Funkfernsteuerung und erhielt ein Patent darauf. Die Militärs nahmen die Erfindung nicht ernst, aber bei der Entwicklung ziviler Funkgeräte griff man später auf sie zurück.

Viele Experten behaupten, dass es ohne Hedy heute keine Handys gäbe, andere äußern sich skeptisch: Eine hochentwickelte Technologie auf Vorläuferpatente zurückzuführen, ist schwierig. Immerhin zeigte sich die Electronic Frontier Foundation, eine einflussreiche Cyberlobby, im März 1997 überzeugt genug, um Hedy Lamarr den EFF Pioneer Award zu verleihen, einen Preis für technische Großtaten. Da lebte sie bereits alt, arm und vergessen in Florida und blickte auf ein schweres Leben mit sechs geschiedenen Ehemännern, etlichen Psychoanalytikern, Schönheitschirurgen und Prozessen zurück. Doch bis zu ihrem Tod im Jahr 2000 blieb ihr der Glanz, der von dieser Erfindung her auf ihre Persönlichkeit fällt: Torpedos gegen Hitler, das steht einer Diva gut.

10

10. November 1619

Descartes träumt seinen philosophischen Durchbruch

Träume kommen einem ja manchmal so real vor, dass man nach dem Aufwachen ein paar Sekunden braucht, um sich im wahren Leben wiederzufinden. Das hat auch dem Philosophen René Descartes zu schaffen gemacht. Wie kann man wissen, was

wirklich ist, wenn die Sinne so täuschen? Die einzigen Gewissheiten fand Descartes in der Mathematik, und deshalb schätzte er auch Träume keineswegs gering. Ausdehnung, Gestalt, Quantität, Größe, Anzahl, Ort, mathematisch-geometrische Prinzipien also, das nimmt man alles auch in Träumen wahr, so bizarr die geträumten Dinge auch wirken mögen. *Autorin: Brigitte Kohn*

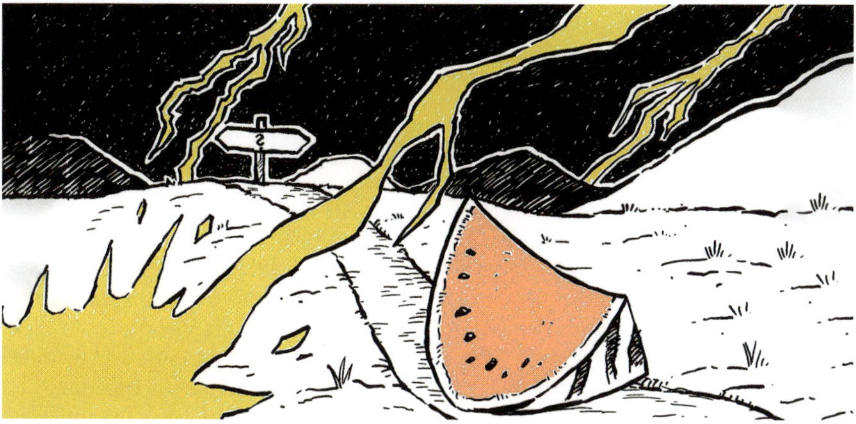

Descartes war ein lebhafter Träumer, wie das bei mathematischen Geistern oft der Fall ist. Die wichtigsten Träume seines Lebens, gleich drei in einer Nacht, träumte er vom 10. auf den 11. November 1619. Da war er 23 Jahre alt und als Soldat im Vorfeld des Dreißigjährigen Krieges bei Ulm stationiert. Er bewohnte ein kuschelig warmes Kaminzimmer und hatte Zeit zum Nachdenken, denn militärisch war gerade nichts los. Ulm, damals ein bedeutendes Zentrum mathematischer Studien, bot interessante Begegnungsmöglichkeiten und zündende neue Einsichten. Denken war im 17. Jahrhundert ein riskantes Abenteuer, denn der Siegeszug der Naturwissenschaften begann und stellte das überlieferte Weltbild in Frage.

Der junge Descartes war also ziemlich in Aufruhr und träumte komplizierte Träume; greifen wir die wichtigsten Motive heraus: Er sieht sich schwankend durch die Straßen laufen, ohne rechte Kontrolle über seinen Körper, ein Unbekannter schenkt ihm eine Melone. Im zweiten Traum weckt ihn ein Donnerschlag, und das Zimmer ist voller Feuerfunken. Im dritten Traum nimmt er ein Wörterbuch und eine Gedichtsammlung zur Hand und sucht nach einem Gedicht mit dem Titel: »Welchem Lebensweg soll ich folgen?«

Als Descartes erwachte, wusste er das plötzlich. Philosoph wollte er werden, einen geistigen Umbruch herbeiführen, das Wissen auf mathematisch überprüfbare Grundlagen zurückführen, mit dichterischer Leidenschaft und Fantasie. Bücher und Donnerschlag sind in diesem Zusammenhang einleuchtend, aber die Melone?

Descartes sah in ihr den Zauber der Einsamkeit verkörpert, die man zum Denken braucht. Ganze Heerscharen von Gelehrten haben die Mythologien sämtlicher Völker nach einem Zusammenhang zwischen Melone und Einsamkeit durchforstet und nichts gefunden. Egal: Für Descartes war die Deutung stimmig, er sah sich nachhaltig beflügelt, die Träume markieren seinen philosophischen Durchbruch.

Und der führte zu dem berühmten »Cogito, ergo sum«, ich denke, also bin ich. In Descartes' Philosophie entdeckt das menschliche Denken seine Macht und wird zum Mittelpunkt des Universums. Dieses Denken, das sich nun auf das Messbare und Überprüfbare richtet, öffnet die Tür zum technischen Zeitalter: mit all seinen Segnungen, aber auch mit Risiken, von denen Descartes nichts ahnte, noch nicht einmal im Traum.

11

11. November 1843

Andersens »Hässliches Entlein« veröffentlicht

Ein Dichter für Kinder zu sein – das Etikett hat Hans Christian Andersen schon zu Lebzeiten gekränkt. Ein Märchenonkel für Minderjährige? Was für eine Zumutung! Doch ausgerechnet dafür ist Andersen in Erinnerung geblieben. Vergessen sind seine romantischen Jugenddramen und all die Reimereien, die der dänische Dichter seinen unglücklichen Liebschaften widmete. Geblieben sind: »Die kleine Meerjungfrau«, »Die Prinzessin auf der Erbse« – und ganz besonders: »Das hässliche Entlein«.

Autorin: Prisca Straub

Dass Hans Christian Andersen mit seinem am 11. November 1843 veröffentlichten »Hässlichen Entlein« weltberühmt wurde, das hing mit den ganz offensichtlichen Parallelen zu seiner eigenen Biografie zusammen: die Erfolgsgeschichte eines gedemütigten Außenseiters – der Lebensweg eines Unverstandenen, der trotz zahlreicher Rückschläge schließlich doch noch ans Ziel kommt.

Auch im Leben von Hans Christian Andersen läuft von Anfang an alles schief: Die Verhältnisse, in die er hineingeboren wird, sind ärmlich und zerrüttet – die Mutter Alkoholikerin, der Großvater geisteskrank, die Tante Bordellwirtin. Doch als 14-Jähriger fällt Andersen die wohl wichtigste Entscheidung seines Lebens: Als blinder Passagier besteigt er die Postkutsche und verlässt die rückständige dänische Kleinstadt Odense.

Mit ein paar wenigen Schillingen in der Tasche kommt er 1819 in Kopenhagen an – ein schlaksiger, hochaufgeschossener Junge – und verlegt sich aufs Theatralische: Er singt und tanzt mitleiderregend – aber immerhin reicht es hin und wieder für eine warme Mahlzeit. Doch Andersen hat weder Stimme noch Aussehen für die Bühne – und Protektoren wie Sponsoren tragen den Schnabel naturgemäß recht hoch. Mit gerupftem Gefieder muss der hohlwangige Dichter die unwürdigsten Demütigungen ertragen, bevor er dann tatsächlich einen einflussreichen Förderer findet, zum Studium geschickt und dann – buchstäblich über Nacht – zum Star wird.

Andersens Botschaft ist kaum zu überhören: »Hör mal, man hat dich zum hässlichen Entlein gemacht! Verlasse den Ententeich und finde die Heimat, in die du wirklich gehörst!« Bis zum heutigen Tag können Andersens Leser mit dieser Botschaft viel anfangen: Die zeitlose Geschichte eines missverstandenen Wesens, das so viel Grausames durchmachen muss, bevor es seine verborgene Schönheit entfalten kann – sie hat inzwischen Modellcharakter für die Entwicklungspsychologie: »Entdecke den Schwan in dir!«

Doch Andersen bleibt Zeit seines Lebens ein recht seltsamer Schwan – ein einsamer Mensch voller Minderwertigkeitskomplexe. Er leidet unter Verfolgungswahn, Stimmungsschwankungen und an Hypochondrie. Er ängstigt sich vor Hunden und Raubüberfällen. Aus Furcht vor Hausbränden geht er stets mit einem dicken Seil im Koffer auf Lesereise. Und weil ihn die Horrorvorstellung plagt, er könne lebendig begraben werden, kann er nicht einschlafen, ohne vorher einen Zettel auf dem Nachttisch deponiert zu haben: »Achtung, ich bin nur scheintot!« Doch seine Märchen machen ihn schließlich unsterblich.

12 12. November 1780
Tanzverbot in Wolfersdorf missachtet

Das war dann doch zu ungeheuerlich, was sich da am 12. November 1780 im Gasthaus zu Wolfersdorf in der Holledau abspielte. Ein so unglaublicher und Ärgernis erregender Vorfall, dass er sogar in die Gerichtsprotokolle Einzug fand: Vier Burschen hatten sich »erfrecht, in der hiesigen Wirtstafern unanständig und ärgerlich zu tanzen und die Füße mit den der Weibsbilder ihrigen durcheinander zu schlingen. Diese Tanzart wird unter dem Bauernvolk das zwyfach Danzen genannt.« Pech für die Bauernburschen, die erhielten eine saftige Strafe – der Zwiefache war nämlich mit einem örtlichen Tanzverbot belegt.

13 13. November 1906
Grundsteinlegung für das Deutsche Museum

So ganz vertraut man der neuen Technik dann doch nicht am 13. November 1906. Und das ausgerechnet zur Grundsteinlegung des Deutschen Museums! Zwar hält ein Foto die Szene auf der Münchner Isarinsel fest. In einer provisorischen Halle

herrscht ein riesiger Andrang schwarz befrackter Ehrengäste, über ihnen, auf einer Empore, höchste Prominenz aus Kaiser- und Königshaus. Aber nein, so richtig großartig wirkt das alles trotzdem nicht. Kleine Köpfe, große Helme, weiße Federbüsche im Gegenlicht. Wie gut, dass der großartige Moment auch auf einem gediegenen Ölbild festgehalten ist.

Autor: Thomas Morawetz

Ganz alte Schule, und jetzt erkennt man: Kaiser Wilhelm II., linke Hand am Säbel, in der rechten ein Hämmerchen am Grundstein, fester Blick in die weite Ferne. In die Zukunft! Neben ihm geisterhaft leuchtend in kostbaren Gewändern Prinzen und Prinzessinnen. Dann die Reihe dahinter: etwa Carl von Linde, der Erfinder des Kühlschranks, Wilhelm Conrad Röntgen, der Entdecker der gleichnamigen Strahlen, und Oskar von Miller, Starkstrom-Pionier und vor allem: der eigentliche Gründer des Deutschen Museums.

Ohne Oskar von Miller fände der ganze Auflauf nicht statt. Er ist schon 48 Jahre alt, das »von« im Namen ist Verdienstadel. Allerdings geerbter, den Titel hatte schon sein Vater errungen. Ferdinand von Miller hatte seinerzeit das größte Erzbild der Welt gegossen – die Münchner Bavaria. Sohn Oskar war früh von der neuen Starkstromtechnik begeistert. Mit 27 Jahren organisierte er bereits die erste elektrotechnische Ausstellung in Deutschland samt Starkstromübertragung von Miesbach nach München. Im Glaspalast standen die Gäste staunend vor einem mit Starkstrom betriebenen Wasserfall samt Kunstlandschaft. Aus 57 Kilometern Entfernung kam der Strom! Ja, unglaublich! Was alles ging in diesen neuen Zeiten!

Tatsächlich bringt die Jahrhundertwende den Durchbruch für die Ingenieurswissenschaften in fast allen Lebensbereichen.

Die Industrialisierung verläuft stürmisch, aber trotzdem gibt es in der breiten Bevölkerung kaum eine Vorstellung davon, was genau ihr Leben plötzlich so einschneidend verändert. Oskar von Miller kennt bereits Versuche in London und Paris, technische Museen aufzubauen.

Aber er ist ganz unzufrieden damit, wie dort das Publikum bedient wird – nämlich

so gut wie gar nicht. Ein Thermometer hängt neben dem anderen, ansonsten: das Museum eine Begegnungsstätte für Spezialisten. Oskar von Miller will genau das Gegenteil, ein Museum für Volksbildung und Volksbelustigung. Dafür hat er nun seit drei Jahren geworben. Auf seine hochenergetische Starkstromart hat er große Spendensummen gesammelt und die Mächtigen des Reichs hinter seine Idee gebracht.

Nach der Grundsteinlegung auf der Kohleninsel eröffnet das Museum zunächst in einem Notquartier, dem heutigen Völkerkundemuseum. Gleich die erste Ausstellung sprengt alle Erwartungen, die Besucher strömen aus ganz Deutschland ins Museum. Die Fachleute sind freilich zum Teil irritiert. Zum Beispiel über das Röntgenkabinett. Über die Gefährlichkeit der Strahlen weiß man damals zwar noch nichts. Aber ist das wirklich alles seriös, was da geboten wird? Vergnügt stehen die Massen Schlange, um in der Kabine ihren Geldbeutel durchleuchten zu lassen, und Wilhelm Conrad Röntgen persönlich murrt: Hier geht's ja zu wie auf dem Oktoberfest. – Aber ja!, stimmt Oskar von Miller zu. Genauso hat er es sich vorgestellt.

---

14 14. November 1804
Maria Leopoldine heiratet diesmal Graf von Arco

Trau schau wem, sagt der gemeine Volksmund. Der Adel sieht das durchaus anders, und schon findet sich Maria Leopoldine verheiratet in Bayern aus politischen und nachkommenstechnischen Zwecken. Doch dazu hat die junge Italienerin nun gar keine Lust, mit dem alten Bayern. Die Ehe zwischen Habsburg und Wittelsbach bleibt konsequent kinderlos. Ein paar Jahre nach dem Tod des kurfürstlichen Ehemanns heiratet Maria Leopoldine ein zweites Mal, diesmal freiwillig und aus Liebe: Graf von Arco.

---

15 15. November 1953
Patent auf den »Süßen Heinrich«

Heinrich Kurz aus dem hessischen Städtchen Nidderau – dem die Frau wegstarb, als das jüngste Kind grade mal drei Monate alt war und das älteste elf Jahre – war einfacher Sattler. Und ein Mann, den der Alltag mit seinen sechs Kindern offenbar beflügelt hat. Jedenfalls baute Kurz zu Beginn des 20. Jahrhunderts, als rundherum die schmutzige Wäsche noch in großen Zubern gekocht und auf Waschbrettern geruffelt wurde, eine rotierende Waschmaschine. Seine Inspirationsquelle: Berge von Wäsche. Und es könnten auch die Bauklötzchen-Gebäude seiner Kinder gewesen sein, die ihn auf die Idee brachten, wie sich der schiefe Turm von Pisa wiederaufrichten ließe. Seine bekannteste Erfindung ist der »Süße Heinrich«. Als er daran arbeitete, spielte vielleicht die heimische, heftig umkämpfte Zuckerdose eine Rolle.

16

16. November 1974
Arecibo-Botschaft für Aliens ins All gesendet

Am 16. November 1974 wird vom puertoricanischen Arecibo-Observatorium aus eine Botschaft an Aliens ins All gesendet mit Auskunft über die Erde. In gut 45.000 Jahren ist frühestens mit Antwort zu rechnen. *Autor: Christian Feldmann*

Seit Franz Josef Strauß am Tag der Unschuldigen Kindlein 1987 einen von ihm selbst gesteuerten Cessna-Jet auf dem wegen Schneetreibens gesperrten Moskauer Flughafen landete, kann keiner mehr behaupten, dass Bayerns Gaue von technikfremden Hinterwäldlern bewohnt seien.

Der allererste bajuwarische Technikfreak aber hieß Alois Hingerl und war ein Dienstmann auf dem Münchner Hauptbahnhof. Erfunden hat ihn 1911 der knorrig-behäbige Dichter Ludwig Thoma. Hingerl erledigte seine Aufträge so pünktlich und schnell, dass er vom Schlag getroffen und viel zu früh, wie ihm schien, in die Herrlichkeit des Himmels entrückt wurde. Weil der Hingerl Alois, wer will es ihm verdenken, das ständige Frohlocken und Halleluja-Singen auf dem weiß-blauen Gewölk stinklangweilig fand, dachte sich der menschenfreundliche liebe Gott eine besondere Aufgabe für ihn aus: Als kosmischer Eilkurier sollte er in Zukunft die göttlichen Ratschläge an die Regierung in München überbringen.

Nun ja, Ludwig Thoma, der sich in theologischen Fragen nicht so gut auskannte, ließ den Engel Aloysius im Hofbräuhaus versumpfen und den Brief verschlampen. Aber uns geht es ja nur um die logistische Meisterleistung eines Postverkehrs zwischen Gottes Thron und der Münchner Regierung; Hingerl hätte um die 380.000 Kilometer zurücklegen müssen, wenn wir Gott in Höhe des Mondes vermuten, beziehungsweise mindestens 1,2 Milliarden Kilometer, wenn wir ihn im Bereich des Saturn orten wollen, und das sind noch sehr bescheidene Entfernungen.

Doch vor welchen gigantischen Herausforderungen stünde ein Himmelsbote, der die Botschaft zu überbringen hätte, die am 16. November 1974 von dem puertoricanischen Arecibo-Observatorium aus ins Weltall gesendet wurde?

Dieses Radiowellen-Signal richtete sich nämlich an Messier 13 im Sternbild Herkules; das ist ein Kugelsternhaufen mit mehr als 300.000 Sternen, der exakt 22.800 Lichtjahre von unserer Erde entfernt sein soll.

Das Arecibo-Observatorium gilt immerhin als zweitgrößtes Radioteleskop der Welt. Mit ihm hat man die ersten Planeten außerhalb unseres Sonnensystems entdeckt. Die hochkarätigen Experten in Arecibo um den Astrophysiker Frank Drake halten es durchaus für möglich, dass ihre Botschaft von irgendwelchen intelligenten Aliens draußen im All entziffert werden könnte. Ihre Message enthält grundlegende Informationen über Gestalt, Größe und DNA des Menschen, über die gegenwärtige Anzahl der Erdbevölkerung und über unser Sonnensystem – das alles in binär codierter Form, also in einer Kette von Nullen und Einsen, gesendet auf der für den interstellaren Raum angeblich besonders geeigneten Grundfrequenz von 2,388 Gigahertz.

Tolle Sache. Doch von klugen Köpfen aus der Fachwelt kommt auch Kritik: Wären mögliche Empfänger im Weltall überhaupt in der Lage, die Nachricht zu dekodieren? Würden sie das dazu nötige binäre Zahlensystem kennen und die Zahlenkette in eine grafische Darstellung, in ein rechteckiges Bild verwandeln? Viele Insekten zum Beispiel kennen Waben, aber keine Rechtecke. Und was macht die Absender der Botschaft so sicher, dass intelligente Außerirdische die Einladung zur Kommunikation höflich bis begeistert annehmen werden? Was, wenn sie die frisch entdeckte Erde zum Kriegsziel erklären und zur Invasion rüsten?

Bleibt bloß die Hoffnung, dass 22.800 Lichtjahre eine viel zu große Entfernung sind, um jetzt schon über Krieg und Frieden im Weltall zu spekulieren. Eine Antwort aus Sternenfernen kann frühestens in 45.600 Jahren hier auf der Erde eintreffen.

---

17 17. November 2002

Maria Bogner gestorben, Keilhosenerfinderin

»Wie muss ein schönes Frauenzimmer bestellt sein?« So fragte im Jahr 1794 das »Allgemeine Europäische Journal« und gab auch gleich die Antwort: Drei kurze, drei kleine und drei dicke Schönheiten müsse das Weib haben. Was verbirgt sich dahinter? Die drei kurzen Schönheiten sind: Zähne, Ohren und Füße, die drei kleinen Schönheiten sind: Mund, Taille und Hände, die drei dicken Schönheiten sind … nein, nicht das, was Sie jetzt denken, sondern: Arme, Schenkel und Waden! Das war damals das Schönheitsideal. Schon aus diesem Grunde konnte die Hose für die Frau noch nicht als elegantes Kleidungsstück gelten, auch wenn die Französische Revolution die Damenhose, die »Merveilleuse«, hervorgebracht hatte. Es waren auch nicht die Frauenrechtlerinnen, die – vor allem in Amerika – durch unkleidsame Pluderhosen, genannt bloomers, die Hose propagierten. *Autorin: Susanne Tölke*

November

Es war vielmehr der Sport, der der Frauenhose zum Sieg verhalf. Allerdings – auch hier gab es jahrzehntelang unförmige weite Zelthosen, die Scham und Moral schützen sollten. Das Lehrbuch »Die weibliche Turnkunst. Ein Bildungsmittel zur Förderung der Gesundheit und Anmut des Frauengeschlechts«, erschienen im Jahr 1850, erklärte schon durch die Beschreibung der Übungen, warum die Damen keine wirklich sportlichen Hosen brauchten: »Der Barren ist ein Gerät für Knaben und Männer. Für Mädchen kommen wegen der Breite ihres Hüftgürtels höchstens einfache Stützübungen in Betracht. Pferd und Bock kommen überhaupt nicht in Frage, da die kräftigen Weitsprünge, die dazu gehören, für die weiblichen Unterleibsorgane schädlich sind.«

Es mussten noch einige Jahrzehnte vergehen, und es war am Ende der Skisport, der den Durchbruch erzwang. Zwar hieß es noch 1898 in der Zeitschrift »Wiener Mode«:

»Die beste Ausrüstung für Skiläuferinnen ist eine weite Bluse, ein Knickerbocker-Beinkleid und darüber ein Rock, der bis zur halben Wade reicht«, aber die Skifahrerin Luise Schupp klagte mit Recht im Konkurrenzblatt »Die Woche«: »Am besten ist und bleibt es, im Beinkleid, sprich Hose, zu fahren. Der Rock hindert immer, fasst zu viel Schnee, wird nass, gefriert und umgibt die Trägerin wie eine steife Glocke.« 1919 war es dann so weit: Die »Wiener Mode« präsentierte die erste moderne Skikombination: schmale Jacke, schmale Hose, breiter Schal, und alles in verspieltem weiß-roten Strickmuster. Eine, so der Kommentar, sportliche, praktische Kleidung für Frauen, die zwar Hosen tragen wollen, aber bewusst Farben wählen, die sich von der rein zweckmäßigen Sportkleidung des Mannes unterscheiden.

Damit war die Damenhose gesellschaftsfähig geworden, zumindest die lange. Einen echten Skandal gab's erst wieder im Jahr 1936, als die Amerikanerin Alice Marble den Centre Court in Wimbledon mit richtig kurzen Shorts betrat. Die Aufregung währte aber nicht lang, dank der überragenden Tenniskunst der jungen Dame.

Die Deutschen landeten erst in den 50er-Jahren den großen Coup in Sachen Hose: Maria Bogner kreierte die Keilhose, eine Stretchhose, die durch einen angenähten Fußsteg immer straff gehalten wurde. Sie war so schick, dass man nun wirklich nicht Skiläuferin sein musste, um sie zu besitzen. Liz Taylor trug sie genauso wie Marilyn Monroe, die Callas, Soraya oder Ingrid Bergman. »The Bogners«, so hieß die Keilhose in Amerika, war der ganz große Renner. Und als Maria Bogner starb, am 17. November 2002, hinterließ sie zwar eine ganze Reihe von Modeklassikern, doch die Goldmedaille gebührt der Keilhose.

18 18. November 1994
Patent auf »Anti-Matsch-Tomate«

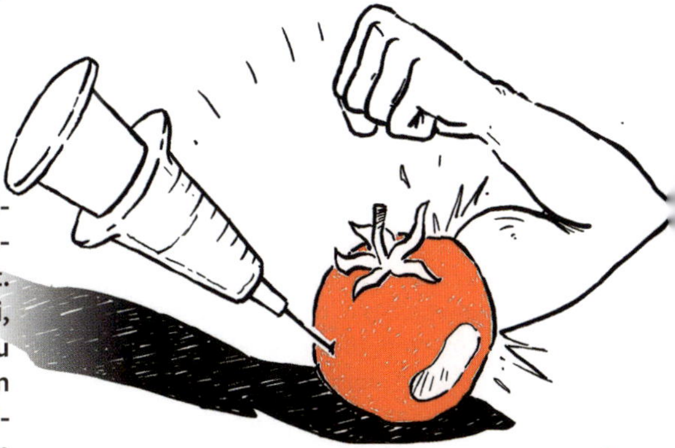

Man stelle sich vor: Im spanischen Städtchen Buñol findet die alljährliche Tomatina statt, die große Tomatenschlacht. Tausende aus aller Welt strömen herbei, um sich eine Stunde lang mit Tomaten zu bewerfen. Doch: Die Lkws in den Straßen haben aus Versehen tonnenweise Anti-Matsch-Tomaten geladen. Was für ein Fiasko! Statt von oben bis unten mit Tomatensoße beschmiert zu sein, statt mit viel Gekreische auf Tomatenmatsch auszurutschen, geraten die Besucher der Tomatina in eine Art Bällebad. Knackige unverwüstbare Anti-Matsch-Tomaten fliegen umher, verursachen Beulen und Blutergüsse. Statt zu matschen, zu schlabbern, schmieren und zu pappen, kullert und hüpft es überall! *Autorin: Silke Wolfrum*

Gut, all das hat es nie gegeben – aber sollte es doch einmal passieren, wer wäre schuld daran? Die US-amerikanischen Wissenschaftler, die die Anti-Matsch-Tomate gezüchtet haben? Ihnen war es gelungen, das Gen, das für das Matschigwerden der Tomate verantwortlich ist, zu blockieren. So konnte die »Flyr-Savr« – so ihr offizieller Name – länger am Strauch reifen und dann immer noch, aufgrund ihrer anhaltenden Festigkeit, bestens transportiert werden. Die Flyr-Savr – zu Deutsch die »Geschmackskonservierende« – war der weltweit erste gentechnisch veränderte Organismus, der für den menschlichen Verzehr auf den Markt gebracht wurde.
Oder wäre das Europäische Patentamt in München schuld gewesen? Dieses hatte schließlich am 18. November 1994 das Patent für die Gen-Tomate erteilt und es auch nicht zurückgenommen, als diese Entscheidung scharf kritisiert wurde.

Greenpeace-Experten warnten vor den verhängnisvollen Folgen des Patents, wobei sie wohl weniger an die spanische Tomatina dachten als an die starke Abhängigkeit von den Gen-Konzernen, in die Lebensmittelhersteller nun gerieten.

Oder wäre die Politik schuld gewesen? Hätte sie die gefährliche Anti-Matsch-Tomate nicht abwenden können, wenn sie endlich ein Gesetz geschaffen hätte, das Patente auf Lebewesen und deren Gene ganz einfach verbietet?

Selbstverständlich ist dieses Gedankenspiel reinster Quatsch mit Tomatensoße.

Erstens weil die Anti-Matsch-Tomate in den USA kaum gekauft wurde und schon drei Jahre nach ihrem Erscheinen wieder vom Markt verschwand. Zweitens weil in Europa ja gar keine Gen-Tomaten zugelassen sind, noch nicht jedenfalls. Und drittens weil auch die schönste Anti-Matsch-Tomate einmal matschig wird, wenn auch zwei Wochen später als herkömmliche Tomaten. Sollte sie – oder eine ihrer Nachfolgerinnen – also doch eines Tages auf die Tomatina geraten, dann sowieso nur im überreifen und ungefährlichen Zustand, so schreiben es die Tomatina-Regeln nämlich vor.

19. November 1835
19 Volk der Moriori aus dem Paradies vertrieben

Pazifismus funktioniert immer dann am besten, wenn gerade keine Feinde da sind. Sonst wird es ernst. Als das Volk der Moriori am 19. November 1835 im Südpazifik angegriffen wurde, gab es keine Gegenwehr. Ihr großer Häuptling Nunuku hatte ihnen einst ein einziges Gesetz gegeben: »Du sollst nicht töten!« Und im Gegensatz zu den Christen, die ja ein ähnliches Gesetz haben, hielten sich die Moriori tatsächlich daran. Jahrhundertelang. Am 19. November 1835 erreichten allerdings die Maori die Chatham-Inseln. Es ist nicht ganz klar, was geschah, aber nach einigen Jahren waren von 2000 nur noch 100 Moriori am Leben.

---

20. November 1913
20 Kaiser Wilhelm II. verbietet seinen Offizieren das Tangotanzen in Uniform

Kaiser Wilhelm II. und seine ziemlich bigotte Gattin Auguste Victoria waren entsetzt! Ihr Sohn und Kronprinz Wilhelm verkehrte auffallend gern in Berliner Tanzpalästen. Hier feierte der Tango Triumphe. Doch was musste man von dort hören? Diplomaten und hohe Militärs, die ihre Beine um die in hochgeschlitzten Chiffonröcken steckenden Waden ihrer Damen schlangen? Empörend! Unmajestätisch!

Autor: Christian Feldmann

Im Februar 1914 entsetzte sich der Kardinalvikar der Diözese Rom über einen unerhörten Vorgang: Ein »Attentat« habe im Vatikan stattgefunden, ein »Attentat auf das Familien- und Gesellschaftsleben«, eine »schamlose, heidnische« Attacke! Was war geschehen? Papst Pius X., bekannt als sehr fromm, aber auch ängstlich, hatte die Gläubigen vor einem aufreizenden neuen Tanz aus Südamerika gewarnt, der sich Tango nannte. Daraufhin reiste der überaus populäre argentinische Tangotänzer Casimiro Aín mit einer bildschönen Botschaftssekretärin nach Rom, verschaffte sich irgendwie Zutritt zum Vatikan und führte dem staunenden Papst den gefürchteten Tanz vor.

Pius X. war von der Eleganz und Melancholie der Darbietung so bewegt, dass er auf ein Verbot verzichtete – und die erzkonservativen Prälaten hatten ihren Skandal. Dabei war es angeblich der große Kirchenvater Augustinus gewesen, der die spirituellen Werte des Tanzens rühmte und zu sagen pflegte: »O Mensch, lerne tanzen, sonst wissen die Engel im Himmel nichts mit dir anzufangen!«

Augustinus kannte allerdings noch nicht die modernen Klammertänze aus den lateinamerikanischen Hafenkneipen und Bordellen. Seine halbseidene Herkunft hat man dem Tango auch noch vorgeworfen, als er längst salonfähig geworden war in Paris und Wien, Berlin und Moskau. Europäische Emigranten, Einheimische aus der Pampa, kleine Ganoven tanzten den Tango zuallererst in den Spelunken von Montevideo und Buenos Aires, gaben tanzend ihren Träumen von Liebe und sozialem Aufstieg Ausdruck.

Viel zu melancholisch und verspielt ist dieser Tanz, um plumpe Sinnlichkeit zu transportieren: Der Tango beginnt zwar ohne Anlaufphase sofort mit einer engen Umarmung, aber dieser »abrazo« verpflichtet zu nichts und ist sozusagen eine technische Notwendigkeit: Die Frau muss wissen, wohin sie der Mann führen will, damit sie ihrerseits aus seinen Impulsen etwas machen kann. Es ist ein anstrengender, aber wunderschöner Dialog der Körper, diszipliniert, voller Andeutungen – und alles andere als ein Macho-Szenario. »Ich fühlte mich extrem weiblich und gleichzeitig furchterregend mächtig«, schwärmte die amerikanische Literaturwissenschaftlerin und Gelegenheitsschauspielerin Johanna Siegmann nach ersten Tango-Erfahrungen. Die Sinnlichkeit des Tangos sei nur erfahrbar bei absolutem gegenseitigen Respekt. Während des Tanzes können die Energien verschmelzen, weil die Grenzen perfekt definiert und beachtet werden.

Kaiser Wilhelm II. und seine ziemlich bigotte Gattin Auguste Victoria sahen das ganz anders. Am 20. November 1913 verbot Kaiser Wilhelm seinen Offizieren das Tangotanzen in Uniform. Ein halbes Jahr später zog König Ludwig III. in München nach und untersagte den bayerischen Offizieren ebenfalls das anrüchige Vergnügen. Doch Bayern und Preußen hatten bald andere Sorgen, der Krieg brach aus, die Majestäten wanderten ins Exil, und der Tango setzte seinen Siegeszug fort. 2009 erklärte ihn die UNESCO zum Weltkulturerbe. In der evangelischen Lutherkirche Köln gibt es übrigens regelmäßig Tango-Gottesdienste. »Im Tango vereint sich alles, was das Leben ausmacht«, heißt es auf der Homepage der Kirchengemeinde. Sehnsucht, Einsamkeit, Leidenschaft, Erotik und Wut: Tango sei der getanzte Traum von einem besseren Leben.

21

21. November 1934
Ella Fitzgerald gewinnt einen Amateur-Talentwettbewerb

In Harlem, im Apollo Theater, gab es mal wieder einen Talentwettbewerb. Jeder, der Lust hatte, konnte mitmachen. Die drei Freundinnen hatten Strohhalme gezogen, und getroffen hatte es Ella. Sie wollte eigentlich tanzen, aber die Tänzerinnen vor ihr waren einfach zu gut, deshalb sang sie lieber etwas. Sie gewinnt 25 Dollar Preisgeld … ein paar Jahre später allerdings fabriziert sie millionenschwere Hits.

22

22. November 1948
Aus für Gartenzwerge in der DDR

Gartenzwerge tragen rote Mützen. Trotzdem sind sie im Sozialismus unerwünscht, lernen die Porzelliner in Thüringen. Die Zwergen-Produktion wird offiziell verboten. Zu bürgerlich, der Bursche. Ein paar Jahre später laufen Zwerge wieder übers Fließband, made in GDR ausschließlich für den Export in den Westen.

23

23. November 1883
Würstchen in der Dose

Friedrich Heine aus Halberstadt glaubte, das große Geschäft zu machen. Ein Großevent – und er sollte 40.000 Paar Würstchen dazu liefern.

Autorin: Marianne Bietsch

Ein Immenstädter Unternehmer schrieb »Die Krise als Chance« auf ein Stück abgefallenen Putzes, als das Hochwasser im Haus bis unter die Decke gestiegen war. Der Mann verfügte über Galgenhumor und eine gehörige Portion Optimismus. Beides brauchte auch Friedrich Heine aus Halberstadt, als ihm das Wasser bis zum Halse stand. Der junge Fabrikant hatte sein ganzes Geld auf einen großen Tag gesetzt: Kaiser Wilhelm II., Könige und Fürsten und viele Tausend Zuschauer wurden zur Einweihung des Kyffhäuserdenkmals 1896 erwartet. Heine durfte zum würdigen Ereignis die Würstchen liefern: 40.000 Paar. Aber ein kräftiges Unwetter machte dem Fest vorzeitig ein Ende. Heine blieb auf seinem Würstchenberg sitzen und glaubte sich ruiniert.

Aber es blieb eine kleine Hoffnung. Der experimentierfreudige Unternehmer hatte seit einigen Jahren erfolglos versucht, seine Würstchen haltbar zu machen. Als es endlich gelang, setzte der Wurstkoch alles auf eine Karte: Drei Viertel der Festwürstchen wurden nach dem Räuchern konserviert. Der Erfolg zeigte sich erst hinterher: Die Würstchen blieben genießbar. Schon einen Monat später präsentierte das kleine Unternehmen auf der Kochkunstausstellung in Wiesbaden eine Weltneuheit: Würstchen in Dosen. Damals suchte alle

Welt nach Methoden, Lebensmittel haltbar zu machen: Louis Pasteur erfand das Pasteurisieren, Justus Liebig entwickelte seinen berühmten Fleischextrakt, in England wollte ein Komitee die Erfindung von Fleischkonserven fördern, und in Australien und Südamerika starteten die ersten Kühlschiffe, die Fleisch von den weiten Weidelandschaften der neuen Welt in die Kochtöpfe Europas befördern sollten: 1880 landete das erste tiefgefrorene Kalb aus Australien in der Hofküche von Queen Victoria. Die Konservendose war bereits bekannt. Nicolas Appert hatte in Frankreich schon 1812 gekochte Speisen in Weißblechbüchsen gefüllt. Ausgerechnet ein Konditor im Land der Feinschmecker hatte die Erfindung gemacht, die für Gastrokritiker das Ende der Kochkunst einleitete.

Aber Konservieren war nie eine Frage des guten Geschmacks. Es ging um die Versorgung in Notzeiten, um Ernährungspolitik. Im Zeitalter der Industrialisierung galt es, die rasch wachsende Stadtbevölkerung mit Lebensmitteln zu versorgen. Wer 14 Stunden am Tag arbeitet, hat kaum Zeit zum Kochen oder Vorräte anzulegen. Allenfalls Sauerkraut garte im Steinguttopf im Keller. Da war ein erschwingliches Essen aus der Dose ein Geschenk des Himmels – solange sich der Deckel nicht wölbte. Die Technik war noch lange nicht ausgereift. Um 1900 scheiterten Polarexpeditionen, weil der Proviant in Büchsen nicht luftdicht verschweißt war und verdarb. Dem unaufhaltsamen Aufstieg der Halberstädter Würstchenfabrik konnten solche Nachrichten nichts anhaben. In einer Junggesellenküche hatte der 20-jährige Friedrich Heine am 23. November 1883 seine »Fabrik« gegründet. 30 Jahre später besaß der Unternehmer die größte und modernste Würstchenfabrik Europas mit Exportverbindungen in alle Welt.

Als Graf Luckner bei seiner Weltumseglung 1928 einen Haifisch erlegte, fand er in dessen Magen eine Würstchendose von Heine, Halberstadt. Die pro Jahr für die Würstchen benötigten Schafdärme ergaben eine Länge von 40.000 Kilometern: »die Weltkugel umsäumt mit einem Kranz von Würstchen aus Halberstadt«, schwärmte ein Zeitgenosse. Die Firma überstand NS-Zeit, Weltkrieg und die Planwirtschaft der DDR und ist mit ihren extra lang geräucherten Würstchen im Naturdarm auch heute wieder ganz vorne mit dabei, wenn es in Deutschland um die Wurst geht.

24 24. November 1858
Johann Strauss spielt die Tritsch-Tratsch-Polka

Glamour! Kreisch! Und alles, alles, jedes pikante Detail will der in erster Linie weibliche Fan über das beschwärmte Idol aus der Boygroup wissen. So ist das heute – und so war es schon früher. Auch beim schönen Jean, dem flotten Pepi und dem feschen Edi. Na, kennen Sie diese jungen Burschen? Genau, das ist das Walzerimperium Strauss, dem die Mädels in tantiemenhungriger Liebe nachstellten: Johann Strauss Sohn und seine Brüder Josef und Eduard.

---

25 25. November 1973
Erster autofreier Sonntag in der Ölkrise

Stau, Umleitung, rote Welle – konnte man sich mal sparen. Damals, an den autofreien Sonntagen, als ganz Deutschland auf den Autobahnen spazieren ging und jeder Weg wenigstens vorübergehend Fußweg wurde.

---

26 26. November 2012
Google Earth löscht Sandy Islands

Das digitale Zeitalter macht auch vor Autoritäten wie James Cook nicht halt. Die »Sandy Islands«, einst von Cook entdeckt und kartografiert, waren schlichtweg nirgendwo zu sehen. Ruckzuck und weg sind sie! Einfach so: Verschwunden! Der heilige Antonius von Padua könnt' ein Lied davon singen. Also prüften Forscher nach und fanden nichts als Wasser. Ihr Fazit: Vermutlich habe es sich bei Cooks Entdeckung nur um ein herumtreibendes großes Bimssteinfeld gehandelt, wie es nach unterseeischen Vulkanausbrüchen gern einmal entsteht. Insel war da jedenfalls keine, und so tilgte Google Earth den Fleck aus seinen Karten. Sandy Island war unwiederbringlich verschwunden.

27 27. November 1826
Apotheker John Walker entdeckt Streichholz

Congreves, so nannte Apotheker John Walker aus der Hafenstadt Stockton-on-Tees seine Zinndose voll zarter Holzspäne, die er mit den Köpfchen in einen Mix aus Chemikalien getunkt und getrocknet hatte. Eine Zufallserfindung! Rieb man eines der Köpfchen über Sandpapier, wurde die Chemikalie schlagartig so heiß, dass sich das Hölzchen darunter entzündete. Congreve hieß damals eine Art militärische Rakete. Zarte Hölzchen so zu betiteln verrät eine gute Portion britischen Humor. Geschäftssinn hatte Walker dagegen keinen, patentieren ließ er seine Erfindung nie.

28
28. November 2000
Sensation im Pechtropfenexperiment

Gut Ding will Weile haben! Das dachte sich Thomas Parnell, seines Zeichens Leiter des physikalischen Instituts an der Universität Brisbane, Australien. Er begann mit einem Versuch, der in die Geschichte eingehen sollte: als das langweiligste wissenschaftliche Experiment aller Zeiten: das »Pechtropfenexperiment«. 1927 begann Thomas Parnell darauf zu warten, dass hartes Pech zu tropfen beginnt. Am 28. November 2000 fiel der achte Tropfen.

29
29. November 1929
Richard Evelyn Byrd überfliegt den Südpol als Erster

Dank großer Sponsoren wie John D. Rockefeller jr. konnte Abenteurer Richard Byrd seine erste Antarktisexpedition starten. Hauptziel: als erster Mensch über den Südpol fliegen und durch Bildmaterial aus der Vogelperspektive die Topografie des südlichsten Punkts der Erde erschließen. Der riskante Flug dauerte insgesamt fast 19 Stunden. Die Maschine war zu schwer, Byrd und sein Team mussten Gepäck und schließlich ihren Proviant drangeben. Doch es gelang: Direkt über dem Südpol warf Byrd die US-amerikanische Flagge ab.

30
30. November 1990
Das letzte Stück Berliner Mauer wird abgerissen

Am 30. November 1990 ist es so weit. Das letzte Stück der 32 Kilometer langen Mauer innerhalb des Berliner Stadtgebietes wird in der Wollankstraße in Pankow auf einen Lkw geladen und abtransportiert.

Autor: Hartmut E. Lange

Gäbe es ein Ranking für den widerwärtigsten Euphemismus, die Wortschöpfung der DDR-Regierung hätte gute Chancen auf einen der vorderen Plätze gehabt: *Antifaschistischer Schutzwall!*

Begonnen hat es mit einer faustdicken Lüge. Niemand hat die Absicht, eine Mauer zu errichten, beteuert Staatschef Walter Ulbricht noch im Juni 1961 auf einer Pressekonferenz, während die Planung bereits auf Hochtouren lief. Führender Organisator: ein gewisser Erich Honecker. Zwei Monate später beginnt der Bau der Berliner Mauer. Insgesamt 14.500 Mann, Soldaten der NVA und Freiwillige der sogenannten Betriebskampfgruppen, beginnen das Objekt zu errichten.

Mit der Abriegelung der drei West-Sektoren zieht man in Ostberlin die Notbremse, seit Jahren läuft eine Abstimmung mit den Füßen, gegen das sozialistische Experiment, Tausende Bürger verlassen ihre Heimat. Und da es der Regierung in Ostberlin nicht gelingt, sich ein anderes Volk zu wählen, wie es Bertolt Brecht einmal ironisch vorgeschlagen hatte, werden die widerspenstigen Untertanen eben eingesperrt.

Fotos aus jenen Tagen avancieren zu Bild-Ikonen des 20. Jahrhunderts. Zum Beispiel das vom Soldaten Conrad Schumann, der über einen Stacheldrahtzaun flieht und während des Sprungs sein Gewehr wegwirft. Oder die Bilder aus der Bernauer Straße. Hier verläuft die Grenzlinie direkt an der Haustür, die Wohnungen liegen im Osten, der Bürgersteig im Westen. Verzweifelte Menschen springen aus den oberen Stockwerken in die Freiheit, in Sprungtücher der Westberliner Feuerwehr. In den folgenden Tagen werden die Mieter aus ihren Wohnungen vertrieben und die Fenster in Richtung Westen zugemauert. Später reißt man die gesamte Häuserzeile ab und ersetzt sie durch 3 Meter 60 hohe Betonelemente.

Die Regierung der DDR schreckt vor nichts zurück, moralische Bedenken kennt sie nicht. Ein Friedhof im grenznahen Gebiet stört – zuerst werden große Grabsteine entfernt, um freies Schussfeld zu haben,

dann sogar das Gotteshaus – die Erlöserkirche wird gesprengt.

Kritik an Mauer und Schießbefehl dulden die Genossen nicht: Gymnasiasten fliegen von der Schule, Studenten werden exmatrikuliert, Tausende Bürger landen wegen staatsfeindlicher Äußerungen im Gefängnis. Die 28-jährige Geschichte der Berliner Mauer ist die Geschichte von tausendfachem Leid, von getrennten Familien und verzweifelten Fluchtversuchen. 138 Menschen kommen dabei ums Leben.

Nach der friedlichen Revolution im Herbst 1989 geht dann alles sehr schnell. Die letzte DDR-Regierung unter Ministerpräsident Lothar de Maizière beschließt den Abriss der Mauer. Im Juni 1990 beginnen 300 Mann der ehemaligen Grenztruppen niederzureißen, was sie bisher bewachten. Ab Oktober ist das Mammutprojekt eine gesamtdeutsche Aufgabe, 600 Pionierkräfte der Bundeswehr treffen zur Unterstützung in Berlin ein. Rund 310.000 Tonnen Betonmasse werden mit Kränen, Baggern und Planierraupen beseitigt. Die Mauerteile werden zermahlen und einer friedlichen Nutzung zugeführt, als Schotter für den Straßenbau.

Am 30. November 1990 ist es dann soweit. Das letzte Stück der 32 Kilometer langen Mauer innerhalb des Berliner Stadtgebietes wird in der Wollankstraße in Pankow auf einen Lkw geladen und abtransportiert. Die Schandmauer – wie sie Willy Brandt einst bezeichnete – ist endlich wieder verschwunden. Nicht ganz: Ein 212 Meter langes Stück mit kompletter Grenzanlage ist in der Bernauer Straße erhalten worden, als Gedenkstätte und Mahnmal.

Dezember

01 1. Dezember 2015
Finnland bekommt offizielles Emoji-Set

Emojis: Ideogramme, also Bildschriftzeichen, die Sprachbarrieren überwinden können. Sie sind sogar Vermittler landesspezifischer Kultur – zumindest der finnischen.

Autorin: Prisca Straub

Ein Drink – allein, daheim – in Unterwäsche! Für Finnen der Inbegriff gelungener Abendunterhaltung. Und sie haben sogar ein eigenes Wort dafür: »Kalsarikännit«. Ein einziges Wort für das komplexe Gefühl, sich solo und dürftig bekleidet herrlich zu betrinken, vor allem ohne die geringste Absicht, noch vor die Tür zu gehen. Und weil das Konzept als typisch finnisch gilt, gibt es auch ein eigenes Emoji fürs Handy zum Herunterladen: Männlein und Weiblein, halbnackt auf dem Sofa, in der Hand wahlweise ein gut gefülltes Glas Bier oder Wein.

»Kalsarikännit« – das Piktogramm vom Besäufnis in Unterwäsche – ist übrigens alles andere als ein respektloser Scherz. Ganz im Gegenteil: Das bunte Bildchen gehört zu einem hochoffiziellen Emoji-Set, das das finnische Außenministerium entwickelt und zur kostenlosen Verfügung ins Netz gestellt hat. Als erstes Land der Welt huldigt sich Finnland seit dem 1. Dezember 2015 mit insgesamt 56 landestypischen Motiven. Splitternackte Sauna-Männchen gehören ebenso dazu wie ein Headbanger – weil es in Finnland pro Kopf mehr Heavy-Metal-Bands und mehr Saunen gibt als irgendwo sonst auf der Welt. Und weil die Finnen sich für zäh, ja für beinahe unzerstörbar halten, darf auch das legendäre Nokia-Handy 3310 nicht fehlen: Wer den alten Nokia-Knochen als Emoji verschickt, will sagen: »Bloß nicht aufgeben, auf gar keinen Fall!«

Country Branding, so nennt das finnische Außenministerium seinen einzigartigen digitalen Vorstoß: nationale Markenbildung. Es geht darum, Finnlands Image aufzupolieren und das unterkühlte, in den Wintermonaten recht finstere Land attraktiver zu machen – gerade auch für ein junges Publikum: Nur hier gibt es eine Weltmeisterschaft der Luftgitarristen, die Trendsportart Steckenpferd-Reiten – und explizite Briefmarken mit schwulen Motiven.

Und auch das stilisierte Porträt von Matti Nykänen ist mit von der Partie. Der vielleicht erfolgreichste Wintersportler der Welt war nämlich auch der unfreiwillige Schöpfer genialer finnischer Redewendungen wie: »Jede Chance ist eine Gelegenheit!« – oder

man schätzt wie Nykänen in Prozent etwas mit »fünfzig zu sechzig« ein.

Wobei: In Finnland ist man eigentlich kein Freund großer Reden – und ein Fremder staunt über die länger als anderswo üblich anhaltenden Gesprächspausen. Doch wenn der Anlass reizt, kann das Nordvolk auch ganz anders, wie das Emoji »Weihnachtsfeier« belegt: »Pikkujoulut« ist ein herausragendes Ereignis, bei dem sich Finnen in wilde Partylöwen verwandeln. Es geschehen Dinge, über die anschließend nie wieder ein Wort verloren wird, darauf können sich alle Beteiligten verlassen. Und auch dafür gibt es ein passendes Emoji: den Handschlag, das Gefühl von Vertrauen. Man gibt sich die Hand, und die Feier ist abgehakt.

Übrigens: Wer bei einer Weihnachtsfeier kurzfristig absagen muss, der braucht eine besonders gute Ausrede – oder ein stichhaltiges Emoji: »Bei Frost im Freien mit der Zunge am Metall hängen geblieben!« Sehr, sehr unangenehm! – Oder vielleicht doch einfach nur »Kalsarikännit« – betrunken daheim auf dem Sofa in Unterwäsche? Auch gut. Na dann: »Kippis«, also Prost!

02 2. Dezember 1901
Patent auf Nassrasierer

Zuerst war King Camp Gillettes Idee für seinen Nassrasierer nur praktisch, am 2. Dezember 1901 erhielt er dafür das Patent. Doch im Ersten Weltkrieg retteten die neuen Klingen sogar Leben – und machten den Erfinder schwerreich.

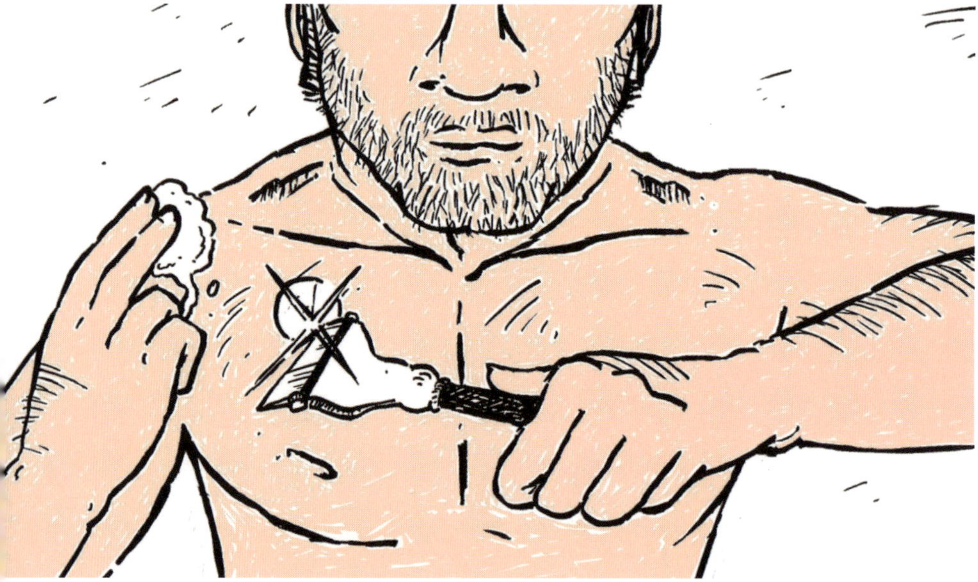

03 3. Dezember 1926
Agatha Christie verschwindet spurlos

Rätselhaft – am Abend des 3. Dezember 1926 verschwindet die junge Krimi-Autorin Agatha Christie spurlos. Was steckt dahinter? Ein Unfall, ein Verbrechen, eine Liebestragödie? Sie wollte doch nur ein paar Tage in einem Kurhotel verbringen ... das tat sie allerdings unter dem Namen der Geliebten ihres Mannes. Er sollte sie wohl staunend statt ihrer dort auffinden ... aber daraus wurde nichts, und sie selbst klärte diese Merkwürdigkeit nie auf ...

---

04 4. Dezember 1872
Die »Mary Celeste« wird gesichtet

Das Schiffsinnere ist verwüstet, von der Mannschaft fehlt jede Spur, als am 4. Dezember 1872 der Frachter »Mary Celeste« auf dem Atlantik gesichtet wird. Was ist passiert auf dem Geisterschiff? Die gängigste Theorie dreht sich um eine Rohalkoholverkostung, äh -verpuffung, denn neun Fässer der hochvoluminösen Fracht waren leer ...

---

05 5. Dezember 1704
Die Komponisten Händel und Mattheson duellieren sich

Kleopatra hat viel Zwietracht gesät unter den Männern. Sogar posthum: Auch wegen ihr gingen die Komponisten Händel und Mattheson mit dem Degen aufeinander los.

Autor: Xaver Frühbeis

Eigentlich – sind sie ja richtig dicke Freunde gewesen. Johann Mattheson, ein Hamburger Kaufmannssohn, 23 Jahre alt, ein Multitalent auf dem Gebiet der Musik. Er komponiert, dirigiert, spielt sieben Instrumente und steht als Sänger auf der Opernbühne am Gänsemarkt. Der andere: Georg Friedrich Händel, ein Jurastudent aus Halle. Auch er: ein grandioser Musiker, aber mit seinen 19 Jahren neu in der Stadt. Im Orchester der Oper am Gänsemarkt spielt Händel die zweite Geige. Und genau das ist sein Problem. Wo er doch nach Hamburg gekommen ist, um Erster zu werden. Doch überall, wo er hingeht, sind schon andere.

Zum Beispiel: dieser Mattheson. Und so schleichen sich allmählich in die Freundschaft der beiden begabten Musiker Misstöne ein.

Es fängt damit an, dass Mattheson dem Händel einen Schüler wegschnappt. Den Sohn eines reichen englischen Gesandten. Mit dem Geld hat Händel immer seine alte Mutter unterstützt, das fehlt jetzt. Und dann noch: die unangenehme Sache mit Kleopatra. »Die unglückselige Cleopatra«: Matthesons große neue Oper, eine tragische Angelegenheit. Beide – die ägyptische Königin und ihr Geliebter, der römische Feldherr Marcus Antonius – erleben das Ende des Bühnenstücks nicht. Mattheson dirigiert, wie das üblich ist, das Hamburger Orchester vom Cembalo aus. Gleichzeitig aber gibt er auch noch selber auf der Bühne den Marc Anton. Wenn er oben singend zu tun hat, sitzt währenddessen unten im Orchester Händel statt seiner am Cembalo. Sobald sich aber oben auf der Bühne der Feldherr selbst entleibt hat, saust Mattheson geschwind nach unten ins Orchester, um für die letzte halbe Stunde seinen Platz am Cembalo wieder einzunehmen. Und Händel, der Ersatzmann, muss zurückrücken zu den zweiten Geigen. Das ist eine Schmach, die ihn auf Dauer ziemlich wütend macht.

Es kommt der Abend des 5. Dezember 1704. Die letzte Aufführung der Oper. Das bedeutet: jetzt oder nie. An diesem Abend sagt Händel zu dem herbeigeeilten Mattheson: Es tue ihm leid, heute gehe er da nicht weg, heute würde nämlich er die Sache am Cembalo zu Ende bringen. Mattheson widerspricht, ein Wort gibt das andere, angeblich fallen sogar Ohrfeigen, und ob die Aufführung an der Stelle abgebrochen oder doch noch zu Ende geführt worden ist, das weiß man nicht.

Was man aber weiß, weil nämlich Mattheson davon berichtet hat, ist, dass die beiden Streithansln hinterher draußen auf der Straße, vor dem Opernhaus auf dem Gänsemarkt, mit gezogenem Degen aufeinander losgegangen sind. Sie fechten und stoßen und schlagen sich sehr im Ernst, bis plötzlich Matthesons Klinge an Händels Brust auf einen großen metallenen Rockknopf trifft und laut schnalzend zerspringt. Das ist dann insgesamt doch sehr erleichternd.

Hinterher versöhnen sich die beiden zwar, doch mit ihrer Freundschaft ist es nicht mehr weit her. Mattheson hört bald danach auf, in der Oper zu singen, er komponiert bloß noch und verfasst kluge Bücher. Händel schreibt für Hamburg noch ein, zwei neue Opern, dann verlässt er die Stadt in Richtung Italien, um sich dort weiterzubilden und vor allem: endlich Furore zu machen. Als »il famoso Sassone – der berühmte Sachse«.

06 6. Dezember 1912 Büste der Nofretete entdeckt

Nofretete! Am 6. Dezember 1912 barg der Archäologe Ludwig Borchardt die Büste der Königin aus dem ägyptischen Wüstensand. Es war Liebe auf den ersten Blick.

07 7. Dezember 1801 Johann Nestroy geboren

Bis heute gewinnt Johann Nestroy das Publikum mit seinem ehernen Grundsatz: Auch, wenn's philosophisch wird – »Lachen soll'n die Leut'.«

08 8. Dezember 1921
»Ein Blick sagt mehr als 1000 Worte«

Ein Bild sagt mehr als tausend Worte! Uralte Weisheit, könnte man meinen, aber das Sprichwort verdankt seine Beliebtheit einem modernen Entdecker. Frederick Barnard und seinen neuartigen Werbebildern auf Straßenbahnen.

Autor: Xaver Frühbeis

Ein Bild hat viele Vorteile. Man kann es aufhängen. Man kann es angucken. Andere Leute können es aufhängen, und man kann dafür zahlen, dass man's angucken darf. Praktisch auch: Bei den meisten Bildern erkennt man gleich, was drauf abgebildet ist. Man muss nicht lange davorstehen und überlegen. Selbst wenn die Bilder schnell an einem vorbeifahren, zum Beispiel auf der Werbung an der Trambahn, selbst da genügt ein einziger Blick. Dass das Menschengehirn gerade Bilder so flugs aufnimmt, war den Leuten nicht immer klar. Früher bestand Werbung vor allem aus geschraubt formuliertem Text, etwa dem: »Zum Markte in Ratzeburg halte einem geehrten Land-Publikum mein wohlassortiertes Tuch-Sortiment bestens empfohlen. Bei reeller Ware stets die äußerst billigsten Preise stellend, bitte um geneigten Besuch.«

... und so verschwurbelt war das dann in der Zeitung zu lesen.

Anfang des 20. Jahrhunderts kamen findige Werbeleute auf die Idee, dass man doch auch auf diesen neuartigen elektrischen Straßenbahnen prima Werbung machen könnte. Die Seitenwände waren groß genug, die Wagen ein Hingucker, nur: Mit der Geschwindigkeit gab's ein Problem. Wenn ein Trambahnwagen hurtig um die Ecke fuhr, wer sollte da drauf so lange Texte lesen?

Am 8. Dezember 1921 warb Frederick Barnard, ein Werbefachmann der Chicagoer »Street Railways Advertising Company«, in dem Fachblatt »Printer's Ink« mittels einer zweiseitigen Anzeige für eine neuartige Werbung auf Straßenbahnen: Werbung mit Bildern. Bilder, sagte Barnard, würde das Gehirn sofort aufnehmen und verstehen, ganz im Gegensatz zu langen Texten. Die Überschrift zu Barnards Artikel lautete: »One Look is Worth a Thousand Words – Ein Blick ist tausend Wörter wert«.

Einige Jahre später warb Barnard in derselben Zeitschrift noch mal für dieselbe Sache, und da hatte er den Spruch ein klein wenig umformuliert: »One Picture is Worth a Thousand Words«. Und in dieser Form ist die Zeile weltberühmt geworden.

»Ein Bild sagt mehr als tausend Worte« heißt es im Deutschen, Kurt Tucholsky schrieb bereits 1926 unter dem Titel einen Essay, bei den Amis steht »A picture is worth a thousand words« im großen Buch der amerikanischen Sprichwörter, und Frederick Barnard, der kleine Werbefachmann der 20er-Jahre, wird als ihr großer Urheber angesehen.

Obwohl er das weder war noch gewollt hat. In seinem Werbeartikel hat Barnard behauptet, dieses »Ein Bild sagt mehr als tausend Worte« sei ein uraltes chinesisches Sprichwort. Viele glauben das heute noch. Aber das stimmt gar nicht. Das hat sich Bernard bloß ausgedacht, weil es besser klang. Weil er wusste, dass die Leute alten chinesischen Sprichwörtern mehr vertrauen als einer neuen amerikanischen Werbeweisheit. Und die hatte Barnard nicht mal selbst erfunden. Werber erfinden selten was. Sie finden lieber. Beispielsweise bei Iwan Sergejewitsch Turgenjew, russischer Schriftsteller, Roman »Väter und Söhne«, 1862:

»Das Bild zeigt mir auf einen Blick, wozu es Dutzende Seiten eines Buches brauchen würde zu erklären.«

Frederick Barnard hat also ganz einfach nur ein wenig geklaut. Was seinen Beitrag nicht unbedingt schlechter macht. Er hat gut geklaut, er hat erfolgreich geklaut, die Trambahnen fahren bis heute mit Werbung rum, und seinetwegen ist das Sprichwort heute ein Sprichwort. Bloß: Wahr – ist es deswegen noch lange nicht.

09 9. Dezember 1922 Liesl Karlstadt gibt den Firmling

Hinter jedem großen Mann steht eine großartige Frau. Die kann auch klein sein. Wie etwa Liesl Karlstadt, die dem Großmeister Valentin nach allen Regeln der Kunst aufs komödiantische Podest hilft.

10 10. Dezember 1913 Rabindranath Tagore erhält den Literaturnobelpreis

Der indische Literaturnobelpreisträger Tagore war Dichter, Philosoph, Maler und Komponist. Er engagierte sich als Kultur- und Sozialreformer. Seine Lieder sind die Nationalhymnen von Indien und Bangladesch.

11 11. Dezember 1963 Winnetou startet

Ein Teil der deutschen Filmgeschichte: Winnetou, der Apache – gespielt von einem Franzosen. Und zugleich verkörpert der Lieblingsindianer der Deutschen ein Stück gelungener Integrationsgeschichte.

12 12. Dezember 1913
Mona Lisa taucht wieder auf

Kaum zu glauben, dass man ein weltberühmtes Gemälde wie Leonardos Mona Lisa überhaupt aus dem Louvre stehlen konnte. Und noch unfassbarer sind die seltsamen Hintergründe des Diebstahls …
Autorin: Anja Mösing

Warum wurde die Mona Lisa im Jahr 1911 aus dem größten Museum der Welt gestohlen? Weil es so einfach war? Weil sie sich so leicht zu Geld machen ließ?

Oder weil jemand die Mona Lisa unbedingt ganz für sich alleine haben wollte?

Tatsächlich müsste man alle drei Fragen mit »Ja« beantworten. Denn »einfach« war es wirklich: Leonardo da Vincis berühmtes Gemälde mit der geheimnisvoll und sanft lächelnden Dame hing im Salon Carré im Pariser Louvre schlicht an vier Wandhaken. Eine Alarmanlage gab es nicht. Und so konnte Vincenzo Peruggia, ein Arbeiter, der für den Louvre die wertvollsten ausgestellten Gemälde hinter Glas setzte, das kostbare Stück unter seinem langen Arbeiterkittel herausschmuggeln. Den schweren Rahmen ließ er zurück.

Dass dieser Raub nicht nur direkt nach seiner Entdeckung für Schlagzeilen sorgte, sondern später als »Die Mutter aller Kunstdiebstähle« bezeichnet wurde, das liegt vor allem an der kriminellen Energie von Peruggias Auftraggeber. Und die zielte darauf, möglichst viel Geld zu scheffeln. Was sonst! Dabei war das Kunstwerk selbst dem Auftraggeber nach dem Diebstahl gar nicht mehr wichtig. Er ließ es in der Wohnung des kleinen Ganoven Peruggia verstecken, gar nicht weit vom Louvre entfernt. Zwei Jahre lang, verpackt in einem schrabbeligen weißen Koffer. Da passte die Mona Lisa leicht rein.

Solange das Werk im Koffer lag, war es schlicht Gold wert für den raffinierten Eduardo de Valfierno, der sich selbst nicht »Ede« nannte, sondern »Marqués«. Denn für Marqués zählte nur eins: Hauptsache, sie war weg, die Mona Lisa, und die Presse berichtete entsetzt darüber. Jetzt konnte er zum eigentlichen Coup ausholen: Er bot das Gemälde gleich sechsmal an! Hochdiskret, sehr kriminell, sodass jeder Sammler glauben konnte, er sei der einzige Interessent. Entsprechend hoch war der Gewinn: Angeblich bekam Eduardo Valfierno sechsmal 300.000 Dollar – das wären heute an die 40 Millionen Euro.

Genug, um sich in Nordafrika zur Ruhe zu setzen und das Leben zu genießen. Was er auch tat. Vollkommen unbehelligt, bis zu seinem Lebensende.

Oberflächlich betrachtet hatte er noch nicht einmal etwas besonders Schlimmes getan: Schön, er hatte die Mona Lisa verkauft, sogar sechsmal. Aber sechsmal die falsche! Die sechs Kopien von Leonardos Gemälde hatte Marqués schon ein Jahr vor dem Diebstahl anfertigen lassen. Was übrigens auch nicht weiter auffiel; die Mona Lisa zu kopieren gehört seit ewig zum guten Ton bei Kunstmalern.

Ob die Sammler selbst bemerkten, dass sie betrogen worden waren, ist nicht bekannt. Wer hätte den Ankauf des gestohlenen Gemäldes je zugeben können? Aber spätestens am 12. Dezember 1913 werden ihre Gesichter recht lang geworden sein, als zuerst die italienische Tageszeitung »La Nazione« berichtete: In Florenz wurde der Dieb gefasst, der den Uffizien die seit zwei Jahren aus dem Louvre verschollene Mona Lisa verkaufen wollte. Die Polizei hatte danach gesucht, Privatdetektive und Hellseher. Nun hatte es der kleine Ganove Peruggia nicht lassen können, die echte Mona Lisa aus dem schrabbeligen weißen Koffer zu holen, um noch mehr Geld zu machen.

Ein Glück für uns!

13 13. Dezember 2014
»Wetten, dass..?« wird eingestellt

Die größte Fernsehshow Europas! 34 Jahre lang lief sie. Dann wurde sie eingestellt. »Doch das Leben geht weiter – wetten, dass?«

14 14. Dezember 1881
Aufweckapparat zum Patent angemeldet

Heute sind alle schlaflos … Früher war alles besser, da ging es noch darum, die Leute überhaupt aus dem Bett zu kriegen. Am 14. Dezember 1881 wurde der »Aufweckapparat« zum Patent angemeldet.

15 15. Dezember 1904
Isadora Duncan eröffnet Barfuß-Tanzschule

Isadora Duncan, »die Göttliche«, schien mühelos von Erfolg zu Erfolg zu tanzen. Am 15. Dezember 1904 gründete sie in Berlin sogar eine Barfußtanzschule. Doch das Privatleben der Tanzrevolutionärin war ein Desaster.

16. Dezember 1794

William Henry Ireland fälscht Shakespeare

Um dem Vater eine Freude zu machen, einfach mal ein paar Shakespeare-Dokumente fälschen, denkt sich der Sohn. Der Vater jedoch ist ein Sammler und denkt: Nur mehr davon bekommen! Also denkt sich der Sohn nichts und greift wieder zur Feder – anstelle des Barden.

---

17. Dezember 1962

Erster Sexshop der Welt eröffnet

Beate Uhse – eine der einflussreichsten deutschen Unternehmerinnen, mit ihrem 1962 eröffneten »Fachgeschäft für Ehehygiene«, von dem viele meinten, es verstoße gegen »Zucht und Sitte«.

Autorin: Julia Zöller

In der großen weiten unübersichtlichen Welt des Internets sind Bewertungen der sichere Hafen. Einordnen und kontrollieren.

Das gilt für Fahrradhelme und Allergikermüsli genauso wie für Sexspielzeug.

»Ich habe mich etwas darüber aufgeregt, weil nur ein USB-Ladekabel dabei war«, schreibt Alfred über ein Geschenk für seine Frau, einen Vibrator. Er hatte einen Netzstecker erwartet. Manuel wiederum irritiert das laute Geräusch ... seines »Loverings«, und Alexandra moniert an ihrem Spielzeug einen kaputten Akku.

Aha. Nun ist es also so weit. Die Deutschen schreiben über Vibratoren, als wären das ferngesteuerte Autos oder Taschenlampen.

»Ja warum denn nicht«, würde eine zierliche Frau mit gestreifter Hemdbluse und Kurzhaarschnitt vielleicht antworten, würde sie noch leben. Beate Uhse hat schließlich schon über Sex geredet, als der nur in der Ehe, im Dunklen und nach der »Tagesschau« stattfand. Sie wusste, dass da kreativ noch Luft nach oben war – schließlich gehörte ihr seit 1952 das erste deutsche Versandhaus für Sexartikel.

Wobei das natürlich anfangs noch nicht so heißen durfte, weshalb Beate Uhse ausschließlich »Hygiene-Artikel für Eheleute« verschickte. Plus – und das war der praktisch veranlagten Unternehmerin wichtig – wertvolle Infos zu Sexproblemen und Verhütung. Mit ihren diskreten Päckchen, die sich die Kunden nach Hause liefern ließen, war Beate Uhse der heutigen Online-Bestellwelt damals erstaunlich nah. Näher als in den 60er-Jahren, als sie mit den berühmten Sexshops angefangen hat.

Den ersten eröffnet sie am 17. Dezember 1962 in ihrer Heimatstadt Flensburg. Andere hätten vielleicht etwas mehr räumlichen Abstand gewählt, aber Beate Uhse will sich – obwohl ihr das viele nahelegen – für ihr Unternehmen kein bisschen schämen.

In Flensburg lebt sie ganz bürgerlich, mit ihren zwei Kindern, ihrem zweiten Mann und dessen Sohn. Ihr erster Partner, den sie beim Flugunterricht kennengelernt hat, ist im Zweiten Weltkrieg gefallen.

Fliegen ist ihre große Leidenschaft. Im Krieg hat sie Jagdflugzeuge überführt, auch für die Luftwaffe. Als die Russen 1945 kurz vor Berlin stehen, kapert sie kurzerhand ein kleines Passagierflugzeug und fliegt sich und ihren Sohn aus der Gefahr bis hoch nach Flensburg.

So ist Beate Uhse. Nicht zögern, handeln. So wird sie – ganz zufällig – bald darauf zur Aufklärerin der Nation. Als sie bemerkt, dass die jungen Frauen um sie herum weder Präservative noch eine Ahnung von Verhütung haben, schreibt sie – Tochter einer Ärztin – kurzerhand ein Info-Broschüre, die sie für zwei Reichsmark erfolgreich verkauft. Genauso wie bald darauf Verhütungsmittel – und dann eben den ganzen typischen Beate-Uhse-Kram.

1976 liegt der Jahresumsatz des Unternehmens bei sagenhaften 60 Millionen D-Mark. 2017 geht die Firma beinahe pleite. Die große, weite, unübersichtliche Welt des Internets, wo Manuel, Alexandra und Alfred so gerne ihr Spielzeug kaufen, ist dem Management zu lange zu egal gewesen. Und dass im letzten Katalog von 2016 die Kondome tatsächlich noch »Lümmeltüten« hießen, ist unsexy – und: das hat Beate Uhse wirklich nicht verdient.

18 18. Dezember 2007
Uhu »Bubi« wird zum Ehrenbürger von Helsinki ernannt

Der finnische Uhu unbekannten Alters erhielt 2007 die Auszeichnung »Ehrenbürger des Jahres« – eigentlich störte er ja nur ein Fußballspiel. Allerdings eindeutig die Gäste mehr als die Finnen.

Autorin: Prisca Straub

An Niederlagen im Fußball sind die Finnen gewöhnt – und deshalb durchweg gelassen, wenn das Leder ins eigene Tor fliegt. Selbst Stadionbesucher erwarten kein packendes Spektakel. So auch beim Qualifikationsspiel für die Europameisterschaft 2008, Finnland gegen Belgien: Die Stimmung ist schläfrig, die Tribünen im Olympiastadion in Helsinki sind nur mäßig gefüllt, es steht null zu null. Doch dann, in der Mitte der ersten Halbzeit, segelt plötzlich ein gewaltiger Schatten über das Feld. Ein riesiger Uhu setzt zum Tiefflug an – Flügelspannweite: knapp unter zwei Metern. Panik macht sich breit auf dem Rasen. Die Spieler reißen schützend die Hände über die Schädel, bringen sich geduckt in Sicherheit. Abpfiff! Und die Stadionbesucher sind plötzlich hellwach: Mit der finnischen Seelenruhe ist es schlagartig vorbei.

Theatralisch nimmt der Uhu zunächst auf der gegnerischen Torlatte Platz: ein stattliches Tier, die kugelrunden, orange-gelben Augen weit aufgerissen, die gefiederten Ohren zeigen steil nach oben. Offenbar ist der Vogel in großem Aufruhr. Was also tun? Hinter den Linien wird eifrig beratschlagt. Die Stadionsprecher ergehen sich in Kalauern, die Spieler greifen zur Wasserflasche, die Kamerateams schwenken um – auf Uhu-Porträts. Das Tier mit den kräftigen Krallen hat inzwischen zu einem Rundflug angesetzt und wechselt jetzt stur zwischen den beiden gegnerischen Toren hin und her. Was es wohl damit sagen will?

Auf den Rängen haben die Emotionen ihren Höhepunkt erreicht: Die finnischen Anhänger sind auf die Beine gesprungen und schwenken weiß-blaue Fähnchen – frenetischer Applaus begleitet jede Bewegung des massigen Vogels –, und ein spontaner Fangesang setzt ein: »Huuhkaja, Huuhkaja!«, das ist das finnische Wort für Uhu. So viel Begeisterung hat es selten gegeben im Stadionrund von Helsinki.

Schließlich lässt sich »Huuhkaja« im Seitenaus auf einem Absperrgitter nieder. Zaghaft kommen die Spieler aus der Deckung, das Spiel wird fortgesetzt.

Doch die Unterbrechung scheint den torlosen Finnen gutgetan zu haben. Nur wenige Minuten später fällt das erste Tor. Und nicht nur das: Die Partie endet schließlich mit einem Zwei zu Null für Finnland! Sagenhaft!

Beim Schlusspfiff hat sich der Uhu schon aus dem Staub gemacht – und lässt sich auch in den kommenden Monaten nicht mehr blicken. Die finnische Mannschaft bekommt einen neuen Spitznamen, »Huuhkajat« – die Uhus –, kann sich für die EM am Ende allerdings doch nicht qualifizieren. Trotzdem findet man: Dem Vogel gebührt ein Dankeschön! So wird Bubi – der Uhu hat inzwischen einen Namen erhalten, abgeleitet von der Gattungsbezeichnung »Bubo«–, so wird Bubi am 18. Dezember 2007 zum Ehrenbürger des Jahres ernannt. In Abwesenheit. Die Zeremonie findet im Olympiastadion in Helsinki statt, seinem offiziellen Sitz sozusagen. Bis heute gibt es Finnen, die behaupten, Bubi hätte zu dieser Gelegenheit eine Ehrenrunde über dem Stadion gedreht.

---

19 19. Dezember 2001
Rekord-Luftdruck in der Mongolei

Unter Druck stehen wir ja alle. Zumindest unter Luftdruck. Wie aber lebt es sich in einer Gegend der Mongolei, die seit dem 19. Dezember 2001 Luftdruckweltmeister ist? 1084,8 Hektopascal waren es in Tosontsengel, im Nordwesten der Mongolei.

20. Dezember 1982
»E.T. – Der Außerirdische« läuft in den deutschen Kinos an

Was passiert, wenn Außerirdische auf der Erde landen? Viele vermuten: eine Bedrohung. Nicht so Steven Spielberg: Sein Film-Alien E.T. ist ein einsamer Fremder, der mit gefährlichen Erdlingen konfrontiert wird: den Menschen.

21

21. Dezember 1967
Geheimnis von Newgrange entdeckt

Der Grabhügel von Newgrange aus der Jungsteinzeit hat einen fast 20 Meter langen niedrigen Gang, der zu einer Grabkammer führt. Im Morgengrauen des 21. Dezember 1967 erlebte der Archäologe Michael O'Kelly dort eine Überraschung.

Autorin: Julia Devlin

Da stand doch in Newgrange in Irland seit Menschengedenken ein seltsamer Hügel, mit Bäumen bestanden und von Brombeeren überwuchert. Und wie so oft bei Hügeln, von denen man ahnte, dass sie nicht auf natürlichem Wege entstanden waren, rankten sich Legenden darum. Man raunte, es sei der Begräbnisplatz der Könige von Tara. Oder das Volk der Göttin Danu habe hier seinen Sitz gehabt.

Im 18. Jahrhundert entdeckte man hinter einem verschütteten Eingang einen schmalen, dunklen Gang, der in eine Kammer führte. Dort fand man Skelette, Tierknochen, Scherben. Auch schöne Ornamente in den Stein gemeißelt, Spiralen, Kreise, Dreiecke. Wohl ein Hügelgrab. Doch wer hatte es errichtet, und warum? 1962 machte man sich daran, das geheimnisvolle Monument systematisch zu erforschen, unter der Leitung des irischen Archäologen Michael O'Kelly. Mithilfe der Radiokarbonmethode wurde das exakte Alter der Anlage ermittelt. Das sensationelle Ergebnis: Newgrange wurde mehr als 3.000 Jahre vor Christus gebaut, in der Jungsteinzeit. Mindestens so alt wie Stonehenge, älter gar als die Pyramiden.

Aber sein größtes Geheimnis gab der Hügel erst 1967 preis. Etwas hatte O'Kelly keine Ruhe gelassen. Eine Geschichte, die ihm die Bauern aus der Umgebung immer wieder erzählt hatten: Dass nämlich die aufgehende Sonne gelegentlich ihr Licht auf die drei Spiralen werfen würde, die in die Wand der unterirdischen Kammer gemeißelt waren. Niemand hatte das je mit eigenen Augen gesehen, doch O'Kelly kam ins Grübeln. Immerhin lag die Öffnung nach Südosten, wo im Winter die Sonne aufgeht. War am Ende etwas dran an dem Gerede? Und so begab sich O'Kelly im Morgengrauen des 21. Dezember 1967, zur Wintersonnwende, in den unterirdischen Raum.

Er stand dort frierend im Dunkeln und fragte sich, ob sich dieses Unternehmen wirklich gelohnt hatte. Immerhin hatte er eine Ehekrise riskiert – einfach weggefahren, drei Tage vor Weihnachten. Doch da wurde er Zeuge eines wunderbaren Schauspiels. Um zwei Minuten vor neun fielen die Strahlen der aufgehenden Wintersonne in den Eingang, erst schmal wie ein Bleistift, dann immer breiter, und wanderten weiter den Gang hinunter, bis sie schließlich den Boden der Kammer erreichten, den Raum mit hellem Licht füllten und die drei Spiralen an der Wand erleuchteten. Schon wenige Minuten später wurde der Lichtstrahl wieder schmäler und zog sich zurück, und um viertel nach neun war alles wieder in tiefste Dunkelheit gehüllt wie zuvor. Kaum 17 Minuten hatte alles gedauert. Mit zitternden Knien tastete O'Kelly sich nach draußen.

Die Entdeckung heizte die Diskussionen um Newgrange noch mehr an, seine kalendarischen, kultischen und astronomischen Funktionen. Doch zwei Dinge können als gewiss gelten: Dass die Welt staunenden Respekt empfand vor den Erbauern. Menschen, die vor fünftausend Jahren mit einer solchen Präzision das Licht der wieder erstarkten Sonne einzufangen verstanden. Und dass dem Archäologieprofessor Michael O'Kelly der Plumpudding noch nie so gut geschmeckt hat wie am Weihnachtsabend 1967.

---

22 | 22. Dezember 1881
Die Drehtür wird patentiert

Unzählige Male geht der Mensch im Leben durch eine Drehtür, für die am 22. Dezember 1881 ein gewisser Herr Bockhacker das deutsche Patent erhielt.

---

23 | 23. Dezember 1905
Walther Nernst behauptet Unerreichbarkeit des absoluten Nullpunkts

Nichts ist unmöglich? Erst recht in der Natur? Von wegen! Perfekte Ordnung, und die bräuchte man etwa für den absoluten Nullpunkt, gibt es schon mal nicht.

24 24. Dezember 1705
Sendlinger Mordweihnacht

Bayerische Bauern gegen österreichische Kavallerie. Das ist wie David gegen Goliath. Dazu kommt ein Held – der Schmied von Kochel. Und ein besonderes Datum: der Weihnachtsabend 1705. So wird aus einer kleinen, tragischen Geschichte ein großes bayerisches Nationaldrama: die Sendlinger Mordweihnacht vom 24. Dezember 1705.

Autorin: Birgit Magiera

Ganz nüchtern betrachtet ist die Geschichte von der Sendlinger Mordweihnacht schnell erzählt: Der Winter 1705 ist in Bayern besonders hart. Nach einem verlorenen Krieg gegen das habsburgische Österreich ist das Land verwüstet und besetzt.

Vor allem die Bauern leiden unter unerträglich hohen Steuern, sie müssen zusehen, wie feindliche Soldaten die Vorräte plündern, das Vieh schlachten, und wie die Söhne zum Dienst in der österreichischen Armee gezwungen werden. Es kommt zum Aufstand gegen die Besatzer. Der scheitert in der Weihnachtsnacht 1705 vor den Toren Münchens, in dem Dorf Sendling. Es gibt über tausend Tote, nur wenige Aufständische überleben.

Damit könnte man den 24. Dezember 1705 als grausame kleine Fußnote der bayerischen Geschichte abtun. Tragisch, aber militärisch unrühmlich, und für den weiteren Gang der Welt eher unbedeutend. Stattdessen wird dieser Bauernaufstand gegen die österreichische Besatzung zum Symbol für alpenländischen Revolutionsgeist und patriotischen Kampfesmut: Die Sendlinger Mordweihnacht – ein bayerisches Nationaldrama.

Die Ereignisse jener Nacht erfüllen die uralte Regel für jedes Drama: die Einheit von Zeit, Ort und Handlung. Auch in anderen Gegenden Bayerns wurde gegen die Besatzer gekämpft, oft militärisch erfolgreicher, mit sehr viel mehr Aufständischen. Die Kämpfe zogen sich über Wochen hin und flammten an verschiedenen Orten auf. Trotzdem spricht über diese Revolten heute niemand mehr. Der Aufstand der Bauern aus dem Alpenvorland dagegen konzentrierte sich auf München und dauerte nur wenige Tage – damit wird die Geschichte greifbar.

Noch dazu spielt sie am Weihnachtsabend, das steigert in der Rückschau die Dramatik: rotes Blut im weißen Schnee – ein grausames Gemetzel am friedvollen Christfest.

Die feindliche Kavallerie richtet ein Blutbad unter den Kämpfern an, obwohl die sich eigentlich schon ergeben hatten. Die Österreicher schießen und stechen auf jeden, der sich noch bewegt.

Dass die Ereignisse später so romantisch-patriotisch verklärt wurden, liegt außerdem an den Aufständischen selbst: Sie alle waren Bauern und Handwerker aus dem Alpenvorland und damit Bilderbuch-Bayern. Später haben Künstler die Sensen- und Knüppel-schwingenden Kämpfer gern folkloristisch mit Lederhose und Trachten-Stopselhut ausgestattet: perfekte Patrioten aus dem Volk, bayerisch-bodenständiger David gegen habsburgisch-kaiserlichen Goliath.

Zu guter Letzt braucht jedes Drama einen alles überstrahlenden Helden: Hier war es der Schmied von Kochel. Auf Gemälden sieht man ihn als gut gebauten Hünen mit grauem Bart und nackter Brust, er stemmt mit reiner Muskelkraft ein Münchner Stadttor auf, er hält auf dem Schlachtfeld als Letzter die bayerische Flagge hoch. Unbezwingbar, bis ihn der Feind feige von hinten erschießt, passend zur Parole des Aufstandes: »Lieber bairisch sterben, als kaiserlich verderben.« Diesem aufrechten ur-bayerischen Helden wurden später Denkmäler errichtet. Dass es den Schmied von Kochel so wahrscheinlich nie gegeben hat, dass er mehr Sagengestalt als reale Person war, spielt für die patriotische Botschaft der Sendlinger Mordweihnacht keine Rolle: Wie gesagt – jedes gute Drama braucht seinen Helden.

25

25. Dezember 1899

Humphrey Bogart geboren

Die Figuren, die er spielte, waren meist hart, zynisch und abgeklärt. Man wählte ihn zum größten männlichen amerikanischen Filmstar aller Zeiten: Humphrey Bogart, der Schauspieler, der weltweit zu einer Figur der Popkultur wurde.

26

26. Dezember 1606

Shakespeares »King Lear« uraufgeführt

Was die »richtige« Textfassung von »King Lear« ist, bleibt ein unlösbares Problem. Denn das Werk liegt in zwei Fassungen vor. Uraufgeführt wurde Shakespeares Tragödie – in welcher Fassung auch immer – am 26. Dezember 1606 am englischen Königshof.

27

27. Dezember 1932

Eröffnungstag der Radio City Music Hall in New York

Im Herzen von Manhattan steht die Radio City Music Hall: in den 1920er-Jahren das Mekka der Radioaustrahlung, später das größte Filmtheater seiner Zeit. 1932 wurde es mit einer spektakulären Bühnenshow für das Publikum geöffnet.

28

28. Dezember 1879

Firth-of-Tay-Brücke bricht zusammen

Wer war schuld daran, dass die Firth-of-Tay-Brücke in Schottland am 28. Dezember 1879 zusammenbrach? Hexen, wie der Dichter Theodor Fontane meinte? Baumängel? Oder beides?

29 29. Dezember 1955 »Ich denke oft an Piroschka« uraufgeführt

Ein Lustspielklassiker, weltfremd, aber zu Herzen gehend: »Ich denke oft an Piroschka«. Am 29. Dezember 1955 hatte der Streifen mit Liselotte Pulver Premiere.

Autorin: Susi Weichselbaumer

Manchmal will man im Kino richtiggehend die Leinwand rütteln respektive den Protagonisten darauf. Dann nämlich, wenn ein Happy End durchaus drin wäre, und dafür geht man ja ins Kino rein, wenn Liebesfilm draufsteht, dass man glücklich rauskommt, weil die Filmanderen glücklich sind ... und wenn es dann auch noch machbar wäre, dass sie glücklich wären, weil ein Happy End nämlich ... Sitzt der Held einfach da – Achtung es wird elegisch: »Ich denke oft an Piroschka ...« – und macht nix.

Dabei weiß das Publikum seit der Uraufführung des gleichnamigen Liebesstreifens am 29. Dezember 1955 – Piroschka und er: ein Traumpaar. Wäre. Gewesen. Wenn er – Andreas – einfach mal was gemacht hätte. Statt nix. Oder statt halt das Falsche.

1925 – genauer: im Film 1925 – lernen sich die beiden kennen in dem ungarischen Dörfchen Hódmezővásárhelykutasipuszta. Andreas will als deutscher Austauschstudent in Hódmezővásárhelykutasipuszta seine Ferien verbringen. Dort in ... also dort trifft er den Bahnhofsvorsteher Istvan Rasc und dessen Tochter Piroschka. Die 17-Jährige mit den lustigen braunen Zöpfen und dem unsagbar ungarischen Temperament wirbelt den Studenten tanzbeintechnisch wie herzenstechnisch durch die Puszta-Nächte. Romantik, Liebe – doch kurz vor Glockenklang ... trifft eine Postkarte ein.

Die hat Greta geschrieben, eine junge hübsche Dame, die Andreas vorher auf der Schiffsfahrt von Deutschland nach Ungarn kennengelernt hatte. Gemeinsame Nacht in Budapest, er weiter Puzsta, sie weiter Balaton, Ferien, Gedanken an ihn da in Hódmezővásárhelykutasipuszta. Die Postkarte kommt an, er Gedanken an sie. Kurz: Andreas fährt zu Greta an den Balaton. Piroschka hinterher. Gerangel der Damen. Der Herr erkennt zu spät, für welche wirklich sein Herz schlägt. Reist dann wiederum Piroschka nach, die schon wieder heimgefahren ist. Man versöhnt sich.

Es bleiben noch wenige Tage bis zu seiner Rückkehr nach Deutschland. Diese Tage hängen voller Geigen.

Und dann dieses Filmende: Schnitt. Ein jetzt älterer Andreas erinnert sich an damals: »Als ich am Morgen nach Hause fuhr, war ich fest entschlossen, Piroschka wiederzusehen, aber wie so oft im Leben kam es anders ... Wir sind uns nie mehr begegnet.«

Hallo? Lilo Pulver und Gunnar Möller in den Paraderollen, die sie zu Stars des 50er-Jahre-Kinos machen sollten? Filmband in Silber. Kritikerpreis des Verbands der Deutschen Kritiker. Aber das »Ich-denke-oft-an-Piroschka«-Publikum in Tränen! Und warum? »Vielleicht sollte es so sein, denn wenn ich heute an Piroschka denke, ist sie immer jung und süß und 17 Jahre ... « Toll. Ruf sie an. Wahre Liebe währt ewig. Und ja, die Romanvorlage von Hugo Hartung endet auch so ... mit er macht nix. Aber das heißt doch nicht, dass der Liebesfilm dazu ebenfalls Happy-endlos ... Ach, was soll's ... am Ende ist alles Casablanca: »Uns bleibt immer noch Hódmezővásárhelykutasipuszta.«

30 30. Dezember 2005
Internationaler Tag des Frühstücksspecks

Um ein Weltreich zu errichten, braucht man eine anständige Grundlage im Bauch. Ohne Bacon and Eggs kein Britisches Empire. Aber im Laufe der Zeit haben Cornflakes dem englischen Frühstück den Rang abgelaufen – und das Empire zerfiel.

31 31. Dezember 1972
»Dinner for One« für immer!

»The same procedure as every year.« Es läuft und läuft, seit 1972, das »Dinner for One« – besser, er läuft: James, der Butler, beziehungsweise er stolpert über das Tigerfell, kleckert, zerdeppert und trinkt für alle. Skål! *Autor: Herbert Becker*

Genau elf Mal wird Freddie Frinton heute Abend wieder über den Tigerkopf stolpern. Aber weil »Dinner for One« in sämtlichen dritten Programmen der ARD läuft und weil es im deutschen Fernsehen keinen Beitrag gibt, der auch nur annähernd so oft wiederholt wurde wie »Dinner for One«, und weil es sich bei »Dinner for One« überhaupt um die meistgezeigte TV-Produktion der Welt handelt, ist Freddie Frinton inzwischen A-ber-tau-sen-de von Malen gestolpert. Das hält der härteste Raubtierschädel nicht aus.

Nein, Tatsache: Frinton hatte den Sketch schon in den 50er- und 60er-Jahren an zahlreichen englischen Varietébühnen zur Aufführung gebracht und das Tigerfell immer dabeigehabt. Durch das viele Darüberstolpern war es dermaßen lädiert, dass der Knochen herausschaute. Die schadhafte Stelle musste ausgebessert werden, wozu man angeblich ein Stück Leopardenfell verwendete.

Weil der Tiger als Requisit ganz und gar unverzichtbar war, brachte ihn Frinton auch mit, als er 1961 mit seiner Partnerin May Warden bei einer Unterhaltungssendung im deutschen Fernsehen auftrat. Die Show wurde live ausgestrahlt, und Live-Sendungen konnten damals noch nicht aufgezeichnet werden. Aber Peter Frankenfeld, seinerzeit ein äußerst populärer Fernseh-Entertainer, sah »Dinner for One«, und es gefiel ihm so gut, dass er Frinton und Warden zwei Jahre später ein weiteres Mal nach Deutschland einlud, wieder zu einer Liveshow. Weil er jedoch fand, dass es das grandiose Stück verdiente, der Nachwelt erhalten zu bleiben, ließ er es in den Tagen nach der Show auf Zelluloid bannen. Es entstand der Film, den wir inzwischen so gut kennen – damals

allerdings blieb er weitgehend unbeachtet. Zwar lief er einmal in der ARD, einmal im NDR, doch dann verschwand er wieder im Archiv. Dort blieb er, bis ihn der NDR-Unterhaltungschef Henri Regnier hervorholte und Dinner for One am 31. Dezember 1972 zum ersten Mal zur Silvesterunterhaltung einsetzte. Miss Sophie erlebte das noch, ihr Butler James war schon ein Jahr nach der Aufzeichnung in den Kreis jener eingegangen, die bei ihrem 90. Geburtstag nur noch imaginär an der Tafel sitzen.

Doch James hat sich unsterblich gemacht. Für Millionen von Fernsehzuschauern stolpert er weiter, zerdeppert Geschirr, verschüttet Getränke, versaut Tischdecke und Teppich, lässt die Reste des Chickens, zu dem Champagner serviert wurde, an die Wand knallen und malträtiert das Tigerfell. Eine große Versicherungsgesellschaft hat einmal ausgerechnet, wie hoch der Schaden ist, den der Butler im Verlaufe der Geburtstagsfeier anrichtet. Man kam auf über zweitausendeinhundert Euro; das ist mehr, als die beiden Darsteller für ihren Auftritt bezahlt bekamen.

Übrigens ist »Dinner for One« zwar außer bei uns auch in Skandinavien und Tschechien, in Australien und Südafrika sowie einer ganzen Reihe weiterer Länder bekannt und beliebt – aber weder in England noch in Indien war es jemals im Fernsehen zu sehen. Das ist deshalb bemerkenswert, weil England nicht nur die Heimat des englischen Humors ist, sondern auch die Heimat der beiden Darsteller war. Und Indien ... na, also, Indien dürfte immerhin das Herkunftsland des Tigers gewesen sein.

Autoren

Christian Feldmann

Prisca Straub

Regina Fanderl

Isabella Arcucci

Martin Trauner

Hellmuth Nordwig

Susanne Tölke

Justina Schreiber

Herbert Becker

Autoren

Julia Zöller

Johannes Roßteuscher

Birgit Magiera

Thomas Morawetz

Susi Weichselbaumer

Anja Mösing

Carola Zinner

Hartmut E. Lange

Leo Hoffmann

Markus Mähner

Simon Demmelhuber

Frank Halbach

Xaver Frühbeis

Julia Devlin

Marianne Bietsch

Christiane Neukirch

Brigitte Kohn

Silke Wolfrum

FSC
www.fsc.org
MIX
Papier aus verantwortungsvollen Quellen
FSC® C014138

Bibliografische Informationen der Deutschen Nationalbibliothek.
Die Deutsche Nationalbibliothek verzeichnet diese Publikation in der Deutschen Nationalbibliografie; detaillierte bibliografische Daten sind im Internet über http://dnb.dnb.de abrufbar.

Diese Publikation erscheint im MünchenVerlag
in der Chr. Belser Gesellschaft für Verlagsgeschäfte GmbH & Co. KG.

BR Bayern 2
Redaktions- und Projektleitung: Susanne Poelchau
Redaktionelle Mitarbeit: Dr. Dr. Susi Weichselbaumer, Dr. Frank Halbach u.v.a.m.
Illustrationen: Tobias Kubald
Redaktion MünchenVerlag: Christine Gerstacker, Christoph Aicher
Gesamtgestaltung: Ulrike Vohla, Grafikdesign Storch, Rosenheim
Druck: FINIDR, s.r.o.
ISBN 978-3-7630-4063-6